Kindl/Feuerborn

Übungen zum
Bürgerlichen Recht für
Wirtschaftswissenschaftler

 **Online-Version inklusive!**

Stellen Sie dieses Buch jetzt in Ihre „digitale Bibliothek" in der NWB Datenbank und nutzen Sie Ihre Vorteile:

► Ob am Arbeitsplatz, zu Hause oder unterwegs: Die Online-Version dieses Buches können Sie jederzeit und überall da nutzen, wo Sie Zugang zu einem mit dem Internet verbundenen PC haben.

► Die praktischen Recherchefunktionen der NWB Datenbank erleichtern Ihnen die gezielte Suche nach bestimmten Inhalten und Fragestellungen.

► Die Anlage Ihrer persönlichen „digitalen Bibliothek" und deren Nutzung in der NWB Datenbank online ist kostenlos. Sie müssen dazu nicht Abonnent der Datenbank sein.

Ihr Freischaltcode: MZQVUIUQUOVZJUMKOW

Kindl/F., Übungen z.Bürgerl.Recht f.Wirtschaftswiss.

So einfach geht's:

① Rufen Sie im Internet die Seite **www.nwb.de/go/online-buch** auf.

② Geben Sie Ihren Freischaltcode ein und folgen Sie dem Anmeldedialog.

③ Fertig!

Die NWB Datenbank – alle digitalen Inhalte aus unserem Verlagsprogramm in einem System.

www.nwb.de

NWB Studium Betriebswirtschaft

Übungen zum Bürgerlichen Recht für Wirtschaftswissenschaftler

Von
Prof. Dr. Johann Kindl
Prof. Dr. Andreas Feuerborn

nwb STUDIUM

Kein Produkt ist so gut, dass es nicht noch verbessert werden könnte. Ihre Meinung ist uns wichtig! Was gefällt Ihnen gut? Was können wir in Ihren Augen noch verbessern? Bitte verwenden Sie für Ihr Feedback einfach unser Online-Formular auf:

www.nwb.de/go/feedback_bwl

Als kleines Dankeschön verlosen wir unter allen Teilnehmern einmal pro Quartal ein Buchgeschenk.

ISBN 978-3-482-**69891**-0 (online)
ISBN 978-3-482-**63941**-8 (print)

© NWB Verlag GmbH & Co. KG, Herne 2012
   www.nwb.de

Satz: Griebsch & Rochol Druck GmbH & Co. KG, Hamm
Druck: medienHaus Plump GmbH, Rheinbreitbach

VORWORT

Das vorliegende Übungsbuch ist die ideale Ergänzung für das vor wenigen Wochen in zweiter Auflage erschienene Lehrbuch. Ebenso wie das Lehrbuch richtet es sich vor allem an Studierende der Wirtschaftswissenschaften und der Rechtswissenschaften in den Anfangssemestern.

Das Buch besteht aus fünf Teilen. Im ersten Teil wird den Studierenden die Rechtsanwendung erläutert und die Technik der Falllösung vermittelt. Darüber hinaus enthält dieser Teil eine Reihe von Aufbauschemata, welche die Lösung von Fällen erleichtern sollen. Der anschließende zweite Teil umfasst Fragen, die im vierten Teil beantwortet werden. Inhalt des dritten Teils sind Fälle, die vorwiegend auf die Sachverhalte von Originalklausuren zurückgehen. Die dazugehörigen Lösungen finden sich im abschließenden fünften Teil. Inhalt und Reihenfolge sowohl der Fragen als auch der Fälle orientieren sich am Lehrbuch. Vor allem denjenigen Studierenden, welche die Fragen zunächst eigenständig beantworten und die Fälle selbständig lösen, ermöglicht das Übungsbuch eine effektive Lernkontrolle und eine Vertiefung des Verständnisses.

Kritik und Anregungen sind willkommen und werden von uns dankbar entgegen genommen. Sie können an die folgenden E-Mail-Adressen gerichtet werden: Andreas.Feuerborn@hhu.de und jkindl@uni-muenster.de.

Herzlich bedanken möchten wir uns zunächst beim NWB Verlag für die gewohnt zuverlässige Betreuung. Dank gebührt ferner unseren Mitarbeiterinnen und Mitarbeitern, die uns durch die kritische Durchsicht des Inhalts und sorgfältiges Korrekturlesen des Textes unterstützt haben. Namentlich genannt seien Frau *Christina Kenkel*, Frau *Friederike Löser*, Frau *Ricarda Schwegmann* und Frau *Claudia Servos*.

Düsseldorf/Münster, im Mai 2012

Andreas Feuerborn
Johann Kindl

INHALTSVERZEICHNIS

Teil 2: Wiederholungsfragen   29

Teil 3: Übungsfälle   47

ABKÜRZUNGSVERZEICHNIS

A

a. A.	anderer Ansicht
Abs.	Absatz
a. E.	am Ende
AEUV	Vertrag über die Arbeitsweise der Europäischen Union
AG	Aktiengesellschaft
AGB	Allgemeine Geschäftsbedingung(en)
AGBG	Gesetz zur Regelung des Rechts der Allgemeinen Geschäftsbedingungen, aufgehoben durch Art. 6 Nr. 4 SMG
AktG	Aktiengesetz
arg.e	argumentum e/ex
Art.	Artikel

B

BAG	Bundesarbeitsgericht
BayObLG	Bayerisches Oberstes Landesgericht
BB	Betriebs-Berater (Zeitschrift)
BetrVG	Betriebsverfassungsgesetz
BeurkG	Beurkundungsgesetz
BGB	Bürgerliches Gesetzbuch
BGB-InfoV	BGB-Informationspflichten-Verordnung
BGH	Bundesgerichtshof
BGHSt	Entscheidungen des Bundesgerichtshofs in Strafsachen
BGHZ	Entscheidungen des Bundesgerichtshofs in Zivilsachen
BVerfG	Bundesverfassungsgericht
BVerfGE	Entscheidungen des Bundesverfassungsgerichts
BZRG	Bundeszentralregistergesetz

D

DB	Der Betrieb (Zeitschrift)

E

EFZG	Gesetz über die Zahlung des Arbeitsentgelts an Feiertagen und im Krankheitsfalle (Entgeltfortzahlungsgesetz)
EGBGB	Einführungsgesetz zum Bürgerlichen Gesetzbuch
EU	Europäische Union
EuGH	Europäischer Gerichtshof

F

f., ff.	folgend, folgende

G

GewO	Gewerbeordnung
GG	Grundgesetz für die Bundesrepublik Deutschland
GmbH	Gesellschaft mit beschränkter Haftung
GmbHG	Gesetz betreffend die Gesellschaften mit beschränkter Haftung
GoA	Geschäftsführung ohne Auftrag
GVG	Gerichtsverfassungsgesetz
GWB	Gesetz gegen Wettbewerbsbeschränkungen

H

Hs.	Halbsatz
HGB	Handelsgesetzbuch

I

InsO	Insolvenzordnung
i. S.	im Sinne
i. V.	in Verbindung

J

JA	Juristische Arbeitsblätter (Zeitschrift)
Jura	Juristische Ausbildung (Zeitschrift)
JuS	Juristische Schulung (Zeitschrift)

K

KG	Kommanditgesellschaft, in Zitaten Kammergericht
KSchG	Kündigungsschutzgesetz

L

LAG	Landesarbeitsgericht
LG	Landgericht
LPartG	Gesetz über die eingetragene Lebenspartnerschaft

M

MDR	Monatschrift für Deutsches Recht
Mot.	Motive zum BGB
MünchKomm	Münchener Kommentar zum BGB
m. w. N.	mit weiteren Nachweisen

N

NJW	Neue Juristische Wochenschrift (Zeitschrift)
NJW-RR	NJW – Rechtsprechungsreport – Zivilrecht (Zeitschrift)
NZA	Neue Zeitschrift für Arbeitsrecht

O

OHG	Offene Handelsgesellschaft
OLG	Oberlandesgericht

P

ProdHaftG	Gesetz über die Haftung für fehlerhafte Produkte (Produkthaftungsgesetz)

R

RBerG	Rechtsberatungsgesetz, aufgehoben durch Art. 20 Nr. 1 des Gesetzes zur Neuregelung des Rechtsberatungsrechts
RDG	Gesetz über außergerichtliche Rechtsdienstleistungen (Rechtsdienstleistungsgesetz)
RG	Reichsgericht
RGZ	Amtliche Sammlung von Entscheidungen des Reichsgerichts in Zivilsachen
RL	Richtlinie
Rn.	Randnummer(n)

S

ScheckG	Scheckgesetz
SGB X	Sozialgesetzbuch (10. Buch): Sozialverwaltungsverfahren und Sozialdatenschutz
SMG	Gesetz zur Modernisierung des Schuldrechts
StGB	Strafgesetzbuch
StPO	Strafprozessordnung
StVG	Straßenverkehrsgesetz

U

UKlaG	Gesetz über Unterlassungsklagen bei Verbraucherrechts- und anderen Verstößen (Unterlassungsklagengesetz)
UWG	Gesetz gegen den unlauteren Wettbewerb

V

VAHRG	Gesetz zur Regelung von Härten im Versorgungsausgleich
VwGO	Verwaltungsgerichtsordnung

W

WG	Wechselgesetz

Z

ZIP	Zeitschrift für Wirtschaftsrecht
ZGS	Zeitschrift für das gesamte Schuldrecht
ZPO	Zivilprozessordnung

Teil 1: Rechtsanwendung und Technik der Falllösung

LITERATUR

Bayerle, Trennungs- und Abstraktionsprinzip in der Fallbearbeitung, JuS 2009, 1079; *Bitter/Rauhaut*, Grundzüge zivilrechtlicher Methodik – Schlüssel zu einer gelungenen Fallbearbeitung, JuS 2009, 289; *Brox/Walker*, BGB AT, Rn. 51 ff., 833 ff.; *Eisenhardt*, Einführung in das Bürgerliche Recht, S. 517 ff.; *Klunzinger*, Einführung in das Bürgerliche Recht, 15. Aufl., 2011, § 3; *ders.*, Übungen im Privatrecht, 10. Aufl., 2012; *Leenen*, Willenserklärung und Rechtsgeschäft, Dogmatik und Methodik der Fallbearbeitung, Jura 2007, 721; *Neideck*, Die Einbeziehung von AGB in der Fallbearbeitung, JA 2011, 492; *Petersen*, Die Anspruchsgrundlagen des Allgemeinen Teils, Jura 2002, 743; *Schapp*, Einführung in das Bürgerliche Recht: Auslegung und Anwendung der Rechtssätze, JA 2002, 763; *ders.*, Das Zivilrecht als Anspruchssystem, JuS 1992, 537; *ders.*, Einführung in das Bürgerliche Recht: Die Anspruchsnormen und ihre Anwendung, JA 2002, 939; *Schmidt*, Grundlagen rechtswissenschaftlichen Arbeitens, JuS 2003, 551, 649; *Wank/Maties*, Allgemeine Geschäftsbedingungen in der Arbeitsrechtsklausur, Jura 2010, 1; *Wörlen*, Anleitung zur Lösung von Zivilrechtsfällen, 9. Aufl., 2009.

Fälle mit Lösungen:

Bellardita/Di Gregorio, Übungsklausur – Bürgerliches Recht: Minderjährigenrecht – Ein schlechter Finanzierungsplan, JuS 2007, 444; *Blasek*, „Günstiger über's Netz", JA 2007, 585; *Czeguhn/Dickmann*, Übungsklausur - Zivilrecht: Minderjährigenrecht - Ärger über das Internet, JuS 2008, 336; *Eickelmann*, Die Internet-Auktion, Jura 2011, 549; *Edenfeld*, Übungsklausur – Bürgerliches Recht: Anfechtung, Stellvertretung und Abstraktionsprinzip, JuS 2005, 42; *Fleck/Schweinfest*, Anfängerklausur – Zivilrecht: Minderjährigen- und Stellvertretungsrecht – Die Playstation, JuS 2010, 885; *Mock*, Grundfälle zum Stellvertretungsrecht, JuS 2008, 309, 391, 486; *Muth/Zwickel*, „Ein schlechtes Weihnachtsgeschäft", JA 2010, 103; *Pläster*, Das Hin und Her um den Feuerstuhl, JA 2010, 496; *Thümmler/Zech/Blumert*, Anfängerklausur – Zivilrecht: Minderjährigenrecht und allgemeines Leistungsstörungsrecht – Fahrradkauf mit Hindernissen, JuS 2010, 514; *Zenker*, Übungsklausur – Bürgerliches Recht: Opportunismus in der Besteckfabrik, JuS 2006, 807.

Eine juristische Klausur oder Rechtsklausur stellt die Studierenden vor die Aufgabe, einen sog. „Fall" zu lösen. Dabei handelt es sich um einen bestimmten **Lebenssachverhalt**, der einem tatsächlichen, „echten" Fall nachgebildet worden ist oder den der Aufgabensteller oder die Aufgabenstellerin ohne konkreten Bezug zu einem tatsächlichen Fall konzipiert hat. Der Sachverhalt wird regelmäßig so aufbereitet, dass er nur diejenigen Angaben enthält, die für die Falllösung wesentlich sind; manchmal finden sich darüber hinaus weitere Angaben, die dem besseren Verständnis dienen sollen. Zusätzlich kann eine derartige Klausur Wissensfragen enthalten, deren Beantwortung von den Prüflingen, anders als die Lösung eines Falles, über das materielle Wissen hinaus keine bestimmte Technik erfordert.

Eine solche bestimmte Technik ist unabdingbar, um einen juristischen Fall lösen und damit auch eine entsprechende Klausur bestehen zu können. Die Technik der Falllösung besteht im Kern aus den zwei Schritten, zunächst die einschlägigen Rechtsnormen zu finden und sie dann auf den konkreten Lebenssachverhalt anzuwenden. Diese **Rechtsfindung und Rechtsanwendung** folgt bestimmten Regeln, die auch als Methodik der Fallbearbeitung bezeichnet werden. Die Beherrschung dieser Grundregeln versetzt Studierende der Wirtschaftswissenschaften nicht nur in die Lage, in einer Rechtsklausur juristische Fälle lösen zu können, sondern sie ermöglicht es ihnen auch, später in der Praxis zu beurteilen, wo sich rechtliche Probleme ergeben und ob sich ein rechtliches Problem „mit Bordmitteln" lösen lässt oder ob ein Spezialist hinzugezogen werden muss.

I. Begriff und Zweck der Rechtsanwendung

Rechtsanwendung bedeutet, gesetzliche Bestimmungen (Rechtsnormen) auf einen Lebenssachverhalt anzuwenden. Der jeweilige **konkrete Lebenssachverhalt** und die sich daraus stellende **Rechtsfrage**, die gefragte **Rechtsfolge**, bilden den Ausgangspunkt der Rechtsanwendung. Im Unterschied zum konkreten Lebenssachverhalt sind die darauf anzuwendenden **Rechtsnormen** abstrakt, weil sie eine Vielzahl gleicher Fälle regeln, und **generell**, weil sie die Rechtsverhältnisse einer Vielzahl von Personen erfassen. Aus Gründen der Ökonomie und der Flexibilität regeln Rechtsnormen des BGB und anderer moderner Gesetze nicht jeden denkbaren Einzelfall separat, sondern eine Vielzahl von Fällen im Wege der Typisierung und der Konzentration auf wesentliche Merkmale. Deshalb enthalten Gesetze regelmäßig einen **abstrakt-generellen Tatbestand** mit verschiedenen **Tatbestandsvoraussetzungen**, bei dessen und deren Erfüllung sie eine bestimmte **Rechtsfolge** anordnen.

BEISPIEL „Wer vorsätzlich oder fahrlässig das [...] Eigentum [...] eines anderen widerrechtlich verletzt, (**Tatbestand** des § 823 Abs. 1 BGB)

ist dem anderen zum Ersatz des daraus entstehenden Schadens verpflichtet." (**Rechtsfolge** des § 823 Abs. 1 BGB).

Der Tatbestand lautet eben nicht konkret und speziell „Wenn Herr A vorsätzlich oder fahrlässig das Auto des Herrn B widerrechtlich beschädigt, ist er ihm zum Ersatz des daraus entstehenden Schadens verpflichtet." Eine solche Norm würde nur diese Beschädigung erfassen, aber keinen anderen Fall einer Eigentumsverletzung gegenüber B oder einer anderen Person durch A oder eine andere Person.

WEITERES BEISPIEL: „Durch den Kaufvertrag wird der Verkäufer einer Sache (**Tatbestand** des § 433 Abs. 1 Satz 1 BGB)

verpflichtet, dem Käufer die Sache zu übergeben und das Eigentum an der Sache zu verschaffen." (**Rechtsfolge** des § 433 Abs. 1 Satz 1 BGB).

Dass es sich bei der ersten Satzhälfte des § 433 Abs. 1 Satz 1 BGB tatsächlich um einen Tatbestand mit mehreren Tatbestandsvoraussetzungen handelt, wird durch eine Umformulierung deutlicher: „Wenn ein Verkäufer mit einem anderen einen Kaufvertrag über eine Sache abgeschlossen hat, dann ist er verpflichtet, ...".

> **Rechtsnormen** bestehen aus einem abstrakt-generellen **Tatbestand** mit mindestens einer Tatbestandsvoraussetzung und aus einer **Rechtsfolge**, die zueinander in einem **Wenn-Dann-Verhältnis** stehen. Wenn alle Voraussetzungen (Merkmale) des Tatbestandes erfüllt sind, dann tritt die Rechtsfolge ein.

Die Rechtsanwendung besteht nun darin, zu prüfen, ob ein bestimmter Lebenssachverhalt den Tatbestand der Rechtsnorm erfüllt. Wenn das zutrifft, dann tritt die in der Norm angeordnete Rechtsfolge ein. Den Vorgang dieser Unterordnung eines konkreten Sachverhalts unter den abstrakten Tatbestand einer Norm nennt man **Subsumtion**. Damit geht man zur Lösung eines juristischen Falles gedanklich in der folgenden Reihenfolge vor: Man sucht zunächst die Rechtsnorm, welche die gewünschte Rechtsfolge enthält (in den obigen Beispielen etwa Schadensersatz oder Lieferung der Sache), und prüft anschließend im Wege der Subsumtion, ob der tatsächliche Lebenssachverhalt unter den Tatbestand der Norm „passt".

> Unter der **Subsumtion** versteht man die Unterordnung des konkreten Lebenssachverhalts unter den abstrakten Tatbestand der Rechtsnorm.

II. Gesetzesauslegung und Analogie

Um den konkreten Lebenssachverhalt unter den abstrakten Tatbestand der Norm unterordnen (subsumieren) zu können, muss der entsprechende relevante Inhalt dieser Norm bestimmt werden. Denn die Tatbestandsvoraussetzungen und die Rechtsfolge einer Rechtsnorm erschließen sich häufig nicht schon durch die bloße Lektüre der Vorschrift. Das hat seinen Grund in der notwendigen Abstraktheit der Normen und in der Verwendung von Fachbegriffen sowie unbestimmten Rechtsbegriffen. Hinzu kommen die Ausklammerungsmethode und die Verweisungstechnik, die das BGB kennzeichnen. Deshalb müssen Rechtsnormen ausgelegt werden, um ihren Inhalt zu erkennen und die zutreffende Rechtsfolge zu bestimmen. Die **Gesetzesauslegung** hat also den Zweck, den **Sinngehalt der Norm** zu ermitteln. Es handelt sich damit um eine Gesetzesinterpretation. Ergibt die Auslegung der Rechtsnorm ausnahmsweise, dass der Gesetzgeber einen bestimmten Fall unbewusst nicht geregelt hat und dass deshalb eine **Gesetzeslücke** besteht, kommt eine Schließung dieser Lücke im Wege der Analogie, also einer entsprechenden Anwendung der Rechtsnorm auf den nicht geregelten Fall, in Betracht.

1. Gesetzesauslegung

Gesetzesauslegung oder Gesetzesinterpretation bedeutet die **Ermittlung des rechtlich maßgebenden Sinnes des Gesetzes** (*Brox/Walker*, BGB AT, Rn. 59). Die Auslegung soll Klarheit schaffen, und zwar dergestalt, dass nicht nur das Ergebnis, sondern auch der Weg, auf dem dieses Ergebnis gefunden wurde, von Dritten und vor allem von den betroffenen Parteien nachvollzogen werden können. Der Weg zu dem gefundenen Ergebnis muss nachvollziehbar begründet werden, damit das Ergebnis nicht „in der Luft hängt". Deshalb kommt der juristischen Methodik im Allgemeinen und der Anwendung der Auslegungsmethoden im Besonderen so entscheidende Bedeutung zu.

Die juristische Wissenschaft und Praxis wenden im Wesentlichen **vier „klassische" Auslegungsmethoden** an, um den Sinngehalt einer Rechtsnorm zu ermitteln. Darüber hinaus gibt es in der juristischen Methodik viele weitere Ansätze, die im Einzelnen umstritten sind. Sie gehören aber nicht mehr zu den hier zu vermittelnden Grundkenntnissen (weiterführend dazu etwa *Wank*, Die Auslegung von Gesetzen, 3. Aufl., 2005, sowie die obigen Literaturhinweise und diejenigen bei *Brox/Walker*, BGB AT, Rn. 51).

Der sog. Vierer-Kanon der „klassischen" Auslegungsmethoden sieht wie folgt aus (näher dazu *Kock/Stüwe/Wolffgang/Zimmermann*, Öffentliches Recht und Europarecht, S. 10 ff.):

a) Grammatikalische Auslegung

Ausgangspunkt und zugleich Grenze der Auslegung ist der **Wortlaut der Norm**. Um danach den Sinn der Norm zu bestimmen, müssen die Regeln der Grammatik, der allgemeine Sprachgebrauch und die besondere Fachsprache der Juristen (Fachtermini) herangezogen werden. Teilweise finden sich auch Legaldefinitionen, in denen der Gesetzgeber selbst den Inhalt eines bestimmten Begriffs definiert hat. So handelt etwa *„fahrlässig"* gem. § 823 Abs. 1 BGB, wer die im Verkehr erforderliche Sorgfalt außer Acht lässt (Legaldefinition in § 276 Abs. 2 BGB). *„Unverzüglich"* bedeutet gem. § 121 Abs. 1 Satz 1 BGB *„ohne schuldhaftes Zögern"*. Und eine Sache i. S. des Gesetzes ist nach der Legaldefinition des § 90 BGB nur ein körperlicher Gegenstand.

b) Systematische Auslegung

Neben dem Wortlaut einer Norm geben der **Sinnzusammenhang** (Bedeutungszusammenhang) und der **systematische Standort der auszulegenden Norm**, also ihr Verhältnis zu anderen Bestimmungen, weitere Hinweise zur Ermittlung ihres Sinngehalts. Denn die einzelne Norm steht nicht allein für sich, sondern sie ist Teil der Rechtsordnung. Solche Hinweise zur systematischen Auslegung können sich etwa aus der vorangestellten amtlichen Überschrift, dem Abschnitt, in dem die Norm sich befindet, und dem Aufbau des betreffenden Gesetzes ergeben. So erfassen z. B. die §§ 280 Abs. 1, Abs. 3, 283 BGB dem Wortlaut nach den Anspruch auf Schadensersatz statt der Leistung für jeden Fall der Unmöglichkeit. § 311a Abs. 2 BGB enthält jedoch eine Sonderregelung für den Schadensersatz statt der Leistung bei anfänglicher Unmöglichkeit. Deshalb ist § 283 BGB systematisch dergestalt einschränkend auszulegen, dass er diesen Fall nicht erfasst.

c) Historische Auslegung

Weitere Hinweise auf den Sinngehalt einer Norm können sich aus ihrer **Entstehungsgeschichte** ergeben. Dazu gehören die Vorgeschichte der Norm, die Entstehungsgeschichte im Gesetzgebungsverfahren und die Entwicklungsgeschichte, zu der nachfolgende Gesetzesänderungen ebenso wie die Interpretation durch Rechtsprechung und Literatur zählen. Danach kommen als Materialien für die Auslegung der Vorschriften des BGB die Motive, die Protokolle und die Denkschrift sowie für spätere Änderungen vor allem die Bundestags- und die Bundesrats-Drucksachen in Betracht. Diese Materialien stehen in einer Klausur natürlich nicht zur Verfügung.

d) Teleologische Auslegung

Schließlich müssen bei der Auslegung jeder Norm ihr **Sinn und Zweck** berücksichtigt werden (vgl. griechisch *„telos"* = Sinn, Zweck, Ziel sowie lateinisch *„ratio legis"* = Sinn, Zweck der Norm). Die Anwendung dieses Kriteriums bereitet besondere Schwierigkeiten, weil es entweder auf den subjektiven Zweck, also auf die Vorstellungen der am Gesetzgebungsprozess Beteiligten, oder auf den objektiven Zweck, also auf eine von der Vorstellung des konkreten Gesetzgebers unabhängige Bedeutung des Gesetzes ankommen kann, die sich etwa aus allgemeinen Rechtsgrundsätzen oder Wertungen erschließt. Neben dem konkreten Regelungszweck der auszulegenden Norm können abstrakte Gesetzeszwecke wie die Sachgerechtigkeit der Entscheidung, die Kontrolle der von der Norm ausgelösten Folgen, der Sinnzusammenhang zwischen Tatbestand und Rechtsfolge sowie die Effektivität und die Praktikabilität zu beachten sein (vgl. dazu etwa *Wank*, Die Auslegung von Gesetzen, 3. Aufl., 2005, S. 97 ff.).

2. Analogie

Obwohl der Gesetzgeber Normen abstrakt und generell gestaltet, um eine Vielzahl gleichartiger Fälle zu regeln, kann es vorkommen, dass die Auslegung der Norm anhand der gerade beschriebenen Kriterien eine **Lücke** ergibt. Ein bestimmter Lebenssachverhalt wird nicht geregelt. Dabei kann es sich einerseits um eine **bewusste Lücke** handeln, weil der Gesetzgeber diesen Fall gerade nicht erfassen wollte. Dieser Wille des Gesetzgebers muss natürlich respektiert werden: Die Lücke darf nicht durch die entsprechende Anwendung der Rechtsnorm geschlossen werden.

BEISPIEL ▶ Der 14-jährige M kauft beim Computerhändler V ein gebrauchtes Notebook, das 400 € wert ist, zum Preis von 200 €. Da M zwar bereits das siebente Lebensjahr vollendet hat, aber noch minderjährig ist (§§ 2, 106 BGB), hängt die Wirksamkeit seiner Erklärung und damit des Kaufvertrags grundsätzlich von der Einwilligung seiner Eltern als seiner gesetzlichen Vertreter (§ 1629 BGB) ab; diese Einwilligung ist allerdings nicht erforderlich, wenn M durch seine Erklärung lediglich einen rechtlichen Vorteil erlangt (§ 107 BGB). Zwar ist die Erklärung für den M wirtschaftlich vorteilhaft, weil sie ihm ein wirtschaftliches Plus von 200 € verschafft. Rechtlich bringt ihm die Erklärung aber nicht nur den Vorteil, dass er aufgrund des Kaufvertrags gem. § 433 Abs. 1 Satz 1 BGB von V die Lieferung des Notebooks verlangen kann, sondern zugleich den Nachteil, dass er gem. § 433 Abs. 2 BGB zur Zahlung des Kaufpreises an V verpflichtet wird. Deshalb bedarf seine Erklärung der Einwilligung seiner Eltern.

Der **Gesetzgeber** hat bewusst nur auf den rechtlichen und eben nicht auf den wirtschaftlichen Vorteil abgestellt, um Minderjährige zu schützen. **Methodisch** handelt es sich hier um einen **Umkehrschluss** (*argumentum e contrario*): Geregelt ist nur der Fall des rechtlichen, aber gerade nicht der des wirtschaftlichen Vorteils.

Liegt dagegen eine **unbewusste Gesetzeslücke** vor, die bereits bei der Schaffung der Norm bestanden hat (primäre Lücke) oder die erst nach Erlass des Gesetzes entstanden ist (sekundäre Lücke), dann kommt eine Ausfüllung dieser Lücke durch eine Analogie in Betracht. Lässt sich also feststellen, dass der Gesetzgeber einen regelungsbedürftigen Fall übersehen hat, den er bei Kenntnis der Lücke in gleicher Weise geregelt hätte, schließt der Rechtsanwender diese Lücke: Er wendet die Rechtsfolge einer Norm, deren Tatbestand der konkrete Lebenssachverhalt zwar nicht vollständig erfüllt, dem er aber weitestgehend vergleichbar ist, entsprechend auf diesen unbewusst nicht geregelten Lebenssachverhalt an. Das ist die **Analogie**. Dabei kann es sich um die ausdehnende entsprechende Anwendung einer Norm auf einen nicht geregelten Fall handeln (**Gesetzesanalogie**) oder um die Anwendung eines Regelungsprinzips, das sich aus mehreren Gesetzesbestimmungen ergibt (**Rechtsanalogie**).

BEISPIEL ▶ Der Käufer K kauft beim Verkäufer V eine hochwertige gebrauchte Modell-Lokomotive, deren Motor defekt ist. Auf einen Probelauf im Geschäft, bei dem sich der Fehler sofort gezeigt hätte, verzichtet K, weil V ihm versichert, mit der Lok sei alles in Ordnung. Da dem K der Mangel infolge grober Fahrlässigkeit unbekannt geblieben ist, kann er gem. § 442 Abs. 1 Satz 2 BGB Rechte wegen dieses Mangels (des defekten Motors) gegenüber V nur dann geltend machen, wenn V den Mangel arglistig verschwiegen oder eine Garantie für die Beschaffenheit der Kaufsache übernommen hat. Hier liegt der Fall so, dass V den Mangel nicht arglistig verschwiegen, sondern die Mangelfreiheit der Lok arglistig (= vorsätzlich) vorgespiegelt hat. Hätte der Gesetzgeber diese Lücke erkannt, dass nämlich das arglistige Vorspiegeln der Mangelfreiheit nicht erfasst wird, hätte er sie wegen der Vergleichbarkeit mit dem arglistigen Verschweigen des Mangels so geschlossen, dass § 442 Abs. 1 Satz 2 BGB auch für das arglistige Vorspiegeln gilt. Die Lücke wird also durch eine ausdehnende entsprechende Anwendung (Gesetzesanalogie) geschlossen (vgl. *Brox/Walker*, BGB AT, Rn. 66; *Palandt/Weidenkaff*, § 442 Rn. 18).

> Eine **Analogie** ist die Schließung einer Gesetzeslücke im Wege der ausdehnenden entsprechenden Anwendung einer Norm auf einen nicht geregelten Fall (**Gesetzesanalogie**) oder der Anwendung eines Regelungsprinzips, das sich aus mehreren Gesetzesbestimmungen ergibt (**Rechtsanalogie**).

III. Grundzüge der Technik der Falllösung und der Subsumtion

Die Lösung eines juristischen Falles besteht, wie bereits angesprochen, vor allem darin, im Wege der sog. Subsumtion zu prüfen, ob der tatsächliche Lebenssachverhalt unter den Tatbestand derjenigen Norm „passt", welche die gewünschte Rechtsfolge enthält. Soweit in zivilrechtlichen Klausuren, wie es regelmäßig der Fall ist, nach Ansprüchen der Beteiligten gefragt wird, handelt es sich bei diesen Normen um Anspruchsgrundlagen. Jede Subsumtion unter eine solche Anspruchsgrundlage, aber auch unter andere Normen erfolgt grundsätzlich in **drei Schritten**:

▶ Den **Obersatz** bildet der gesetzliche Tatbestand der Norm, welche die gewünschte bzw. die gefragte Rechtsfolge enthält.

▶ Diesem Obersatz wird der konkrete Lebenssachverhalt als **Untersatz** untergeordnet – er wird unter den Obersatz subsumiert. Das ist die **Subsumtion** im engeren Sinne.

▶ Der **Schlusssatz** oder **Ergebnissatz** enthält die Rechtsfolge. Sind alle Tatbestandsvoraussetzungen der Norm erfüllt, tritt die dort geregelte Rechtsfolge ein. Fehlt es dagegen an einer Voraussetzung, tritt die gewünschte Rechtsfolge nicht ein.

Diese Grundzüge der Technik der Falllösung im Wege der Subsumtion sollen anhand des folgenden **Beispiels** verdeutlicht werden:

> **BEISPIEL** ▶ A, ein Student der Wirtschaftswissenschaften, hat seiner Kommilitonin B sein gebrauchtes Notebook für 400 € verkauft. Er soll es der B am folgenden Tag übergeben, wenn sie die 400 € mitbringt. Als B am nächsten Tag mit dem Geld bei A erscheint, erklärt A, er habe es sich anders überlegt. C habe ihm nämlich 450 € für das Notebook geboten. B besteht auf der Lieferung des Notebooks.

Bevor die Subsumtion beginnen kann, muss zunächst die Rechtsnorm gefunden werden, welche die gefragte Rechtsfolge enthält. Das **Auffinden der passenden Rechtsnorm** setzt entsprechende Grundkenntnisse der Systematik und der wichtigsten Vorschriften des Bürgerlichen Rechts voraus.

> **BEISPIEL** ▶ Im **Beispielsfall** verlangt B von A die Lieferung des gekauften Notebooks. Damit ist schnell klar, dass sich die gesuchte Norm in den Vorschriften zum Kaufvertrag (§§ 433 ff. BGB) finden wird. Außerdem beruft sich B auf ein Recht, von A ein bestimmtes Tun, nämlich die Lieferung des gebrauchten Notebooks, zu verlangen, und damit auf einen Anspruch i. S. des § 194 Abs. 1 BGB. Die dazu passende Anspruchsgrundlage enthält der gerade angesprochene § 433 Abs. 1 Satz 1 BGB, der die Verpflichtung des Verkäufers statuiert, dem Käufer die gekaufte Sache zu übergeben und ihm das Eigentum daran zu verschaffen.

Ist die richtige Anspruchsgrundlage oder sonstige Norm gefunden, folgt die **Subsumtion** in den bereits genannten drei Schritten.

Für den **Beispielsfall** bedeutet das:

BEISPIEL ▶ Obersatz ist der Tatbestand des § 433 Abs. 1 Satz 1 BGB: *„Durch den Kaufvertrag wird der Verkäufer einer Sache"* (= Tatbestand) zur Übergabe und zur Verschaffung des Eigentums an der Sache verpflichtet (= Rechtsfolge).

Untersatz ist die Unterordnung des Lebenssachverhalts unter den Obersatz, also die Subsumtion im engeren Sinne. § 433 Abs. 1 Satz 1 BGB setzt einen Kaufvertrag über eine Sache voraus. A müsste der B also eine Sache verkauft haben. Bei näherem Hinsehen handelt es sich um zwei Tatbestandsvoraussetzungen: Das Notebook müsste eine Sache sein, und über diese Sache müsste A als Verkäufer einen Kaufvertrag mit der B als Käuferin abgeschlossen haben. Bereits an diesem einfachen Beispiel zeigt sich, dass die dreischrittige Technik der Subsumtion oft auf mehreren Ebenen angewendet werden muss. Um nämlich zu klären, was eine Sache und was ein Kaufvertrag ist, muss der Rechtsanwender weitere Normen heranziehen, die diese Begriffe i. S. von Tatbestand und Rechtsfolge regeln. Im obigen Beispielsfall liegen die Dinge jedoch nicht kompliziert. Zunächst ist das Notebook ein körperlicher Gegenstand (= Tatbestand) und damit eine Sache (= Rechtsfolge) i. S. von § 90 BGB. Außerdem haben sich A und B über den Verkauf des Notebooks von A an B zum Preis von 400 € i. S. der §§ 145 ff. BGB geeinigt, so dass ein Kaufvertrag vorliegt. Der Untersatz lautet also im Ergebnis, dass A als Verkäufer mit der B (als Käuferin) einen Kaufvertrag über die Sache „Notebook" abgeschlossen hat. Die Tatbestandsvoraussetzung „Sache" wird allerdings regelmäßig nicht geprüft, weil die §§ 433 ff. BGB auf den Kauf von Rechten und anderen Gegenständen gem. § 453 Abs. 1 BGB entsprechende Anwendung finden.

Schlusssatz ist die Rechtsfolge: A ist gem. § 433 Abs. 1 Satz 1 BGB verpflichtet, der B das Notebook zu übergeben und ihr daran das Eigentum zu verschaffen. B besteht also zu Recht auf der Lieferung des Notebooks.

IV. Erstellung eines juristischen Gutachtens

1. Unterschiede zwischen Urteil und Gutachten

Die Lösung eines juristischen Falles kann in zwei sehr unterschiedlichen Formen erfolgen. Einerseits kann es sich um ein **Urteil** handeln, andererseits um ein **Gutachten**.

a) Urteil und Urteilsstil

Ein **Urteil** ist die Lösung eines juristischen Falles durch ein **Gericht**, die sich an die Parteien des Rechtsstreits richtet. Es präsentiert den Parteien nicht nur die Entscheidung dieses Rechtsstreits, sondern es regelt ihn auch verbindlich für sie, sobald es rechtskräftig geworden ist, weil keine Rechtsmittel mehr eingelegt werden können. Wegen dieser verbindlich streitschlichtenden Funktion stellt das Urteil im ersten Schritt zunächst das **Ergebnis** der rechtlichen Prüfung fest und liefert erst danach im zweiten Schritt die **Begründung** dieses Ergebnisses. Dieser Vorgehensweise korrespondiert die Verwendung des sog. **Urteilsstils**, der sich am Satzbau und vor allem an der Verwendung der Konjunktionen *„weil", „da", „denn", „zwar"* und *„obwohl"* zeigt.

Im **obigen Beispielsfall** könnte das Urteil etwa folgendermaßen lauten:

„Der Beklagte wird verurteilt, der Klägerin sein gebrauchtes Notebook Typ XXX, Seriennummer YYY, Zug um Zug gegen Zahlung von 400 € zu übergeben und zu übereignen."

Das Urteil beginnt mit dem **Tenor**, in dem entweder dem klägerischen Anspruch stattgegeben oder in dem die Klage abgewiesen wird, wenn es sich um ein erstinstanzliches Urteil handelt. Im Beispielsfall ist B die Klägerin und A der Beklagte. Der ausgeurteilte Anspruch muss so genau bezeichnet werden, dass der Gerichtsvollzieher dieses Urteil vollstrecken kann, falls der Beklagte nicht freiwillig leistet. Der Tenor enthält weitere Aussprüche zur Vollstreckbarkeit und zu den

Kosten. Nach dem **Tatbestand**, der die entscheidungserheblichen Tatsachen des zu beurteilenden Lebenssachverhaltes aufführt, folgen die **Entscheidungsgründe**. Sie enthalten die im Urteilsstil gehaltene Begründung:

> „Die Klägerin hat gegen den Kläger einen Anspruch auf Übergabe und Übereignung des gebrauchten Notebooks Typ XXX, Seriennummer YYY, gem. § 433 Abs. 1 Satz 1 BGB Zug um Zug gegen Zahlung von 400 €. Denn die Parteien haben einen wirksamen Kaufvertrag geschlossen, weil sie sich über den Kauf dieses Notebooks zum Preis von 400 € geeinigt haben.
>
> Die nachträgliche Weigerung des Beklagten, der Klägerin das Notebook zu liefern, ändert an dieser Verpflichtung nichts. Zwar kann seine Äußerung, er wolle wegen eines besseren Angebots des C nicht mehr liefern, als Anfechtungserklärung i. S. von § 143 BGB ausgelegt werden. Diese Erklärung führt aber nicht gem. § 142 BGB zur rückwirkenden Vernichtung der Vertragserklärung und damit des Kaufvertrags, weil dem Beklagten kein Anfechtungsgrund i. S. des §§ 119 ff. BGB zur Seite steht. Der einzig in Betracht kommende § 119 Abs. 2 BGB greift nicht ein, weil der Irrtum des Beklagten, er habe bei der Einigung mit der Klägerin bereits den bestmöglichen Preis erzielt, sich nicht auf einen wertbildenden Faktor des Notebooks bezieht.
>
> Der Anspruch ist auch fällig. Denn die Parteien hatten gem. § 271 Abs. 1 BGB die Lieferung bereits für den ZZ.ZZ.20ZZ als den der Einigung folgenden Tag vereinbart.
>
> Gemäß §§ 320 Abs. 1 Satz 1, 322 BGB war der Beklagte Zug um Zug gegen Zahlung des Kaufpreises i. H. von 400 € durch die Klägerin zu verurteilen."

b) Gutachten und Gutachtenstil

Die Lösung einer juristischen Klausur erfolgt dem gegenüber, ebenso wie die **Prüfung** eines Rechtsanwalts, ob sein Mandant einen Anspruch gegen den Gegner hat, oder wie auch die dem Urteil vorhergehende Prüfung des Gerichts in der Form eines Gutachtens. Ein solches **juristisches Gutachten** zeichnet sich dadurch aus, dass der Prüfende, wie bereits angesprochen (siehe oben III), von einer **Anspruchsgrundlage** ausgeht, unter deren Tatbestandsvoraussetzungen der Sachverhalt subsumiert werden muss. Zu jeder Tatbestandsvoraussetzung wird eine **Hypothese** formuliert, diese Hypothese wird überprüft, und anschließend wird das Ergebnis der Überprüfung formuliert. Kennzeichen des Gutachtenstils sind Konjunktionen wie *„also", „deshalb", „daher", „somit", „damit", „folglich", „so dass"* und *„infolge dessen"*.

Die **Erarbeitung eines solchen Gutachtens** und damit auch die Lösung einer juristischen Klausur erfolgt **in mehreren Schritten**, die im Folgenden dargestellt und erläutert werden. Darauf aufbauend wird anschließend gezeigt, wie das Gutachten zum obigen Beispielsfall formuliert werden könnte (s. unten 2 g).

2. Arbeits- und Prüfungsschritte zur Bearbeitung einer juristischen Klausur

Zur Erstellung eines juristischen Gutachtens und damit auch zur Bearbeitung einer juristischen Klausur bieten sich die folgenden **Arbeits- und Prüfungsschritte** an:

> ▶ Lektüre und Erfassen des Sachverhalts;
> ▶ Erarbeitung der Fallfrage;
> ▶ Suche nach den Anspruchsgrundlagen;
> ▶ Prüfungsreihenfolge bei mehreren Anspruchsgrundlagen;
> ▶ Prüfungsreihenfolge innerhalb der jeweiligen Anspruchsprüfung;
> ▶ Anfertigung einer Lösungsskizze;
> ▶ Ausarbeitung im Gutachtenstil.

a) Lektüre und Erfassen des Sachverhalts

Die Bearbeitung eines juristischen Falles geht von dem konkreten Sachverhalt aus. Das könnte etwa der oben (unter III.) bereits geschilderte **Beispielsfall** des Computerkaufs sein:

BEISPIEL ▶ A, ein Student der Wirtschaftswissenschaften, hat seiner Kommilitonin B sein gebrauchtes Notebook für 400 € verkauft. Er soll es der B am folgenden Tag übergeben, wenn sie die 400 € mitbringt. Als B am nächsten Tag mit dem Geld bei A erscheint, erklärt A, er habe es sich anders überlegt. C habe ihm nämlich 450 € für das Notebook geboten. B besteht auf der Lieferung des Notebooks.

In Bezug auf den Sachverhalt kommt es zunächst darauf an, **alle Tatsachen zu erfassen** und keine wichtigen Punkte zu übersehen. Deshalb sollte der Fall gründlich und mehrfach gelesen werden – dieser Hinweis klingt simpel, ist aber trotzdem von nicht zu unterschätzender Bedeutung! Bereits bei dieser Arbeit am Sachverhalt sollten die Bearbeiter – gemeint sind hier und im Folgenden natürlich auch immer die Bearbeiterinnen – auf die Fallfrage(n) und den eventuell vorhandenen Bearbeitervermerk achten.

Beim zweiten und wiederholten Lesen kann man mit der „Fallfrage im Hinterkopf" die wesentlichen Informationen zu Personen, Daten und Begehren, also den geltend gemachten Ansprüchen, unterstreichen oder markieren. Außerdem bietet es sich regelmäßig an, eine kleine graphische **Skizze** zu erstellen, welche die Lebensvorgänge und rechtlichen Beziehungen zwischen den verschiedenen Personen darstellt. Enthält der Sachverhalt viele Daten, leistet die Erstellung eines Zeitstrahls mit den relevanten Daten gute Dienste. Schließlich kann es hilfreich sein, im Sinne eines „brainstorming" zunächst einmal unsortiert Anspruchsgrundlagen und andere Normen zu notieren, die beim Lesen des Sachverhalts einschlägig erscheinen.

Andererseits muss der Bearbeiter stets darauf achten, den **Sachverhalt als gegeben hinzunehmen** und ihn nicht „lebensnah" oder „wirklichkeitsnah" zu ergänzen oder umzudeuten, weil er beispielsweise meint, so dumm stelle sich in Wirklichkeit niemand an. Auch die Zahlen im Sachverhalt sind als gegeben hinzunehmen. Ist etwa der Schaden mit 200 € angegeben, darf der Bearbeiter keine Wirtschaftlichkeitsberechnung anstellen oder andere denkbare Berechnungsgrundlagen heranziehen. Schließlich ist der **Sachverhalt unstreitig**: Die Angaben sind als richtig hinzunehmen, ohne dass Überlegungen dazu angestellt werden dürfen, ob die Beteiligten etwa die Wahrheit sagen.

Schließlich darf der Bearbeiter auch nicht der Versuchung erliegen, den Klausursachverhalt mit einem Sachverhalt gleichzusetzen, den er aus der Vorlesung, der Arbeitsgemeinschaft oder der privaten Vorbereitung kennt. Oft **unterscheidet** sich der in der Klausur zu bearbeitende Fall in einer **entscheidenden Nuance** von dem „bekannten" Fall. Die sog. „Sachverhaltsquetsche" führt dann dazu, dass der Bearbeiter einen anderen als den gestellten Fall löst und die Klausur dadurch völlig misslingen kann.

b) Erarbeitung der Fallfrage

Die Fallfragen richten sich in der Regel auf **Ansprüche**, also auf das subjektive Recht, von einem anderen ein Tun oder Unterlassen zu verlangen (§ 194 Abs. 1 BGB). Handelt es sich um **konkrete Fallfragen**, müssen diese Fragen – und nur diese Fragen! – beantwortet werden.

> **BEISPIELE** X verlangt von Y Schadensersatz i. H. von 1 000 €. K verlangt von V die Herausgabe des gestohlenen Motorrads. V verlangt von E die Rückgabe der geliehenen Digitalkamera. V fragt, ob er von K die Zahlung des Kaufpreises verlangen kann.
>
> Der **obige Beispielsfall** schließt mit einer konkreten Fallfrage ab. Zu prüfen ist danach der Anspruch der B gegen den A auf Lieferung des Notebooks. Nicht gefragt ist dagegen nach dem Anspruch des A gegen die B auf Zahlung des Kaufpreises.

Fehlt eine derartige **konkrete Fallfrage** oder lautet die Frage ganz **allgemein** „Wie ist die Rechtslage?", muss der Bearbeiter aus dem Sachverhalt entnehmen, zu welchen Fragen bzw. Ansprüchen er das Gutachten erstellen soll. Er muss überlegen, über welche Punkte die Beteiligten streiten und was sie von wem haben möchten.

> Im **obigen Beispielsfall** wären ohne die Fallfrage sowohl der Lieferungsanspruch der B als auch der Zahlungsanspruch des A zu prüfen. Keine hinreichenden Anhaltspunkte ergeben sich dagegen für eine Prüfung der Frage, ob C möglicherweise die Lieferung des Notebooks oder Schadensersatz wegen der Nichtlieferung von A verlangen kann.

Beschränkt nicht bereits die Fallfrage, so wie im obigen Beispiel, die Prüfung auf einen Anspruch zwischen zwei Personen, muss der Bearbeiter generell die vier „**W-Fragen**" stellen:

Wer	(= Anspruchsteller)
will **von wem**	(= Anspruchsgegner)
was	(= Anspruchsziel)
woraus?	(= Anspruchsgrundlage)

Die Prüfung setzt also eine **Aufgliederung in Zwei-Personen-Verhältnisse** voraus. Das gilt selbst dann, wenn die Ansprüche gegen zwei Personen das gleiche Ziel haben (z. B. Schadensersatz i. H. von 500 € gegen A und B, die den C gemeinsam verprügelt haben). Denn die Voraussetzungen können bei jeder Person unterschiedlich zu beurteilen sein (B war z. B. im Unterschied zu A minderjährig – vgl. § 828 BGB – oder zuvor von C angegriffen worden, so dass er in seiner Person durch Notwehr gerechtfertigt war – vgl. § 227 BGB).

> **BEISPIEL** Geht es etwa um die Ansprüche von A, B und C, muss der Bearbeiter, sofern sich aus dem Sachverhalt keine Beschränkung ergibt, folgende Ansprüche prüfen:
>
> ▶ A → B
>
> ▶ A → C
>
> ▶ B → A
>
> ▶ B → C
>
> ▶ C → A
>
> ▶ C → B

Gibt die **Fallfrage** eine **bestimmte Reihenfolge der Prüfung** vor, sollte diese beachtet und eingehalten werden. Der Aufgabensteller will dem Bearbeiter auf diese Weise regelmäßig die Prüfung erleichtern.

Hat der Bearbeiter damit die Anspruchsteller und Anspruchsgegner identifiziert („Wer von wem?"), muss er im nächsten Schritt das **Anspruchsziel** bestimmen („Was?"). Es geht um die gewünschten oder gefragten Rechtsfolgen. Danach lassen sich grundsätzlich vier Anspruchs-arten unterscheiden:

▶ Ansprüche auf **Erfüllung**
 (z. B. auf Zahlung des Kaufpreises oder auf Lieferung der Kaufsache);
▶ Ansprüche auf **Schadensersatz**
 (z. B. wegen der Beschädigung einer Sache oder wegen einer Körperverletzung);
▶ Ansprüche auf **Herausgabe**
 (z. B. Anspruch des Eigentümers auf Herausgabe seiner Sache gegen den Besitzer oder Herausgabeanspruch wegen ungerechtfertigter Bereicherung);
▶ Ansprüche auf **Aufwendungsersatz** oder sonstige **Ausgleichsansprüche**
 (z. B. Anspruch des Beauftragten auf Ersatz seiner Aufwendungen).

Im **obigen Beispielsfall** geht es um den Anspruch der B gegen A auf Lieferung des Notebooks und damit um einen Erfüllungsanspruch.

c) Suche nach den Anspruchsgrundlagen

Schließlich muss der Bearbeiter im Gesetz diejenigen Rechtsnormen suchen, die das Begehren des Anspruchstellers stützen können. Er muss Normen auffinden, deren (abstrakte) Rechtsfolge mit der vom Anspruchsteller verlangten (konkreten) Rechtsfolge übereinstimmt. Er muss eine für das Anspruchsziel **passende Anspruchsgrundlage** finden („Woraus?").

Häufig gibt es mehrere Anspruchsgrundlagen, die auf das gleiche Anspruchsziel gerichtet sind. Dann müssen **alle in Betracht kommenden Anspruchsgrundlagen** geprüft werden. Das ist die sog. **Anspruchskonkurrenz**.

BEISPIEL ▶ A verlangt vom Abschleppunternehmer U Schadensersatz i. H. von 1 000 €, weil dieser sein Auto beim Abschleppen zur Werkstatt beschädigt hat. Hier kommen sowohl ein vertraglicher Anspruch aus § 280 Abs. 1 BGB wegen der Verletzung einer Nebenpflicht aus dem Vertrag als auch § 823 Abs. 1 BGB wegen der Verletzung des Eigentums am Auto in Betracht. Beide Ansprüche haben unterschiedliche Voraussetzungen (hier vor allem einerseits wirksamer Vertrag, andererseits Eigentum des A am Auto), von denen in der Praxis etwa die eine Voraussetzung durch eine Urkunde oder einen Zeugen bewiesen werden kann, die andere aber nicht. Deshalb müssen im Gutachten immer alle in Betracht kommenden Ansprüche geprüft werden.

Im **obigen Beispielsfall** kommt als Grundlage des Lieferanspruchs der B gegen A nur § 433 Abs. 1 Satz 1 BGB in Betracht.

d) Reihenfolge der Prüfung bei mehreren Anspruchsgrundlagen

Hat der Bearbeiter in Bezug auf einen Anspruch mehrere Anspruchsgrundlagen zu prüfen, muss er eine bestimmte Reihenfolge beachten. Diese **Prüfungsreihenfolge** ergibt sich teilweise zwingend aus dem Gesetz; teilweise handelt es sich um Zweckmäßigkeitserwägungen.

▶ Ansprüche aus **Vertrag**:
Vertragserfüllung (z. B. § 433 Abs. 1 oder 2), vertragliche Schadensersatzansprüche (z. B. § 280 Abs. 1, Abs. 3, § 283 BGB);

▶ Ansprüche aus **vertragsähnlichen Verhältnissen**:
vor allem Ansprüche bei der Anbahnung eines Vertrags, ohne dass der Vertrag geschlossen wird; dabei handelt es sich um Ansprüche auf Erfüllung (z. B. § 179 Abs. 1 BGB), Schadensersatz (z. B. § 122, §§ 280 ff. BGB) und Aufwendungsersatz (z. B. § 683 BGB);

▶ **dingliche** Ansprüche:
sachenrechtliche Ansprüche, welche dingliche, also gegen jedermann gerichtete Rechte gegen Beeinträchtigungen schützen; dabei handelt es sich um Ansprüche auf Herausgabe (z. B. § 985 BGB) und auf Beseitigung oder Unterlassung einer Beeinträchtigung (z. B. § 1004 BGB);

▶ **deliktische** Ansprüche:
auf Schadensersatz gerichtete Ansprüche aus unerlaubter Handlung (Delikt; z. B. § 823 Abs. 1, § 823 Abs. 2 BGB) und aus Gefährdungshaftung (z. B. § 7 Abs. 1 StVG, § 833 Satz 1 BGB);

▶ **bereicherungsrechtliche** Ansprüche:
Ansprüche zum Ausgleich einer nicht gerechtfertigten Vermögensverschiebung, indem diese Verschiebung wieder rückgängig gemacht oder wertmäßig ausgeglichen wird (Kondiktionsansprüche, z. B. als Leistungskondiktion gem. § 812 Abs. 1 Satz 1, 1. Fall BGB, wenn der „Entreicherte" das Vermögen des „Bereicherten" bewusst vermehrt hat, weil er aufgrund eines unerkannt unwirksamen Kaufvertrags gezahlt hat, oder als Nichtleistungskondiktion gem. § 812 Abs. 1 Satz 1, 2. Fall BGB, in denen keine derartige Leistungsbeziehung zwischen „Entreichertem" und „Bereichertem" besteht).

e) Grundmuster für den Aufbau der Anspruchsprüfung

Auch bei der Prüfung der einzelnen Ansprüche muss der Bearbeiter eine bestimmte logische Reihenfolge einhalten. Dieses Prüfungsschema besteht aus den folgenden **drei Schritten**:

▶ Anspruch **entstanden;**

▶ Anspruch **nicht erloschen;**

▶ Anspruch **durchsetzbar.**

Im ersten Schritt ist demnach zu prüfen, ob der **Anspruch entstanden** ist. Das richtet sich zunächst und vor allem danach, ob die Tatbestandsvoraussetzungen der Anspruchsgrundlage erfüllt sind.

> Im **obigen Beispielsfall** setzt der Anspruch der B gegen A auf Lieferung des Notebooks gem. § 433 Abs. 1 Satz 1 BGB voraus, dass A und B einen wirksamen Kaufvertrag über das Notebook abgeschlossen haben. Diese Voraussetzung wurde oben bereits bejaht.

Liegt nur eine der notwendigen Tatbestandsvoraussetzungen nicht vor, ist die Prüfung bereits beendet. Der Anspruch besteht nicht. An dieser Stelle sind außerdem die sog. **rechtshindernden Einwendungen** zu prüfen. Dabei handelt es sich um solche Tatbestände, die von vornherein die Entstehung des Anspruchs verhindern.

BEISPIELE ▶ Geschäftsunfähigkeit des Vertragspartners gem. § 104 i.V. mit § 105 Abs. 1 BGB; Scheingeschäft gem. § 117 Abs. 1 BGB; gesetzes- oder sittenwidriges Geschäft gem. § 134 oder § 138 BGB.

Im **obigen Beispielsfall** könnte die Erklärung des A, er habe es sich anders überlegt und wolle wegen eines besseren Angebots des C nicht mehr liefern, als Anfechtungserklärung i. S. des § 143 BGB auszulegen sein. Eine wirksame Anfechtung führt wegen der in § 142 Abs. 1 BGB angeordneten Rückwirkung zur Nichtigkeit als rechtshindernde Einwendung.

Sind dagegen alle Tatbestandsvoraussetzungen erfüllt, muss im zweiten Schritt geprüft werden, ob der **Anspruch nicht erloschen** ist. Dabei geht es um die sog. **rechtsvernichtenden Einwendungen**, die den zunächst wirksam entstandenen Anspruch im Nachhinein vernichten.

BEISPIELE ▶ Erfüllung des Anspruchs durch Bewirken der geschuldeten Leistung an den Gläubiger gem. § 362 BGB, Hinterlegung gem. § 378 BGB, Aufrechnung gem. § 389 BGB oder Erlass gem. § 397 Abs. 1 BGB; Erlöschen durch nachträgliche Unmöglichkeit gem. § 275 Abs. 1 BGB.

Im **obigen Beispielsfall** wäre der Anspruch der B gegen A auf Lieferung des Notebooks aus § 433 Abs. 1 Satz 1 BGB gem. § 275 Abs. 1 BGB erloschen, wenn A das Notebook zwischenzeitlich an C übereignet hätte (vgl. § 929 Satz 1 BGB). Dafür enthält der Sachverhalt aber keine hinreichenden Anhaltspunkte.

Im dritten und letzten Schritt muss untersucht werden, ob der **Anspruch durchsetzbar** ist. Daran fehlt es, wenn dem Anspruch eine sog. **rechtshemmende Einwendung** entgegensteht. Da sich der Anspruchsgegner auf ein solches Recht, die Leistung zu verweigern, konkret berufen muss, spricht man auch von **Einreden** im privatrechtlichen Sinne. Die Erhebung einer solchen Einrede ändert nichts am Bestehen des Anspruchs, hemmt aber seine Durchsetzung.

BEISPIELE ▶ Einrede der Verjährung gem. § 214 Abs. 1 BGB; Einrede des Zurückbehaltungsrechts gem. § 273 BGB; Einrede des nicht erfüllten Vertrags gem. § 320 BGB.

Im **obigen Beispiel** könnte sich A darauf berufen, dass er das Notebook gem. § 320 Abs. 1 Satz 1 BGB so lange nicht der B liefern muss, wie sie nicht die Gegenleistung aus dem Kaufvertrag erbringt, also nicht den Kaufpreis i. H. von 400 € bezahlt (vgl. § 433 Abs. 2 BGB). Der Sachverhalt enthält dazu die Angabe, dass B das Notebook am folgenden Tag erhalten soll, wenn sie den Kaufpreis i. H. von 400 € mitbringt. Zwar will A am folgenden Tag gar nicht mehr an B liefern, weil C ihm 50 € mehr geboten hat; das spricht gegen eine Berufung auf die Einrede aus § 320 BGB. Das Verhalten des A kann aber auch so verstanden werden, dass er nur gegen die Zahlung der 400 € liefern will, wenn er überhaupt an B liefern muss. Diese Summe hat B indessen mitgebracht.

f) Anfertigung einer Lösungsskizze

Aus den bisher erläuterten Arbeitsschritten ergibt sich die Gliederung des Gutachtens. Eine solche **klare gedankliche Gliederung** ist, wie sich aus den bisherigen Erläuterungen ergibt, zwingende Voraussetzung für eine erfolgreiche juristische Falllösung und damit auch eine erfolgreiche Rechtsklausur. Deshalb sollte der Bearbeiter seine Falllösung und ihre Gliederung vor der schriftlichen Ausformulierung des Gutachtens zunächst in einer **Lösungsskizze** niederlegen, welche stichwortartig die zu prüfenden Anspruchsgrundlagen und ihre Tatbestandsvoraussetzungen sowie die darunter jeweils zu subsumierenden Angaben des Sachverhalts enthält.

Die Anfertigung einer solchen Lösungsskizze verschwendet nicht etwa einen Teil der ohnehin knappen Bearbeitungszeit, die für die Klausur zur Verfügung steht, sondern spart im Ergebnis sogar Zeit. Denn dabei zeigt sich, welche Ansprüche überhaupt ernsthaft in Betracht kommen, welche Tatbestandsvoraussetzungen unproblematisch und welche problematisch sind und wo demgemäß die Schwerpunkte der Bearbeitung zu setzen sind. Außerdem erleichtert sie die Ausformulierung des Gutachtens, weil der Bearbeiter den Gliederungspunkten der Lösungsskizze folgen kann. Schließlich ermöglicht sie es, die einzelnen **Prüfungsabschnitte zu beziffern** und so den Lösungsweg für den Korrektor leichter nachvollziehbar zu gestalten. Überschriften empfehlen sich dagegen im Klausurtext nur bei den einzelnen Ansprüchen (z. B. „Anspruch des V gegen K auf Zahlung des Kaufpreises aus § 433 Abs. 2 BGB").

Schließlich gilt der Grundsatz, dass eine klare Gliederung auf eine klare Gedankenführung schließen lässt. Und das gilt umgekehrt gleichermaßen: Eine unklare oder gar unlogische Gliederung indiziert, dass eine **klare Gedankenführung** und damit eine den Anforderungen entsprechende Prüfung der Anspruchsgrundlagen und ihrer Tatbestandsvoraussetzungen fehlen.

g) Ausarbeitung im Gutachtenstil

Die Falllösung muss, wie eingangs bereits erläutert (s. oben 1 b) im **Gutachtenstil** erfolgen. Das bedeutet allerdings nicht, dass jeder Satz mit der Floskel *„Zu prüfen ist nun, ob …"* einzuleiten wäre. Geschickter, näher am Fall und besser lesbar ist es, jeweils **konkrete Obersätze** zu bilden, in denen die abstrakte Tatbestandsvoraussetzung bereits mit den entsprechenden Angaben aus dem Sachverhalt verknüpft wird. Da es sich bei den Obersätzen immer um Hypothesen handelt, sind sie im **Konjunktiv** zu formulieren.

■■■■ **BEISPIEL** ▶ „V könnte gegen K einen Anspruch auf Zahlung des Kaufpreises für das Notebook i. H. von 400 € aus § 433 Abs. 2 BGB haben."

Die Obersätze zu den **einzelnen Tatbestandsvoraussetzungen** werden entweder ebenfalls im Konjunktiv formuliert. Oder sie werden durch die Formel „Das setzt voraus, dass …" eingeleitet und dann im Indikativ formuliert.

■■■■ **BEISPIELE** ▶ „Dann müssten V und K einen entsprechenden wirksamen Kaufvertrag geschlossen haben."
„Das setzt voraus, dass V und K einen entsprechenden wirksamen Kaufvertrag geschlossen haben."

Die **Subsumtion** unter die einzelnen Tatbestandsvoraussetzungen erfolgt nach dem gleichen Muster. Außerdem muss jede Subsumtion mit einem **Ergebnissatz** schließen, der sich genau auf den jeweiligen Obersatz bezieht und mitteilt, ob die im Obersatz enthaltene Hypothese zutrifft oder nicht (vgl. dazu bereits oben III). Diese Ergebnis- oder Schlusssätze werden durch Konjunktionen wie *„also", „deshalb", „daher", „somit", „damit", „folglich", „so dass"* und *„infolge dessen"* eingeleitet, die den Gutachtenstil kennzeichnen (s. oben 1 b).

Im **obigen Beispielsfall** des Notebook-Kaufs könnte das Gutachten etwa folgendermaßen lauten:

B könnte gegen A einen Anspruch auf die Lieferung des Notebooks aus § 433 Abs. 1 Satz 1 BGB haben (**Obersatz 1**).

Dann müssten A und B einen wirksamen Kaufvertrag über dieses Notebook geschlossen haben. Sie müssten sich also über die wesentlichen Geschäftsbestandteile Kaufsache, Kaufpreis und Vertragsparteien (die *essentialia negotii*) geeinigt haben (**Obersatz 2, 1. Teil – Anspruch entstanden**).

Indem A der B sein gebrauchtes Notebook für 400 € verkauft hat, haben beide sich sowohl über den Kaufgegenstand – das Notebook – als auch über den Kaufpreis – 400 € – geeinigt. Einigkeit bestand ferner über die Parteien des Kaufvertrags, nämlich A als Verkäufer und B als Käuferin (**Subsumtion**).

A und B haben somit einen wirksamen Kaufvertrag über dieses Notebook geschlossen, so dass der Anspruch der B gegen A auf Lieferung des Notebooks entstanden sein könnte (**Ergebnissatz 1 – zum Obersatz 2, 1. Teil**).

Die Entstehung dieses Anspruchs dürfte nicht gem. § 142 Abs. 1 BGB durch eine Anfechtung des A verhindert worden sein (Beachte: Die Anfechtung führt wegen der Rückwirkung des § 142 Abs. 1 BGB nicht zum nachträglichen Erlöschen des Anspruchs, sondern verhindert sein Entstehen. Es handelt sich um eine rechtshindernde Einwendung). Das wäre der Fall, wenn die Äußerung des A, er habe es sich anders überlegt, als Anfechtungserklärung auszulegen wäre und ihm ein Anfechtungsgrund i. S. der §§ 119 ff. BGB zur Seite stünde (**Obersatz 2, 2. Teil – Anspruch entstanden**).

Indem A zum Ausdruck brachte, er habe es sich wegen eines besseren Angebots des C anders überlegt und wolle nicht mehr liefern, könnte er gem. § 143 BGB eine Anfechtungserklärung abgegeben haben. Dafür könnte sprechen, dass der Anfechtende den Begriff „Anfechtung" nicht verwenden, sondern nur eine Formulierung benutzen muss, aus welcher der Anfechtungsgegner gem. §§ 133, 157 BGB entnehmen kann, der andere wolle seine Erklärung rückwirkend vernichten. Dann müsste das bessere Angebot des C, auf das sich A beruft, auch einen Anfechtungsgrund i. S. der §§ 119 ff. BGB darstellen. Ein solcher Grund müsste bereits bei Abgabe der Erklärung des A, er wolle der B das Notebook für 400 € verkaufen, vorgelegen haben, während das Angebot des C erst später kam. In Betracht kommt daher allenfalls ein Motivirrtum des A, den bestmöglichen Preis erzielt zu haben. Dieser Irrtum bezieht sich jedoch nicht auf einen wertbildenden Faktor des Notebooks, so dass die Voraussetzungen des § 119 Abs. 2 BGB nicht erfüllt sind. Damit fehlt es an einem Anfechtungsgrund. A hat seine Vertragserklärung also nicht wirksam angefochten. Damit ist der Anspruch der B gegen A auf Lieferung des Notebooks aus § 433 Abs. 1 Satz 1 BGB entstanden (**Ergebnissatz 2 – zum Obersatz 2, 2. Teil**).

Dieser Anspruch müsste fällig und damit durchsetzbar sein. Gemäß § 271 Abs. 1 BGB kann der Gläubiger die Leistung sofort verlangen, wenn eine Leistungszeit weder vereinbart noch aus den Umständen zu entnehmen ist (**Obersatz 3 – Anspruch durchsetzbar**).

A und B haben sich darauf geeinigt, dass B das Notebook am nächsten Tag erhalten soll, wenn sie den Kaufpreis von 400 € mitbringt. Damit liegt eine Fälligkeitsabrede gem. § 271 Abs. 1 BGB vor, so dass der Lieferanspruch nicht sofort, sondern am nächsten Tag fällig ist. B verlangt die Lieferung erst an diesem Folgetag (**Subsumtion**).

Der Anspruch der B ist also fällig (**Ergebnissatz 3 – zum Obersatz 3**).

Die gerade erörterte Abrede könnte auch so zu verstehen sein, dass A gem. § 320 Abs. 1 Satz 1 BGB nur liefern will, wenn B gleichzeitig die Gegenleistung bewirkt, also den Kaufpreis i. H. von 400 € zahlt (**Obersatz 4 – Anspruch durchsetzbar**).

B hat das Geld mitgebracht, um ihre Gegenleistung Zug um Zug gegen die Lieferung des Notebooks zu bewirken (**Subsumtion**).

Damit liegen keine Anhaltspunkte für ein Leistungsverweigerungsrecht des A gem. § 320 Abs. 1 Satz 1 BGB vor. Auch unter diesem Gesichtspunkt ist der Anspruch der B durchsetzbar (**Ergebnissatz 4 – zu Obersatz 4**).

Demnach hat B einen fälligen, durchsetzbaren Anspruch gegen A auf Lieferung des Notebooks aus § 433 Abs. 1 Satz 1 BGB (**Ergebnissatz 5 – zu Obersatz 1**).

V. Aufbauschemata

Im Folgenden werden die für die Bearbeitung einer juristischen Klausur wichtigsten Aufbauschemata vorgestellt. Sie ergeben sich stets aus dem **Gesetz** und enthalten die Tatbestandsvoraussetzungen von Anspruchsgrundlagen, die erfüllt sein müssen, damit der Anspruch besteht. Selbst wenn man das passende Aufbauschema in der Klausur nicht parat haben sollte, lässt es sich immer aus der jeweils zu prüfenden Anspruchsgrundlage entwickeln. Auch hier gilt also, wie bei jeder Prüfung, dass der Bearbeiter stets die **konkrete Norm anwenden und zitieren** muss.

1. Vertraglicher Erfüllungsanspruch

I.	**Anspruch entstanden**
	1. Einigung der Parteien
	a) Angebot
	aa) Inhalt (insbes. essentialia negotii)
	bb) Wirksamwerden (Abgabe, Zugang)
	b) Annahme
	aa) Inhalt (schlichtes „Ja")
	bb) Wirksamwerden (Abgabe, Zugang)
	2. Keine Wirksamkeitshindernisse (= keine rechtshindernden Einwendungen)
	a) Geschäftsunfähigkeit (§§ 104, 105, Ausnahme: § 105a BGB)
	b) Vertragsschluss eines Minderjährigen ohne erforderliche Einwilligung oder Genehmigung (§§ 106 – 113 BGB)
	c) Vertretung ohne Vertretungsmacht ohne Genehmigung des Vertretenen (§§ 177 f. BGB)
	d) Formnichtigkeit (§§ 125 ff. BGB)
	e) Gesetzesverstoß (§ 134 BGB)
	f) Sittenwidrigkeit, Wucher (§ 138 BGB)
	g) Erklärte Anfechtung (§ 142 Abs. 1 i.V. mit §§ 119 ff. BGB)
II.	**Anspruch nicht erloschen (= keine rechtsvernichtenden Einwendungen)**
	z. B. Erfüllung (§ 362 Abs. 1 BGB), Aufrechnung (§ 389 BGB)
III.	**Anspruch durchsetzbar (= keine rechtshemmenden Einwendungen)**
	1. Einrede der Verjährung (§ 214 Abs. 1 BGB)
	2. Einrede des Zurückbehaltungsrechts (§ 273 BGB)
	3. Einrede des nicht erfüllten Vertrags (§ 320 BGB)

2. Anfechtung einer Willenserklärung

I.	**Zulässigkeit der Anfechtung**
	1. Vorliegen einer Willenserklärung
	2. Kein Ausschluss durch Spezialvorschriften
II.	**Anfechtungserklärung**
	1. Inhaltliche Bestimmtheit; Bedingungs-, Befristungsfeindlichkeit
	2. Richtiger Anfechtungsgegner (§ 143 BGB)
	3. Zugang beim Anfechtungsgegner
III.	**Wahrung der Anfechtungsfrist**
	1. Unverzüglichkeit bei der Irrtumsanfechtung (§ 121 Abs. 1 BGB)
	2. Jahresfrist bei der Täuschungs- und Drohungsanfechtung (§ 124 Abs. 1, 2 BGB)

IV.	Vorliegen eines Anfechtungsgrundes
1.	Inhalts- oder Erklärungsirrtum (§ 119 Abs. 1 BGB)
2.	Irrtum über verkehrswesentliche Eigenschaft der Person oder Sache (§ 119 Abs. 2 BGB)
3.	Übermittlungsfehler (§ 120 BGB)
4.	Arglistige Täuschung oder widerrechtliche Drohung (§ 123 BGB)

3. Voraussetzungen einer wirksamen Stellvertretung

I.	Zulässigkeit der Stellvertretung
1.	Abgabe oder Entgegennahme einer Willenserklärung
2.	Nicht bei tatsächlichen Handlungen (Realakten)
3.	Nicht bei höchstpersönlichen Rechtsgeschäften
II.	Abgabe einer eigenen Willenserklärung des Vertreters
1.	Eigenes rechtsgeschäftliches Handeln des Vertreters
2.	Mindestens beschränkte Geschäftsfähigkeit (§ 165 BGB)
3.	Bei Formzwang kommt es auf die Erklärung des Vertreters an
4.	Bei Willensmängeln kommt es grundsätzlich auf Vertreter an (§ 166 BGB)
III.	Offenkundigkeit
1.	Handeln im Namen des Vertretenen
2.	Ausdrücklich oder konkludent
3.	Ausnahmen:
	a) „Geschäft für den, den es angeht"
	b) § 1357 BGB („Schlüsselgewalt")
4.	Nicht: Handeln unter fremdem Namen
IV.	Vertretungsmacht
1.	Gesetzliche Vertretungsmacht oder
2.	Vollmacht (= rechtsgeschäftlich erteilte Vertretungsmacht)

4. Schadensersatz statt der Leistung bei Unmöglichkeit

I.	Schadensersatz bei *anfänglicher* Unmöglichkeit gem. § 311a Abs. 2 Satz 1 BGB
1.	Wirksamer Vertrag (hierzu auch § 311a Abs. 1 BGB)
2.	Vorliegen eines Leistungshindernisses i. S. des § 275 Abs 1, 2 oder 3 BGB zum Zeitpunkt des Vertragsschlusses
3.	Kenntnis oder fahrlässige Unkenntnis des Schuldners vom Leistungshindernis (wird gem. § 311a Abs. 2 Satz 2 BGB vermutet)

II.	Schadensersatz bei *nachträglicher* Unmöglichkeit gem. §§ 280 Abs. 1 und 3, 283 BGB
1.	Bestehen eines (vertraglichen oder gesetzlichen) Schuldverhältnisses
2.	Pflichtverletzung i. S. des § 280 Abs. 1 BGB, die darin besteht, dass Schuldner wegen eines nach Vertragsschluss eingetretenen Leistungshindernisses i. S. des § 275 Abs. 1, 2 oder 3 BGB nicht zu leisten braucht (vgl. §§ 280 Abs. 3, 283 Satz 1 BGB)
3.	Schuldner hat nachträgliches Leistungshindernis zu vertreten (wird gem. § 280 Abs. 1 Satz 2 BGB vermutet)

5. Aufwendungsersatzanspruch

I.	Bestehen eines **Anspruchs auf Schadensersatz statt der Leistung** (aus § 280 Abs. 1 und 3 oder § 311a Abs. 2 BGB)
II.	**Freiwilliges Vermögensopfer** (= Aufwendungen) des Gläubigers
III.	Im **Vertrauen** auf Erhalt der Leistung billigerweise gemacht
IV.	**Kein Fehlschlagen** der Aufwendungen **aus anderen Gründen** als der Pflichtverletzung des Schuldners

6. Schadensersatz statt der Leistung wegen nicht oder nicht wie geschuldet erbrachter Leistung nach §§ 280 Abs. 1 und 3, 281 BGB

I.	**Bestehendes Schuldverhältnis**
II.	**Verletzung einer fälligen und durchsetzbaren Leistungspflicht hieraus:**
1.	Nichtleistung oder
2.	Schlechtleistung
III.	**Fortbestehende Möglichkeit der Leistung bzw. Nacherfüllung**
IV.	**Fruchtloses Verstreichen einer angemessenen Frist zur**
1.	Leistung (im Falle der Nichtleistung)
2.	Nacherfüllung (im Falle der teilweisen und der Schlechtleistung)
V.	**Entbehrlichkeit der Fristsetzung (§ 281 Abs. 2 BGB)**
1.	Ernsthafte und endgültige Leistungsverweigerung
2.	Besondere Umstände (z. B. relatives Fixgeschäft)
VI.	**Vertretenmüssen der Pflichtverletzung (§ 280 Abs. 1 Satz 2 BGB)**

7. Schadensersatz wegen Schuldnerverzuges (§§ 280 Abs. 1 und 2, 286 BGB)

I.	Bestehen eines Schuldverhältnisses
II.	Nichterfüllung einer Leistungspflicht trotz
	1. Fälligkeit und
	2. Durchsetzbarkeit des Anspruchs (= Pflichtverletzung i. S. des § 280 Abs. 1 BGB)
III.	Möglichkeit der Leistung
IV.	Mahnung von Seiten des Gläubigers
	1. Mahnung: eindeutige und bestimmte Aufforderung, mit der der Gläubiger unzweideutig zum Ausdruck bringt, dass er die geschuldete Leistung verlangt
	2. Entbehrlichkeit der Mahnung:
	a) § 286 Abs. 2 Nr. 1 und 2 BGB: überflüssig
	b) § 286 Abs. 2 Nr. 3 und 4 BGB: Treu und Glauben
	3. Sonderfall: Verzugseintritt bei Entgeltforderungen (§ 286 Abs. 3 BGB)
V.	Schuldner hat die in der Leistungsverzögerung liegende Pflichtverletzung zu vertreten (§ 286 Abs. 4 BGB)

8. Rücktritt vom Vertrag gem. § 323 BGB

I.	Gegenseitiger Vertrag
II.	Verletzung einer fälligen und durchsetzbaren Leistungspflicht
	1. Nichtleistung oder
	2. Schlechtleistung
III.	Fortbestehende Möglichkeit der Leistung bzw. Nacherfüllung
IV.	Fruchtloses Verstreichen einer angemessenen Frist zur
	1. Leistung (im Falle der Nichtleistung)
	2. Nacherfüllung (im Falle der teilweisen und der Schlechtleistung)
V.	Entbehrlichkeit der Fristsetzung (§ 323 Abs. 2 Nr. 1 – 3 BGB)
	1. Ernsthafte und endgültige Leistungsverweigerung
	2. Relatives Fixgeschäft
	3. Besondere Umstände
	4. Sonderfall: § 324 Abs. 4 BGB
VI.	Kein Vertretenmüssen der Pflichtverletzung

9. Gläubigerverzug (§§ 293 ff. BGB)

I.	Erfüllbarkeit der Schuld (vgl. hierzu § 271 BGB)
II.	Leistungsvermögen des Schuldners (§ 297 BGB)
III.	Angebot der Leistung
	1. Grundsatz: tatsächliches Angebot (zur rechten Zeit, am rechten Ort, in der richtigen Qualität und Menge) nötig (§ 294 BGB)
	2. Ausnahmen:
	a) Wörtliches Angebot reicht, wenn Gläubiger Mitwirkungshandlung vornehmen muss (§ 295 BGB)
	b) Angebot überflüssig in den in § 296 BGB geregelten Fällen
IV.	Nichtannahme der angeboten Leistung

10. Anspruch wegen Pflichtverletzung im vorvertraglichen Schuldverhältnis (cic) gem. §§ 280 Abs. 1, 311 Abs. 2, 241 Abs. 2 BGB

I.	Bestehen eines vorvertraglichen Schuldverhältnisses
	1. Zwischen den Parteien des beabsichtigten Vertrags (vgl. § 311 Abs. 2 BGB)
	2. Gegebenenfalls auch zwischen einer Partei des beabsichtigten Vertrags und einem Dritten (dann gehört auch § 311 Abs. 3 BGB zur Anspruchsgrundlage)
II.	Verletzung einer Schutzpflicht i. S. des § 241 Abs. 2 BGB aus dem vorvertraglichen Schuldverhältnis
III.	Vertretenmüssen der Pflichtverletzung (vgl. § 280 Abs. 1 Satz 2 BGB)
IV.	Gläubiger hat einen Schaden erlitten, vor dessen Eintritt die verletzte Pflicht hätte schützen sollen

11. Anspruchsgrundlagen bei der Gewährleistung im Kaufrecht

I.	Nacherfüllung
	§ 437 Nr. 1 i.V. mit § 439 Abs. 1 BGB
II.	Rücktritt
	1. § 437 Nr. 2 i.V. mit §§ 440, 323 BGB (behebbarer Mangel)
	2. § 437 Nr. 2 i.V. mit § 326 Abs. 5 BGB (nicht behebbarer Mangel)
III.	Minderung
	§ 437 Nr. 2 i.V. mit § 441 BGB
IV.	Schadensersatz statt der Leistung (Mangelschaden)
	1. § 437 Nr. 3 i.V. mit §§ 280 Abs. 1 und 3, 281, 440 BGB (behebbarer Mangel)
	2. § 437 Nr. 3 i.V. mit §§ 280 Abs. 1 und 3, 283 BGB (nachträglicher nicht behebbarer Mangel)
	3. § 437 Nr. 3 i.V. mit § 311a Abs. 2 BGB (anfänglicher nicht behebbarer Mangel)

V.	Schadensersatz wegen Verzögerung der Nacherfüllung
	§ 437 Nr. 3 i.V. mit §§ 280 Abs. 1 und 2, 286 BGB
VI.	Schadensersatz bei Mangelfolgeschäden
	§ 437 Nr. 3 i.V. mit § 280 Abs. 1 BGB

12. Leistungskondiktion

I.	Etwas erlangt
	Verbesserung der Vermögenslage des Schuldners
II.	Durch Leistung
	Leistung = bewusste und zweckgerichtete Vermehrung fremden Vermögens
III.	Ohne rechtlichen Grund
	1. Rechtsgrund fehlte von vornherein: § 812 Abs. 1 Satz 1, 1. Fall BGB
	2. Rechtsgrund fällt später weg: § 812 Abs. 1 Satz 2, 1. Fall BGB
	3. Mit der Leistung verfolgter Zweck wird verfehlt: § 812 Abs. 1 Satz 2, 2. Fall BGB
IV.	Sonderfall
	Empfänger verstößt mit Annahme der Leistung gegen gute Sitten oder gesetzliches Verbot: § 817 Satz 1 BGB
V.	Ausschluss des Bereicherungsanspruchs
	1. Leistender kannte Fehlen der Verpflichtung: § 814 BGB
	2. Leistender wusste, dass bezweckter Erfolg unmöglich war: § 815 BGB
	3. Leistender verstößt ebenso wie Empfänger gegen gute Sitten oder gesetzliches Verbot: § 817 Satz 2 BGB
	4. Beachte: analoge Anwendung von § 817 Satz 2 BGB auf andere Anspruchsgrundlagen

13. Anspruch aus § 823 Abs. 1 BGB

I.	Tatbestand
	1. Verletzung eines der in § 823 Abs. 1 BGB genannten Rechte oder Rechtsgüter
	2. Haftungsbegründende Kausalität: Zurechnung des Verletzungserfolgs zu der Person, durch deren Verhalten der Verletzungserfolg adäquat kausal verursacht worden ist
II.	Rechtswidrigkeit
	Wird durch Verwirklichung des Tatbestands indiziert; entfällt nur, wenn ein Rechtfertigungsgrund vorliegt

III.   Verschulden

    1.   Verschuldensfähigkeit (§§ 827, 828 BGB)

    2.   Verschuldensformen: Vorsatz und Fahrlässigkeit

       Beachte: Bezugspunkte des Verschuldens sind nur Tatbestandsmäßigkeit und Rechtswidrigkeit, nicht der zu ersetzende Schaden!

IV.   Schaden

V.   Haftungsausfüllende Kausalität zwischen Rechts- bzw Rechtsgutverletzung und Schaden

14.   Anspruch aus § 823 Abs. 2 BGB i. V. mit Schutzgesetzverletzung

I.   Tatbestand

    1.   Schutzgesetz

       a)   Gesetz = jede Rechtsnorm (Art. 2 EGBGB)

       b)   Schutzgesetz: bezweckt zumindest auch den Individualschutz

    2.   Verstoß gegen das Schutzgesetz

       a)   Tatbestand der Schutzgesetzverletzung muss erfüllt sein

       b)   Gesetzesverstoß ist rechtswidrig, falls kein Rechtfertigungsgrund vorliegt

       c)   Verschulden:

          aa)   Muss sich nur auf den Verstoß gegen das Schutzgesetz beziehen, nicht auf den dadurch verursachten Schaden

          bb)   Verschuldensvorwurf des betreffenden Schutzgesetzes muss erfüllt sein = häufig Vorsatz, weil viele Schutzgesetze aus dem Strafrecht stammen

    3.   Schaden des Opfers

       a)   Im persönlichen Schutzbereich des verletzten Gesetzes

       b)   Im sachlichen Schutzbereich des verletzten Gesetzes

II.   Rechtswidrigkeit und Verschulden

    1.   Rechtswidrigkeit: Prüfung entfällt, weil bereits oben erfolgt

    2.   Verschulden: Nur in den Fällen des § 823 Abs. 2 Satz 2 BGB eigenständig zu prüfen

15.   Anspruch aus § 826 BGB wegen vorsätzlicher sittenwidriger Schädigung

I.   Verursachung eines Schadens durch eine Handlung des in Anspruch Genommenen

II.   Sittenwidrigkeit der Schädigung

III.   Subjektive Voraussetzungen

    1.   Schädigungsvorsatz

    2.   Vorsatz im Hinblick auf die Umstände, welche die Sittenwidrigkeit begründen

16. Einstandspflicht für Verrichtungsgehilfen gem. § 831 Abs. 1 BGB

I.	**Zu einer Verrichtung bestellte Person (Verrichtungsgehilfe)**
1.	Übertragung einer Tätigkeit durch den Geschäftsherrn in dessen Interesse
2.	Verrichtung der Tätigkeit in Weisungsabhängigkeit vom Geschäftsherrn
II.	**Widerrechtliche Schadenszufügung durch den Verrichtungsgehilfen**
	Verwirklichung einer rechtswidrigen unerlaubten Handlung durch den Gehilfen
III.	**Schadenszufügung in Ausführung der Verrichtung**
	Nicht bloß „bei Gelegenheit" = Innerer Zusammenhang zwischen der aufgetragenen Verrichtung und der Schadenszufügung
IV.	**Keine Exkulpation (§ 831 Abs. 1 Satz 2 BGB)**
1.	Widerlegung der Verschuldensvermutung:
a)	Auswahl- und Überwachungspflichten des Geschäftsherrn
b)	Gegebenenfalls dezentralisierter Entlastungsbeweis
2.	Keine Widerlegung der Ursächlichkeitsvermutung:
	Kommt vor allem in Betracht bei schuldlosem Handeln des Gehilfen

VI. Beispiel für eine Musterlösung

Im Folgenden wird eine Musterlösung zu einem einfachen Anfängerfall vorgestellt, um zu zeigen, wie eine Fallbearbeitung idealerweise aussehen kann. Sie zeigt zum einen beispielhaft die strikte Beachtung des Gutachtenstils. Auch wenn der Gutachtenstil in dieser „reinen Form" selten verlangt werden kann, soll die Musterlösung illustrieren, wie das bestmögliche Ergebnis bei einer Klausur erreicht werden könnte. Zum anderen enthält sie jeweils Hinweise zu den einzelnen Prüfungsschritten.

1. Fall

FALL

K sieht am Montag bei Autohändler V einen gebrauchten VW-Polo. Diesen bietet V für 3 000 € an. K will nur 2 500 € zahlen. V besteht jedoch auf dem Preis von 3 000 €. K will es sich noch überlegen. Am Dienstag ruft er bei V an und teilt mit, er akzeptiere dessen Angebot. V bedauert, er habe den Wagen bereits anderweitig verkauft. Kann K von V Übergabe des VW-Polo verlangen?

2. Musterlösung

I. K könnte gegen V einen Anspruch auf Übergabe des Polo aus § 433 I 1 BGB haben.

(Obersatz: Wer → von wem → was → woraus?)

HINWEIS

In der Klausur lässt sich Zeit sparen, indem man statt „§ 433 Abs. 1 Satz 1 BGB" die kürzere Notierung „§ 433 I 1 BGB" benutzt.

Dann müsste zwischen K und V ein Kaufvertrag über den Polo zustande gekommen sein.

(Tatbestandsvoraussetzung des § 433 I 1 BGB)

Ein Kaufvertrag kommt durch zwei inhaltlich übereinstimmende und mit Bezug aufeinander abgegebene Willenserklärungen, Angebot und Annahme, zustande.

(Definition)

1. Ein solcher Vertrag könnte am Montag zwischen K und V abgeschlossen worden sein.

(Obersatz zur Einleitung der Subsumtion unter die Tatbestandsvoraussetzung „Kaufvertrag" → Angebot und Annahme)

a) Dann müsste zunächst ein entsprechendes Angebot des V oder des K vorliegen. Dieses Angebot könnte V gemacht haben, als K das Auto am Montag bei ihm sah.

(Untervoraussetzung 1 des Kaufvertrags: Angebot)

Ein Angebot ist eine empfangsbedürftige Willenserklärung, durch die einem anderen ein Vertragsschluss so angetragen wird, dass das Zustandekommen des Vertrags nur noch von seinem Einverständnis abhängt. Es muss so bestimmt sein, dass der andere nur noch „Ja" zu sagen braucht.

(Definition)

V hat K den Polo für 3 000 € angeboten. In dieser Erklärung nennt V den Kaufgegenstand und den Kaufpreis sowie die Vertragspartner (nämlich K und V). Die Erklärung des V enthält also alle wesentlichen Vertragsbestandteile (*essentialia negotii*). Daher trägt V dem K den Abschluss eines Kaufvertrags über den Polo so an, dass sein Zustandekommen nur noch vom Einverständnis des K abhängt.

(Subsumtion)

Folglich hat V ein Angebot i. S. des § 145 BGB abgegeben.

(Zwischenergebnis zu a)

b) Dieses Angebot des V müsste K angenommen haben.

(Untervoraussetzung 2 des Kaufvertrags: Annahme)

Eine Annahme ist eine empfangsbedürftige Willenserklärung, durch die der Empfänger des Antrags dem Antragenden sein Einverständnis mit dem angebotenen Vertragsschluss zu verstehen gibt.

(Definition)

K erklärt, er wolle den Pkw nur für 2 500 € kaufen. Damit erklärt er sich nicht mit dem angebotenen Vertragsschluss einverstanden.

(Subsumtion)

Folglich hat K das Angebot nicht angenommen, vgl. § 146, 1. Fall BGB (oder § 150 II i.V. mit § 146, 1. Fall BGB).

(Zwischenergebnis zu b)

HINWEIS

Ob man auf § 146, 1. Fall oder § 150 II BGB abstellt, hängt davon ab, ob man die Erklärung des K, er wolle nur 2 500 € zahlen, als „Ja, aber" oder als „Nein, sondern" versteht. Beides ist hier vertretbar.

c) Die Erklärung des K, er wolle nur 2 500 € zahlen, könnte jedoch ein neues Angebot zum Abschluss eines Kaufvertrags über den Polo darstellen.

(Untervoraussetzung 1 des Kaufvertrags: Angebot)

Diese Erklärung des K enthält den Kaufgegenstand und den Kaufpreis sowie die Vertragspartner (nämlich K und V) und somit alle wesentlichen Vertragsbestandteile (*essentialia negotii*). Daher trägt K dem V den Abschluss eines Kaufvertrags über den Polo so an, dass sein Zustandekommen nur noch vom Einverständnis des V abhängt.

(Subsumtion)

Folglich hat K ein Angebot i. S. des § 145 abgegeben.

(Zwischenergebnis zu c)

HINWEIS

Bei Anwendung des § 150 II BGB (vgl. oben) folgt dieses Ergebnis schon aus dieser Norm.

d) Dieses Angebot des K müsste V angenommen haben.

(Untervoraussetzung 2 des Kaufvertrags: Annahme)

V erklärt dem K, er wolle den Polo nur für 3 000 € verkaufen. Daher erklärt er sich nicht mit dem angebotenen Vertragsschluss einverstanden.

(Subsumtion)

Folglich hat V das Angebot nicht angenommen, vgl. § 146, 1. Fall BGB (oder § 150 II i.V. mit § 146, 1. Fall BGB).

(Zwischenergebnis zu d)

HINWEIS

Das hängt wieder davon ab, ob die Erklärung des V, er wolle nur für 3 000 € verkaufen, als „Ja, aber" oder als „Nein, sondern" verstanden wird. Beides ist auch hier vertretbar.

e) K will sich die Sache noch überlegen und macht kein neues Angebot. Am Montag ist somit kein Kaufvertrag zwischen V und K über den Polo zustande gekommen.

(Zwischenergebnis zu 1)

2. V und K könnten jedoch am Dienstag einen solchen Kaufvertrag abgeschlossen haben.

(Obersatz zur Einleitung der Subsumtion unter die Tatbestandsvoraussetzung „Kaufvertrag" → Angebot und Annahme)

a) Dann müsste zunächst ein entsprechendes Angebot des V oder des K vorliegen. K teilte dem V telefonisch mit, er akzeptiere sein Angebot vom Vortag. Daher ist zu prüfen, ob am Dienstag, zur Zeit des Anrufs des K, noch ein wirksames Angebot des V über den Verkauf des Polo zu 3 000 € vorlag.

(Untervoraussetzung 1 des Kaufvertrags: Angebot)

Die Erklärung des V, er wolle K den Polo für 3 000 € verkaufen, stellt grundsätzlich ein Angebot i. S. des § 145 dar (s. o.). Allerdings könnte dieses Angebot gem. § 147 I 1 i. V. mit § 146, 2. Fall BGB dadurch erloschen sein, dass K am Montag erklärt hatte, er wolle es sich noch überlegen.

(Obersatz zur Einleitung der Subsumtion unter die Tatbestandsvoraussetzung „Wirksamkeit des Angebots")

Gemäß § 147 I 1 BGB kann ein Angebot gegenüber einem Anwesenden nur sofort angenommen werden. K erklärt sich jedoch nicht sofort mit dem Angebot des V einverstanden, das ihm bei gleichzeitiger Anwesenheit gemacht worden ist. Stattdessen erbittet er sich Bedenkzeit. Daher hat K das Angebot des V nicht sofort angenommen. V hat sich auch nicht zu der Bitte des K um Bedenkzeit geäußert und ihm keine Annahmefrist i. S. des § 148 BGB eingeräumt.

(Subsumtion)

K hat damit das Angebot des V vom Montag nicht rechtzeitig angenommen, so dass es gem. § 146, 2. Fall BGB erloschen ist. Zur Zeit des Anrufs am Dienstag lag also kein wirksames Angebot des V mehr vor.

(Zwischenergebnis zu a)

b) Der Anruf des K am Dienstag, er nehme das Angebot des V zum Kauf des Polo für 3 000 € an, könnte jedoch ein Angebot des K zum Abschluss eines entsprechenden Kaufvertrags sein.

(Untervoraussetzung 1 des Kaufvertrags: Angebot)

Aus der Erklärung des K, er nehme das Angebot des V vom Vortag an, folgt i.V. mit seiner am Montag geäußerten Bitte um Bedenkzeit, dass er den Polo jetzt am Dienstag für 3 000 € kaufen will. Deshalb kann seine Erklärung gem. §§ 133, 157 BGB so ausgelegt werden, dass er nicht nur ein noch wirksames Angebot des V akzeptieren, sondern selbst ein entsprechendes Angebot machen will, wenn das Angebot des V – wie hier – nicht mehr wirksam sein sollte.

(Subsumtion)

Damit hat K dem V den Kauf des Polo zum Preis von 3 000 € angeboten.

(Zwischenergebnis zu b)

c) Dieses Angebot müsste V angenommen haben.

(Untervoraussetzung 2 des Kaufvertrags: Annahme)

V erklärt sich jedoch nicht mit dem Kauf einverstanden, sondern bedauert, er habe den Wagen bereits anderweitig verkauft. Er lehnt das Angebot des K ab.

(Subsumtion)

Folglich fehlt es an einer Annahme des V.

(Zwischenergebnis zu c)

d) Damit ist kein Kaufvertrag über den Polo zwischen V und K zustande gekommen.

(Zwischenergebnis zu 2)

II. K hat also gegen V keinen Anspruch aus § 433 I 1 BGB auf Übergabe des Polo.

(Gesamtergebnis)

Teil 2: Wiederholungsfragen

Kapitel 1: Einführung in das Bürgerliche Recht

FRAGEN

1. Wie kann man den Begriff des Rechts definieren?

2. Was ist „Sitte"?

3. Was versteht man unter dem Begriff der Sittlichkeit oder der Moral?

4. Was ist das Privat- oder Zivilrecht?

5. Welche Rechtsverhältnisse regelt das öffentliche Recht?

6. Was ist der Unterschied zwischen dem Bürgerlichen Recht und dem Sonderprivatrecht?

7. Welche Rechtsquellen kennen Sie? Gehört auch das Richterrecht dazu?

8. Welchen Inhalt und welche Bedeutung hat der Grundsatz der Privatautonomie?

9. Was ist die wichtigste Ausprägung des Grundsatzes der Privatautonomie, und welche weiteren Ausprägungen kennen Sie?

10. Warum und wodurch wird der Grundsatz der Privatautonomie eingeschränkt?

11. Definieren Sie bitte die Begriffe des dispositiven und des zwingenden Rechts und geben Sie dazu Beispiele.

12. Wann ist das BGB in Kraft getreten?

13. Wie ist das BGB aufgebaut?

14. Erläutern Sie bitte die Ausklammerungsmethode des Allgemeinen Teils und die Verweisungstechnik.

15. Was versteht man unter dem Recht im objektiven Sinn?

16. Wie wird das Recht im subjektiven Sinn definiert?

17. Was ist ein subjektives Privatrecht, und welche Arten subjektiver Privatrechte kennen Sie?

18. Was sind Persönlichkeitsrechte?

19. Was sind Herrschaftsrechte?

20. Wie wird der Begriff des Anspruchs definiert, und wo findet sich die Legaldefinition?

21. Erläutern Sie bitte den Begriff des Gestaltungsrechts und geben Sie Beispiele für Gestaltungsrechte.

22. Was ist der Unterschied zwischen absoluten und relativen Rechten?

23. Was versteht man unter dem Gewaltmonopol des Staates?

24. Wann darf man sein subjektives Privatrecht ausnahmsweise selbst gewaltsam durchsetzen?

25. Erläutern Sie bitte die Unterschiede zwischen dem Aggressiv- oder Angriffsnotstand auf der einen und dem Defensiv- oder Verteidigungsnotstand auf der anderen Seite.

26. Wann kann der Schuldner die Verjährungseinrede erheben, und welche Folge hat das?

27. Wie lang ist die regelmäßige Verjährungsfrist?

28. Was und wer sind Rechtssubjekte?

29. Wann beginnt die Rechtsfähigkeit des Menschen?

30. Wann endet die Rechtsfähigkeit des Menschen?

31. Wie lässt sich die Handlungsfähigkeit definieren?

32. Wie kann man die Handlungsfähigkeit unterteilen?

33. Was ist die Geschäftsfähigkeit?

34. Welche Regelungen hat der Gesetzgeber in Bezug auf die Geschäftsfähigkeit getroffen?

35. Welchem Zweck dienen die Vorschriften über die Geschäftsfähigkeit?

36. Welche Sonderfälle der Geschäftsfähigkeit gibt es, die nicht im Allgemeinen Teil geregelt werden?

37. Was versteht man unter einem Geschäftsunfähigen?

38. Welche Personen sind geschäftsunfähig?

39. Was ist ein „lucidum intervallum"?

40. Welche Rechtsfolgen hat die Geschäftsunfähigkeit?

41. Was ist der Unterschied zwischen § 104 Nr. 2 und § 105 Abs. 2 BGB?

42. Unter welchen Voraussetzungen kann ein volljähriger Geschäftsunfähiger wirksam ein Rechtsgeschäft abschließen?

43. Wer ist beschränkt geschäftsfähig?

44. Wovon hängt es grundsätzlich ab, ob die Willenserklärung eines Minderjährigen wirksam ist?

45. Der 16-jährige M kauft bei V eine gebrauchte Vespa zum Preis von 350 €, die noch 500 € wert ist. Ist der Vertrag ohne Einwilligung der Eltern wirksam?

46. Welche Rechtsgeschäfte sind nie lediglich rechtlich vorteilhaft i. S. von § 107 BGB, und welche Rechtsgeschäfte sind es oder können es sein?

47. Was bedeuten die Begriffe Zustimmung, Einwilligung und Genehmigung?

48. Wer ist der gesetzliche Vertreter des Minderjährigen?

49. Worauf kann oder muss sich die Einwilligung des gesetzlichen Vertreters beziehen?

50. Was regelt der sog. Taschengeldparagraph (§ 110 BGB)?

51. Erfasst § 110 BGB auch Abzahlungsgeschäfte eines Minderjährigen?

52. Wie bezeichnet man einen Vertrag, den der Minderjährige ohne die erforderliche Einwilligung seiner Eltern geschlossen hat?

53. Wie kann der Vertragspartner des Minderjährigen den Schwebezustand beenden?

54. Welche Besonderheiten gelten für einwilligungsbedürftige einseitige Rechtsgeschäfte eines Minderjährigen?

55. Wann spricht man von partieller Geschäftsfähigkeit, und welche Fälle regelt das BGB?

56. Was versteht man unter der Deliktsfähigkeit?

57. Wo ist die Deliktsfähigkeit geregelt?

58. Welche Formen der Deliktsfähigkeit gibt es?

59. Wer ist deliktsunfähig?

60. Welche Personen sind beschränkt deliktsfähig, und wovon hängt ihre Verschuldensfähigkeit ab?

61. Welche juristischen Personen kennen Sie?

62. Wie kann eine juristische Person rechtsgeschäftlich handeln?

63. Kann eine juristische Person deliktisch haften?

64. Welche nichtrechtsfähigen Personenverbände kennen Sie?

65. Definieren Sie bitte den Begriff des Rechtsobjekts.

66. Wo ist der Begriff der Sache definiert?

67. Ist der Körper eines Menschen eine Sache im Rechtssinne?

68. Was ist unter unbeweglichen und beweglichen Sachen zu verstehen?

69. B will seinen Pkw und sein Weidegrundstück übereignen. Wie geht das?

70. Ist ein Tier eine Sache?

Kapitel 2: Das Rechtsgeschäft

FRAGEN

1. Was ist ein Rechtsgeschäft, was ist eine Willenserklärung, und wie verhalten sich die beiden zueinander?

2. Aus welchen beiden Elementen besteht eine Willenserklärung?

3. Wie lässt sich die Willenserklärung gegenüber Realakten und geschäftsähnlichen Handlungen abgrenzen?

4. In welche Unterelemente lässt sich der innere Wille als subjektiver Tatbestand der Willenserklärung aufgliedern?

5. Welche Rechtsfolgen hat es, wenn eines der drei Willenselemente fehlt? Geben Sie dazu bitte jeweils ein Beispiel.

6. Was versteht man unter einer konkludenten Willenserklärung?

7. Ist das Schweigen eine konkludente Willenserklärung?

8. Muss der Empfänger einer unaufgefordert zugesandten Ware sie bezahlen, oder muss er sie zumindest sorgfältig aufbewahren und auf Verlangen wieder zurückschicken?

9. Welche Rechtsfolgen hat das Schweigen auf ein kaufmännisches Bestätigungsschreiben?

10. Was sind Verpflichtungs- und Verfügungsgeschäfte?

11. Erläutern Sie bitte den Trennungs- und Abstraktionsgrundsatz abstrakt und anhand eines Beispiels.

12. Was ist ein Vertrag?

13. Welche Arten von Verträgen kann man unterscheiden?

14. Was ist das Besondere an einem gegenseitigen Vertrag?

15. Welche Fallgestaltungen müssen in Bezug auf das Wirksamwerden von Willenserklärungen unterschieden werden?

16. Was ist eine nicht empfangsbedürftige Willenserklärung, und wie wird sie wirksam?

17. Was ist eine empfangsbedürftige Willenserklärung, und wie wird sie wirksam?

18. Wann geht eine empfangsbedürftige Willenserklärung unter Abwesenden zu?

19. Wann geht dem Empfänger ein Einschreiben zu?

20. Wann geht eine Willenserklärung unter Anwesenden zu?

21. Kann sich der Empfänger auf den fehlenden Zugang berufen, wenn er ihn unberechtigterweise verhindert hat?

22. Welche Wirkung hat der Zugang einer empfangsbedürftigen Willenserklärung, und wie kann sie verhindert werden?

23. Welcher Grundsatz gilt hinsichtlich der Form von Rechtsgeschäften?

24. Nennen Sie bitte Beispiele gesetzlicher Formerfordernisse.

25. Welche Zwecke können Formerfordernisse haben?

26. Welche Arten von Formen kennen Sie?

27. Erfüllt ein Telefax die gesetzliche Schriftform?

28. Welche Rechtsfolge hat die Nichtbeachtung der gesetzlichen Form?

29. Erläutern Sie bitte kurz den Regelungsgehalt des § 134 BGB.

30. Wie lautet die Definition der guten Sitten i. S. von § 138 Abs. 1 BGB?

31. Nennen Sie bitte Beispiele für sittenwidrige Rechtsgeschäfte, die nicht allgemein als solche empfunden werden oder in anderen Rechtsordnungen zulässig sind.

32. Welche groben Leitlinien lassen sich für die Einordnung von Kreditgeschäften als Wucher i. S. des § 138 Abs. 2 BGB aufstellen?

33. Welche Vorschriften regeln die Teilnichtigkeit eines Rechtsgeschäfts?

34. Was versteht man unter der Umdeutung eines Rechtsgeschäfts? Geben Sie dazu bitte auch ein Beispiel.

35. Was ist eine Bedingung und wo wird sie geregelt?

36. Was ist ein Kauf unter Eigentumsvorbehalt?

37. Warum erwirbt der (besitzende) Vorbehaltskäufer ein Anwartschaftsrecht?

38. Was ist eine Befristung?

39. Welches Ziel hat die Auslegung einer Willenserklärung?

40. Wann spricht man von natürlicher Auslegung?

41. Was bedeutet der Satz „Falsa demonstratio non nocet"?

42. Was versteht man unter der normativen Auslegung?

43. Wann und in welchen Schritten wird eine ergänzende Auslegung vorgenommen?

Kapitel 3: Willensmängel und Anfechtung von Willenserklärungen

FRAGEN

1. Was versteht man unter einem Scheingeschäft, und welche Regelung trifft das BGB diesbezüglich? Geben Sie bitte ein Beispiel zur Erläuterung.

2. Welche drei Grundvoraussetzungen müssen für eine wirksame Anfechtung erfüllt sein?

3. Welcher Irrtum berechtigt grundsätzlich nicht zur Anfechtung? Geben Sie dazu bitte ein Beispiel.

4. Welche Willensmängel berechtigen zur Anfechtung?

5. Erläutern Sie bitte den Unterschied zwischen Inhalts- und Erklärungsirrtum.

6. Was ist damit gemeint, wenn man, vor allem im Zusammenhang mit dem Inhaltsirrtum, vom Vorrang der Auslegung vor der Anfechtung spricht?

7. Wann berechtigt ein Übermittlungsfehler zur Anfechtung?

8. Wann berechtigt ein Motivirrtum ausnahmsweise zur Anfechtung?

9. Was versteht § 119 Abs. 2 BGB unter der verkehrswesentlichen Eigenschaft einer Sache? Erläutern Sie anhand von Beispielen, wann diese Voraussetzungen erfüllt sind und wann nicht.

10. Wann liegt ein nach § 119 Abs. 2 BGB beachtlicher Irrtum über die Eigenschaft einer Person vor? Nennen Sie dazu bitte ein Beispiel.

11. Wann ist die Anfechtung nach § 119 Abs. 2 BGB ausgeschlossen?

12. Muss der Irrtum kausal für die Abgabe der Willenserklärung sein?

13. Welche Voraussetzungen muss eine wirksame Anfechtungserklärung erfüllen?

14. Muss die Anfechtung wegen eines Irrtums gem. §§ 119, 120 BGB sofort erklärt werden?

15. Welche Rechtsfolge hat die wirksame Anfechtung in Bezug auf die angefochtene Willenserklärung?

16. Erklären Sie bitte die Bedeutung des Satzes „Das Anfechtungsrecht ist kein Reurecht."

17. Welchen Schaden muss der wegen eines Irrtums Anfechtende ersetzen?

18. Welche Voraussetzungen hat die Anfechtung wegen arglistiger Täuschung gem. § 123 Abs. 1, 1. Fall BGB?

19. Was versteht man unter einer Täuschung i. S. des § 123 Abs. 1, 1. Fall BGB?

20. Was bedeutet die „doppelte Kausalität" bei der arglistigen Täuschung?

21. Warum muss die arglistige Täuschung auch widerrechtlich sein, und wann ist das nicht der Fall?

22. Wann ist die Täuschung arglistig?

23. Was ist eine Täuschung „ins Blaue hinein"?

24. Wer ist „Dritter" i. S. des § 123 Abs. 2 Satz 1 BGB?

25. Welche Voraussetzungen hat die Anfechtung wegen widerrechtlicher Drohung gem. § 123 Abs. 1, 2. Fall BGB?

26. Was versteht man unter einer Drohung i. S. des § 123 Abs. 1, 2. Fall BGB?

27. Worin besteht der Unterschied zwischen einer Drohung und einer Warnung?

28. Wann ist eine Drohung widerrechtlich?

29. Muss der gem. § 123 BGB Anfechtende Schadensersatz leisten?

30. Erläutern Sie bitte das Verhältnis der Täuschungs- und Drohungsanfechtung zum Anspruch auf Schadensersatz wegen der Verletzung vorvertraglicher Pflichten (§§ 280 Abs. 1, 241 Abs. 2, 311 Abs. 2 BGB).

Kapitel 4: Abschluss von Verträgen

FRAGEN

1. Wie kommt ein Vertrag zustande, und aus welcher Norm ergibt sich das?

2. Was ist ein Angebot?

3. Was versteht man unter den „essentialia negotii"?

4. Worum handelt es sich bei der „invitatio ad offerendum"?

5. Liegt bloß eine „invitatio ad offerendum" oder bereits ein verbindliches Angebot vor, wenn jemand bei einem Internet-Auktionshaus eine Angebotsseite einrichtet? Wovon hängt das ab?

6. Wann tritt die Bindungswirkung des Angebots ein, und wie lange dauert sie?

7. Wie schnell muss der Erklärungsempfänger das Angebot annehmen?

8. Wie sieht es bei einem telefonischen Angebot aus?

9. Was ist eine Annahme?

10. Welche Rechtsfolge hat es, wenn der potentielle Käufer das Angebot des Verkäufers, er wolle ihm seinen Gebrauchtwagen für 10 000 € verkaufen, damit beantwortet, er akzeptiere dieses Angebot zu einem Preis von 9 000 €?

11. Was regelt § 151 Satz 1 BGB?

12. Wann liegt ein Dissens vor, und welche Rechtsfolgen hat er?

13. Welche Voraussetzungen hat die AGB-Kontrolle?

14. Enthält das in der Gaststätte über den Kleiderhaken angebrachte Schild „Für Garderobe wird nicht gehaftet" eine AGB?

15. Wann liegt ein Aushandeln i. S. des § 305 Abs. 1 Satz 3 BGB vor?

16. Unterliegen auch vorformulierte Arbeitsverträge der AGB-Kontrolle?

17. Wie lässt sich im Überblick der persönliche Anwendungsbereich der AGB-Kontrolle beschreiben?

18. Wie können AGB in den Vertrag einbezogen werden?

19. Wie löst man die Fälle kollidierender Allgemeiner Geschäftsbedingungen?

20. Nach welchem Maßstab werden AGB ausgelegt?

21. In welcher Reihenfolge ist zu prüfen, ob eine AGB der Inhaltskontrolle standhält?

Kapitel 5: Stellvertretung

FRAGEN

1. Was ist unter Stellvertretung zu verstehen und wo ist sie geregelt?

2. Was ist der Unterschied zwischen der Aktiv- und der Passivvertretung?

3. Wie unterscheiden sich die rechtsgeschäftliche und die gesetzliche Stellvertretung?

4. Sind die §§ 164 ff. BGB auf die sog. mittelbare Stellvertretung anwendbar?

5. Nennen Sie bitte die Voraussetzungen der Stellvertretung. Aus welcher Norm ergeben sie sich?

6. Was ist der Unterschied zwischen einem Boten und einem Stellvertreter?

7. Welche Bedeutung hat die Unterscheidung zwischen Botenschaft und Stellvertretung?

8. Was versteht man unter dem Begriff der Offenkundigkeit?

9. Welche Ausnahmen vom Prinzip der Offenkundigkeit kennen Sie?

10. Was ist eine Vollmacht?

11. Wie kann eine Vollmacht erteilt werden?

12. Bedarf die Erteilung der Vollmacht einer Form?

13. Wonach bestimmt sich der Umfang der Vollmacht?

14. Worauf bezieht sich die Unterscheidung zwischen Vollmacht und Grundverhältnis?

15. In welchem Verhältnis stehen Vollmacht und Grundverhältnis zueinander?

16. Wie kann eine Innenvollmacht erlöschen?

17. Was ist bezüglich des Erlöschens einer Außenvollmacht zusätzlich zu beachten?

18. Gibt es unwiderrufliche Vollmachten?

19. Kann eine Bevollmächtigung angefochten werden?

20. Was sind Duldungs- und Anscheinsvollmacht?

21. Wird der Vertretene auch dann gebunden, wenn der Vertreter seine Vertretungsmacht missbraucht?

22. Was ist ein Insichgeschäft, und wo ist es geregelt?

23. Welche Fälle regeln die §§ 177 bis 179 BGB?

24. Ist eine Kündigung wirksam, die ein Vertreter ohne Vertretungsmacht ausspricht?

25. Ist ein Vertrag wirksam, den ein Vertreter ohne Vertretungsmacht abgeschlossen hat?

26. An welche Vorschriften erinnern Sie die §§ 177 f. BGB?

27. Wie haftet der Vertreter ohne Vertretungsmacht, wenn der Vertretene die Genehmigung des Vertrags verweigert?

28. Wann ist diese Haftung des falsus procurator eingeschränkt oder ausgeschlossen?

Kapitel 6: Einführung in das Schuldrecht

FRAGEN

1. Was ist ein Schuldverhältnis?

2. Erläutern Sie die Begriffe „Schuldverhältnis im engeren Sinn" und „Schuldverhältnis im weiteren Sinn"! Nennen Sie je zwei Bestimmungen aus dem BGB, in denen der Begriff in dem einen bzw. in dem anderen Sinne verwendet wird!

3. Erläutern Sie anhand eines Beispiels, warum schuldrechtliche Ansprüche als (nur) relative Rechte bezeichnet werden?

4. Erklären Sie anhand eines Beispiels, was unter einem absoluten Recht zu verstehen ist!

5. Skizzieren Sie den Unterschied zwischen Schuld und Haftung!

6. Erläutern Sie die Regelungstechnik des „Vor die Klammer-Ziehens"! Zeigen Sie anhand eines Beispiels, dass sich der Gesetzgeber dieser Technik auch innerhalb des zweiten Buchs des BGB bedient hat!

7. Welche Aufgaben erfüllt das Schuldrecht innerhalb der Rechtsordnung?

Kapitel 7: Arten und Entstehung von Schuldverhältnissen

FRAGEN

1. Welche Arten von Schuldverhältnissen gibt es?

2. Nennen sie Beispiele, in denen ein rechtgeschäftliches Schuldverhältnis nicht durch Vertrag, sondern durch ein einseitiges Rechtsgeschäft begründet wird! Erläutern Sie eines dieser Beispiele näher!

3. Unter welchen Voraussetzungen entsteht ein vorvertragliches Schuldverhältnis?

4. Welche Arten von Pflichten existieren im vorvertraglichen Schuldverhältnis nicht?

5. Zwischen welchen Personen entsteht in der Regel ein vorvertragliches Schuldverhältnis?

6. Kann ein vorvertragliches Schuldverhältnis auch zu einer Person entstehen, die nicht Partner des intendierten Vertrags werden soll? Nennen Sie ein Beispiel!

Kapitel 8: Der Inhalt der Schuldverhältnisse

FRAGEN

1. Erläutern Sie die Begriffe Primär- und Sekundärleistungspflicht! In welchem Verhältnis stehen diese Pflichten zueinander?

2. Welche beiden Arten von Nebenpflichten kennen Sie? Inwiefern unterscheiden sich diese Pflichten im Hinblick auf ihre Klagbarkeit?

3. Was versteht man unter dem Begriff „Störung der Geschäftsgrundlage"? Wo ist dieses Rechtsinstitut geregelt?

4. Erklären Sie die Begriffe „Stückschuld" und „Gattungsschuld" und geben Sie jeweils ein Beispiel für eine Stück- und für eine Gattungsschuld.

5. Welche wichtigen Folgen hat die Vereinbarung einer Gattungsschuld für den Schuldner?

6. Wodurch wird eine Gattungsschuld zu einer Stückschuld?

7. Welche Orte kann man unterscheiden, wenn man vom „Ort der Leistung" spricht? Wonach bestimmt sich der Erfüllungsort?

8. Erläutern Sie die Begriffe Holschuld, Bringschuld und Schickschuld!

9. Was muss der Schuldner einer nur der Gattung nach bestimmten Sache tun, um den Vorteil der Konkretisierung zu erlangen, wenn

   ► eine Holschuld vereinbart ist,

   ► eine Schickschuld vereinbart ist,

   ► eine Bringschuld vereinbart ist?

10. Inwiefern ist es für den Eintritt von Gläubiger- und Schuldnerverzug von Bedeutung, wenn der Schuldner seine Leistungshandlung nicht am richtigen Ort vornimmt?

11. Im Hinblick auf die Leistungszeit kann man zwei Zeitpunkte unterscheiden. Wie werden diese Zeitpunkte genannt? Welche Vorschrift regelt, wonach sich die Leistungszeit bestimmt?

12. Erläutern Sie die Begriffe „absolutes Fixgeschäft" und „relatives Fixgeschäft" und nennen Sie die Vorschrift aus dem BGB, in der das relative Fixgeschäft angesprochen ist!

13. Muss der Schuldner stets in Person leisten?

14. Unter welchen Voraussetzungen kann der Schuldner die in § 320 BGB geregelte Einrede erheben?

15. Unter welchen Voraussetzungen kann der Schuldner seine Leistung nach § 273 BGB zurückbehalten?

16. Wird die Klage abgewiesen, wenn der Schuldner im Prozess die Einrede aus § 320 BGB erhebt oder ein Zurückbehaltungsrecht nach § 273 BGB ausübt?

Kapitel 9: Das Erlöschen von Schuldverhältnissen

FRAGEN

1. Erläutern Sie anhand eines Beispiels den Unterschied zwischen der Leistung an Erfüllungs statt und der Leistung erfüllungshalber!

2. Was versteht man unter einem Erfüllungssurrogat? Nennen Sie zwei Beispiele!

3. Welche Voraussetzungen müssen vorliegen, damit sich der Schuldner von seiner Verpflichtung im Wege der Aufrechnung befreien kann? Wo im Gesetz ist die Aufrechnung geregelt?

4. Welche Vorteile bringt die Möglichkeit der Aufrechnung für den Aufrechnungsberechtigten mit sich?

5. Kann in dem folgenden Fall A im Jahr 2011 mit seiner Forderung gegen B gegen die Forderung aufrechnen, die B seinerseits gegen ihn hat?

6. Wie unterscheiden sich Rücktritt und Kündigung von anderen Erlöschensgründen wie z. B. der Erfüllung? Wie unterscheiden sich Rücktritt und Kündigung voneinander?

Kapitel 10: Störungen im Schuldverhältnis

FRAGEN

1. Welche Arten von allgemeinen Leistungsstörungen kann man unterscheiden?

2. Welche Vorschrift gehört fast immer zur Anspruchsgrundlage, wenn Schadensersatz wegen der Verletzung einer schuldrechtlichen Pflicht verlangt wird? In welchem Sonderfall gehört diese Vorschrift nicht zur Anspruchsgrundlage?

3. In welchen Fällen ist die zentrale Vorschrift für Schadensersatzansprüche bei Pflichtverletzungen als alleinige Anspruchsgrundlage nicht ausreichend? Welche Bestimmungen kommen in diesen Fällen hinzu?

4. In welchem Zusammenhang kommt es auf Frage an, was der Schuldner zu vertreten hat?

5. Für welche beiden Verschuldensformen haftet der Schuldner grundsätzlich? Wie werden diese Verschuldensformen definiert?

6. Nennen Sie einige Vorschriften, in denen eine mildere Haftung bestimmt ist! In welchem Fall gilt ein strengerer Haftungsmaßstab?

7. Wird der Schuldner einer Geldschuld von seiner Verpflichtung frei, wenn er unverschuldet in Not geraten ist und daher nicht bezahlen kann?

8. Bei welcher Art von Schuld wird regelmäßig davon ausgegangen, dass den Schuldner eine Beschaffungspflicht trifft und dieser ein Beschaffungsrisiko übernimmt? Erläutern Sie anhand eines Beispiels die Reichweite der Risikoübernahme!

9. Für das Verschulden welcher Personen muss der Schuldner wie für eigenes Verschulden einstehen?

10. Definieren Sie den Begriff „Erfüllungsgehilfe"!

11. Welche Arten der Unmöglichkeit können unterschieden werden?

12. Wodurch unterscheidet sich die objektive Unmöglichkeit von den in § 275 Abs. 2 und 3 BGB geregelten Leistungsverweigerungsrechten?

13. V liefert dem K Branntwein zu einem festgesetzten Preis. Während der Laufzeit des Vertrags wird die Branntweinsteuer derart erhöht, dass V von dem Kaufpreis nicht einmal mehr die Steuer bezahlen kann. Erläutern Sie, warum es sich bei diesem Fall nicht um einen Fall der „faktischen Unmöglichkeit" i. S. des § 275 Abs. 2 BGB handelt! Wie werden derartige Fälle gelöst?

14. Was bedeutet der Begriff „Gegenleistungsgefahr"? Welche Vorschrift im BGB enthält die allgemeine Regelung der Gegenleistungsgefahr? Nennen Sie die Vorschrift, in der die Gefahrtragung abweichend hiervon geregelt ist.

15. Welche Rechtsfolgen zieht die Unmöglichkeit der Leistung nach sich?

16. Der Gläubiger verlangt Schadensersatz statt der Leistung. Welche Vorschriften kommen als Anspruchsgrundlage in Betracht, wenn dem Schuldner die Leistung

    a) schon vor Vertragsschluss unmöglich gewesen ist,

    b) sie ihm nach Vertragsschluss unmöglich geworden ist?

17. Wie ist der Gläubiger zu stellen, wenn ihm der Schuldner Schadensersatz statt der Leistung schuldet?

18. In welchen Fällen wird der Gläubiger anstelle des Schadensersatzes statt der Leistung Aufwendungsersatz nach § 284 BGB verlangen?

19. Wodurch unterscheidet sich der in § 281 BGB geregelte Störungstatbestand von der Unmöglichkeit?

20. Unter welchen Voraussetzungen kann der Gläubiger im Falle einer Schlechtleistung vom Schuldner nach §§ 280 Abs. 1 und 3, 281 BGB Schadensersatz statt der Leistung verlangen?

21. Unter welchen Voraussetzungen kann der Gläubiger gem. § 323 BGB vom Vertrag zurücktreten?

22. In welchen Fällen kann der Gläubiger trotz einer Schlechtleistung von Seiten des Schuldners nicht nach § 323 BGB vom Vertrag zurücktreten?

23. Wie kann der Begriff: Schuldnerverzug faustregelartig definiert werden?

24. Beschreiben Sie das Verhältnis zwischen Unmöglichkeit und Verzug!

25. Wo sind die Voraussetzungen des Schuldnerverzugs geregelt? Wie lauten sie?

26. Was ist eine Mahnung?

27. In welchen Fällen gerät der Schuldner ohne Mahnung in Verzug? Nennen sie jeweils ein Beispiel!

28. Aus welchen Gründen ist in den in § 286 Abs. 2 BGB geregelten Fällen eine Mahnung entbehrlich?

29. Geben Sie einen kurzen Überblick über die Rechtsfolgen, die der Schuldnerverzug nach sich zieht!

30. Nennen Sie die Voraussetzungen des Gläubigerverzugs!

31. Nennen Sie die wichtigsten Rechtsfolgen des Gläubigerverzugs und führen Sie die einschlägigen Vorschriften an!

32. Wird der Schuldner im Falle des Verzugs des Gläubigers von seiner Leistungsverpflichtung frei?

Kapitel 11: Vertragliche Schuldverhältnisse: Kaufrecht

FRAGEN

1. Wo ist das Kaufrecht geregelt? Umschreiben Sie in Kürze die Primärpflichten der Vertragsparteien beim Sachkauf!

2. Was versteht man unter einem Verbrauchsgüterkauf?

3. Wird der Käufer durch Abschluss des Kaufvertrags über einen Neuwagen Eigentümer des Pkw? Wie wird das Eigentum an dem verkauften Pkw auf den Käufer übertragen?

4. Welche Gegenstände können Gegenstand eines Kaufvertrags sein?

5. Welche kaufrechtlichen Vorschriften betreffend den Übergang der Gegenleistungs-/Preisgefahr gibt es?

6. Ab welchem Zeitpunkt sind die kaufrechtlichen Mängelgewährleistungsvorschriften anwendbar?

7. Durch welche Vorschrift sind die kaufrechtlichen Sonderregelungen über die Mängelgewährleistung mit dem allgemeinen Leistungsstörungsrecht verzahnt? Welche Vorschriften aus dem allgemeinen Schuldrecht sind u.U. anwendbar, wenn der Verkäufer dem Käufer eine mangelhafte Sache liefert?

8. In welchen Fällen ist ein Sachmangel gegeben?

9. Welche Reihenfolge ist bei der Prüfung der Frage, welche Beschaffenheit der Verkäufer schuldet, einzuhalten? Erläutern Sie Ihre Antwort jeweils anhand eines Beispiels!

10. Zu welchem Zeitpunkt muss die Sache die geschuldete Beschaffenheit aufweisen?

11. In welcher Vorschrift ist geregelt, was ein Rechtsmangel ist?

12. Wer muss das Fehlen bzw. das Vorliegen eines Mangels im Prozess beweisen?

13. Ist der Käufer bei Verbrauchsgüterkäufen beweisrechtlich besser gestellt als bei sonstigen Kaufverträgen?

14. Kann ein Verkäufer seine Haftung wegen eines Mangels vertraglich ausschließen? Gilt dies auch für einen Verbrauchsgüterkauf?

15. Welche Rechte stehen einem Käufer zu, wenn er das gekaufte Regal aufgrund einer fehlerhaften Montageanleitung falsch zusammengebaut hat?

16. In dem Fall, dass der Sache ein behebbarer Mangel anhaftet, kann der Käufer grundsätzlich nicht sogleich zurücktreten und Schadensersatz statt der Leistung verlangen. Diese Rechte stehen dem Käufer erst zu, nachdem der Verkäufer eine ihm vom Käufer gesetzte angemessene Frist zur Nacherfüllung hat verstreichen lassen. Aus welchen Vorschriften ergibt sich dies?

17. Welche Formen der Nacherfüllung gibt es im Kaufrecht? Wer darf das Wahlrecht ausüben?

18. Unter welchen Voraussetzungen kann der Verkäufer die vom Käufer gewählte Art der Nacherfüllung verweigern?

19. Unter welchen Voraussetzungen kann der Käufer einer mangelhaften Sache vom Vertrag zurücktreten?

20. Nennen Sie die spezielle kaufrechtliche Vorschrift, in der geregelt ist, wann der Gläubiger – außer in den in §§ 323 Abs. 2 und 281 Abs. 2 BGB – geregelten Fällen zurücktreten und Schadensersatz statt der Leistung verlangen kann, ohne dem Schuldner vorher eine Frist zur Nacherfüllung setzen zu müssen!

21. Berechnen Sie in dem folgenden Fall die Minderung des Kaufpreises und geben Sie die Vorschrift an, nach der sich die Berechnung der Minderung richtet! Bleibt dem Verkäufer V sein Gewinn aus dem Geschäft auch nach der Minderung anteilig erhalten?

    Fall: K kauft bei V einen Ring zum Preis von 500 €. Beide gehen davon aus, dass der Ring aus purem Gold ist. Aber der Ring ist nur vergoldet. Wenn der Ring tatsächlich aus Gold wäre, hätte er einen Wert von 400 €. So ist der Ring aber nur 300 € wert.

22. Dem Käufer wurde eine mangelhafte Sache geliefert. Nennen Sie die richtige Grundlage für einen Anspruch des Käufers auf Schadensersatz statt der Leistung für den Fall, dass

    a) schon bei Vertragsschluss ein nicht behebbarer Mangel vorliegt;

    b) nach Vertragsschluss ein nicht behebbarer Mangel aufgetreten ist;

    c) der Sache ein behebbarer Mangel anhaftet.

23. Binnen welcher Frist verjährt der Kaufpreiszahlungsanspruch des Verkäufers?

24. In welcher Vorschrift sind die Fristen für die Verjährung des kaufrechtlichen Nacherfüllungsanspruchs geregelt? Wann beginnen diese Fristen grundsätzlich zu laufen?

25. Wessen Schutz dient die Verjährungsregelung des § 438 Abs. 1 Nr. 2 b) BGB? Nennen Sie einen Grund, warum der durch diese Regelung erreichte Schutz nicht lückenlos ist! Erläutern Sie Ihre Antwort anhand eines Beispiels!

26. Unterliegen das Rücktritts- und das Minderungsrecht des Käufers einer mangelhaften Sache der Verjährung?

27. Kann der Käufer sein Rücktrittsrecht wegen eines Mangels der gekauften Sache zeitlich unbeschränkt ausüben?

Kapitel 12: Vertragliche Schuldverhältnisse: Grundzüge des Dienst- und Werkvertragsrechts

FRAGEN

1. Wie lässt sich der Werkvertrag definieren? Wo im BGB finden sich die Regelungen über den Werkvertrag?

2. Wie ist der Werkvertrag vom Dienstvertrag abzugrenzen?

3. Erklären Sie anhand eines Beispiels, was ein Werklieferungsvertrag ist! Welche Vorschriften sind auf den Werklieferungsvertrag anwendbar?

4. Was sind die Hauptpflichten der Parteien eines Werkvertrags?

5. Definieren Sie den Begriff „Abnahme"!

6. Welche Rechtsfolgen zieht die Abnahme nach sich? Geben Sie bei Ihrer Antwort auch die einschlägigen Vorschriften aus dem BGB an!

7. Worin unterscheidet sich der werkvertragsrechtliche vom kaufrechtlichen Sachmangelbegriff?

8. In welcher Vorschrift sind die dem Besteller im Falle der Mangelhaftigkeit des Werks zustehenden Rechte aufgezählt?

9. Gibt es im Werkvertragsrecht eine mit dem § 440 BGB vergleichbare Norm?

10. Wie unterscheidet sich der werkvertragliche von dem kaufvertraglichen Nacherfüllungsanspruch?

11. Welches Recht ist zwar für den Besteller eines mangelhaften Werks, nicht aber für den Käufer einer mangelhaften Sache vorgesehen?

12. Wo ist die Verjährung der werkvertraglichen Gewährleistungsansprüche geregelt?

Kapitel 13: Gesetzliche Schuldverhältnisse

FRAGEN

1. Was versteht man unter „echter" und „unechter" Geschäftsführung ohne Auftrag (GoA)? Welche Arten von echter und unechter GoA gibt es?

2. In welchen Fällen wird vermutet, dass ein Geschäftsführer mit Fremdgeschäftsführungswillen handelt? Erläutern Sie Ihre Antwort anhand von Beispielen!

3. In welchen Fällen ist die Übernahme der Geschäftsführung berechtigt?

4. Welche Rechtsfolgen zieht eine berechtigte GoA für den Geschäftsführer und den Geschäftsherrn nach sich?

5. Wodurch unterscheidet sich die unberechtigte GoA von der berechtigten?

6. Umreißen Sie kurz die Rechtsfolgen der unberechtigte GoA!

7. In welcher Vorschrift sind die irrtümliche Eigengeschäftsführung und die Geschäftsanmaßung geregelt?

8. Welchen Zweck verfolgen die in §§ 812 ff. BGB enthaltenen Regelungen?

9. Wie werden bereicherungsrechtliche Ansprüche gewöhnlich genannt?

10. In welche zwei Gruppen werden die bereicherungsrechtlichen Ansprüche grob eingeteilt?

11. Wie wird im Bereicherungsrecht der Begriff „Leistung" definiert? Erläutern Sie Ihre Antwort anhand eines kurzen Beispiels!

12. Erläutern Sie in Kürze die vier Formen der Leistungskondiktion und nennen Sie die jeweilige Anspruchsgrundlage!

13. Unter welchen Voraussetzungen ist der Bereicherungsanspruch aus § 812 Abs. 1 Satz 1 BGB ausgeschlossen? Nennen Sie die einschlägige gesetzliche Regelung!

14. Welche Kondiktion ist vorrangig: die Leistungskondiktion oder die Nicht-Leistungskondiktion?

15. Welche Verpflichtung trifft denjenigen, der als Nichtberechtigter über einen Gegenstand eine Verfügung getroffen hat, die dem Berechtigten gegenüber wirksam ist? Nennen Sie die einschlägige gesetzliche Vorschrift!

16. Umschreiben Sie in Kürze, was von der Herausgabepflicht des Bereicherungsschuldners grundsätzlich erfasst ist!

17. Wann ist die Herausgabepflicht grundsätzlich ausgeschlossen?

18. Was besagt die von der Rechtsprechung entwickelte Saldotheorie? Erläutern Sie Ihre Antwort anhand eines Beispiels!

19. Was versteht man unter Verschuldenshaftung, was unter Gefährdungshaftung? Welche beiden Fallgruppen der Verschuldenshaftung können unterschieden werden? Nennen Sie Beispiele!

20. Schützt § 823 Abs. 1 BGB unmittelbar das Vermögen als solches?

21. Machen Sie anhand eines knappen Prüfungsschemas den üblichen Aufbau eines Anspruchs aus § 823 Abs. 1 BGB deutlich!

22. Erläutern Sie anhand eines Beispiels, wann einer Sache ein sog. weiterfressender Mangel anhaftet!

23. Was ist damit gemeint, wenn davon die Rede ist, dass die Rechtswidrigkeit indiziert wird?

24. Worauf muss sich im Rahmen eines Anspruchs aus § 823 Abs. 1 BGB das Verschulden des Deliktstäters beziehen?

25. Wo ist die Deliktsfähigkeit geregelt?

26. In welchen Fällen setzt eine Haftung aus § 823 Abs. 1 BGB voraus, dass eine Verkehrspflicht verletzt worden ist?

27. Welchen beweisrechtlichen Vorteil gewährt die Rechtsprechung dem durch ein fehlerhaftes Produkt Geschädigten?

28. Was versteht man unter einem Konstruktions-, was unter einem Fabrikationsfehler?

29. In welche Fallgruppen kommt eine Verletzung des allgemeinen Persönlichkeitsrechts in Betracht?

30. Unter welchen Voraussetzungen kann im Falle einer Verletzung des allgemeinen Persönlichkeitsrechts eine Geldentschädigung verlangt werden? Nennen Sie die Anspruchsgrundlage!

31. Warum werden das Recht am eingerichteten und ausgeübten Gewerbebetrieb und das allgemeine Persönlichkeitsrecht als Rahmenrechte bezeichnet?

32. Was versteht man unter einem Schutzgesetz i. S. des § 823 Abs. 2 BGB?

33. Welche Schäden sind nach § 823 Abs. 2 BGB i.V. mit der Verletzung eines Schutzgesetzes zu ersetzen?

34. Nach § 826 BGB sind alle Schäden ersatzfähig, auch unmittelbare Vermögensschäden. Ist daher eine Ausuferung der Haftung zu befürchten?

35. Definieren Sie den Begriff „Verrichtungsgehilfe"!

36. Haftet der Geschäftsherr nach § 831 Abs. 1 BGB für alle Schäden, die sein Verrichtungsgehilfe einem Dritten widerrechtlich zufügt?

37. § 831 Abs. 1 BGB regelt eine Haftung des Geschäftsherrn für Schäden, die sein Verrichtungsgehilfe einem Dritten widerrechtlich zufügt. Neben die Haftung aus § 831 Abs. 1 BGB kann u.U. eine Haftung aus cic i.V. mit § 278 BGB treten. Skizzieren Sie kurz die Vor- und Nachteile der beiden Anspruchsgrundlagen aus Sicht des Gläubigers!

Kapitel 14:　Verpflichtung zum Schadensersatz

FRAGEN

1. Erläutern Sie in Kürze die Funktion von Schadensersatzansprüchen!

2. Warum ist grundsätzlich nur der unmittelbar Geschädigte ersatzberechtigt? Wer gehört zum Kreis der unmittelbar Geschädigten?

3. Umschreiben Sie die typische Fallkonstellation, bei der eine Drittschadensliquidation für zulässig erachtet wird!

4. Definieren Sie den Begriff „Schaden"! Wie wird festgestellt, ob ein Schaden entstanden ist?

5. Was versteht man unter einem Vermögensschaden? Wie wird ermittelt, ob und in welcher Höhe ein Vermögensschaden entstanden ist?

6. Was ist im Hinblick auf die Ersatzfähigkeit eines immateriellen Schadens zu beachten?

7. Wie ist der Gläubiger zu stellen, wenn ihm das Erfüllungsinteresse zu ersetzen ist? Erläutern Sie Ihre Antwort anhand eines Beispiels.

8. Was versteht man unter dem Grundsatz der Totalreparation?

9. Auf welche Art und Weise muss der Schadensersatz grundsätzlich geleistet werden?

10. Was bedeutet der Begriff „Affektionsinteresse"? Muss der Schädiger auch das Affektionsinteresse ausgleichen?

11. Wie wird ein Mitverschulden des Geschädigten bei der Entstehung des Schadens berücksichtigt?

12. Muss sich der Geschädigte ein Verschulden seines Erfüllungsgehilfen zurechnen lassen, das bei der Entstehung des Schadens mitgewirkt hat?

Kapitel 15: Sonderfragen

FRAGEN

1. Was versteht man unter einem Vertrag zugunsten Dritter?

2. Wodurch unterscheidet sich der unechte Vertrag zugunsten Dritter vom echten?

3. Wie werden die Parteien bei einem echten Vertrag zugunsten Dritter bezeichnet?

4. Umschreiben Sie kurz die Voraussetzungen, die vorliegen müssen, damit eine dritte Person in den Schutzbereich eines Vertrags einbezogen wird?

5. Erklären Sie unter Nennung der einschlägigen Vorschrift aus dem BGB, wie eine Forderung übertragen wird! Wie wird das hierzu erforderliche Rechtsgeschäft bezeichnet, wie werden die Parteien dieses Rechtsgeschäfts genannt?

6. Warum wird die Forderungsabtretung als schuldrechtliches Verfügungsgeschäft bezeichnet?

7. Erwirbt der Zessionar die Forderung auch dann, wenn er nur glaubt, der Zedent sei Inhaber der Forderung?

8. Muss der Schuldner befürchten, dass er seine Einwendungen gegen die Forderung verliert, wenn sein Gläubiger die Forderung an jemand anderen abtritt?

9. Was ist der vorrangige Grund dafür, dass der Schuldner einer abgetretenen Forderung schutzbedürftig ist?

10. Nennen Sie die wichtigsten Schuldnerschutzvorschriften aus dem BGB!

Teil 3: Übungsfälle

Fall 1: Unsichere Abschlüsse

FALL 1

Am Montagmorgen, dem 5.12.2011, findet Weinhändler Vogeler (V) eine ganze Reihe von Briefen in seinem Geschäftsbriefkasten. V nimmt die Briefe mit in sein Büro, wo er täglich seine Post erledigt.

Als Erstes öffnet V ein Schreiben seines Kunden Adam (A), dem V vor wenigen Tagen zwei Kisten erlesenen Rotweins zu einem Preis i. H. von 200 € angeboten hat. Erfreut liest V, dass A das Angebot annimmt. Seine Freude währt aber nur kurz. Denn das nächste Schreiben, das V liest, enthält einen Widerruf der Annahme durch A. A hat nämlich das Annahmeschreiben am Samstag zur Post gegeben und seinen Widerruf am Sonntag persönlich in den Briefkasten des V geworfen. Daher hat V am Montagmorgen beide Schreiben des A vorgefunden. V ist unsicher, ob er dem A die beiden Kisten zu dem Preis i. H. von 200 € verkauft hat.

FRAGE 1

Kann V vom A die Zahlung von 200 € verlangen?

Die Stimmung des V ist deutlich abgekühlt, als er ein Schreiben von Berthold (B) öffnet, einem Stammkunden, der dem V allerdings nicht übermäßig sympathisch ist. In seinem Schreiben, das vom 14.11. datiert, nimmt B ein Sonderangebot des V über eine Auswahl südamerikanischer Rotweine zu einem Gesamtpreis i. H. von 98 € an. Erst dieses Schreiben erinnert den V wieder daran, dass er dem B vor Wochen dieses – bis zum 28.11. befristete – Angebot unterbreitet hat. V sieht sich daraufhin den Briefumschlag etwas genauer an und erkennt, dass dieser den Poststempel vom 15.11. trägt. Tatsächlich ist das Schreiben aufgrund eines Versehens bei der Post mehrere Tage liegen geblieben. In seiner Verärgerung wirft V das Schreiben des B aber einfach in den Papierkorb. Eine Woche später verlangt B von ihm die Lieferung des Weines.

FRAGE 2

Kann B von V die Lieferung der Auswahl südamerikanischer Rotweine verlangen?

Schließlich greift V zu einem Schreiben des Cäsar (C), von dem V seit Jahren Glühwein bezieht. V betreibt nämlich neben seiner Weinhandlung jedes Jahr einen Glühweinstand auf dem Weihnachtsmarkt in Münster. In dem am 3.12. von C persönlich verfassten Brief bietet C dem V den Kauf von 1 000 l Glühwein der Marke „Wintertraum" zu einem Preis i. H. von insgesamt 600 € an. Der Brief des C stimmt den V etwas traurig, hat er doch tags zuvor erfahren, dass sein langjähriger Geschäftspartner C am Samstag, dem 3.12., tödlich verunglückt ist, nachdem er das an V gerichtete Angebot noch in den Briefkasten geworfen hat. C ist auf dem vereisten Fußgängerüberweg an der Aegidiistraße ausgeglitten und hat einen Genickbruch erlitten. Der Stadt Münster ist nämlich – wie jedes Jahr – schon Ende November das Streusalz ausgegangen, so dass in der gesamten Stadt mittelalterliche Zustände herrschen. Die Trübsal des V hält freilich nicht lange an. Er denkt bei sich: „Geschäft ist Geschäft" und entschließt sich zur Annahme des für ihn günstigen Angebots. Sogleich greift er zum Telefonhörer und ruft Siegfried (S), den einzigen Sohn und Alleinerben des C an, um die Annahme des noch von C abgegebenen Angebots zu erklären. S empfindet das Verhalten des V als pietätlos und ist nicht geneigt, dem V 1 000 l Glühwein zu dem genannten Preis zu liefern.

FRAGE 3

Kann V von S die Lieferung von 1 000 l „Wintertraum" verlangen?

HINWEIS

S ist als Alleinerbe gem. § 1922 Abs. 1 BGB in vollem Umfang in die Rechtsstellung des C eingetreten.

Nachdem V die Post erledigt hat, begibt er sich nach nebenan in den Verkaufsraum. Alsbald betritt Dietrich (D) den Laden und erklärt, er wolle die Jugendstil-Weinkaraffe aus dem Schaufenster für den dort ausgewiesenen Preis i. H. von 50 € erstehen. V erwidert, es handle sich um einen Schreibfehler. Die Karaffe koste in Wirklichkeit 500 €. D bietet daraufhin 300 €. V ist aber zu einem Verkauf zu einem Preis i. H. von 400 € bereit. Dies lehnt D aber ausdrücklich ab. Weil V hart bleibt, erklärt sich D dann doch mit dem Preis i. H. von 400 € einverstanden. In der Zwischenzeit ist die Laune des V aber auf den Nullpunkt gesunken. Er erwidert dem D daher, er solle sich zum Teufel scheren. Die Karaffe sei nicht mehr verkäuflich.

FRAGE 4

Kann D von V Übereignung und Übergabe der Jugendstilkaraffe verlangen?

Bearbeitungsdauer: 120 Minuten

Fall 2: Der „Schwarzkauf"

FALL 2

Herr Vollmer (V) ist Eigentümer eines Hausgrundstücks mit Blick auf den Rhein. Da er dringend Geld benötigt, will er das Grundstück verkaufen, und zwar zu einem möglichst hohen Preis. Deshalb erklärt er dem Kaufinteressenten Krause (K), die Aussicht auf den Rhein sei unverbaubar. Dabei weiß V genau, dass der einschlägige Bebauungsplan das gerade nicht vorsieht. K glaubt dem V jedoch und erklärt sich infolgedessen bereit, dem V das Grundstück für 400 000 € abzukaufen. V ist einverstanden.

Da V und K Notarkosten und Steuern sparen möchten, verabreden sie, beim Notar bloß 200 000 € als Kaufpreis beurkunden zu lassen. So geschieht es.

Einige Tage später meldet sich ein weiterer Kaufinteressent bei V, der ihm 450 000 € für das Grundstück bietet. Die Umschreibung des Eigentums beim Grundbuchamt ist noch nicht beantragt worden.

FRAGE 1

Muss V den Vertrag mit K erfüllen, oder darf er anderweitig über das Grundstück disponieren?

K ist im Grundbuch als neuer Eigentümer des Grundstücks eingetragen worden, nachdem V und K ordnungsgemäß die Auflassung erklärt hatten. Kurz danach erfährt K, dass V ihn über die Unverbaubarkeit des Rheinblicks getäuscht hatte. Empört stellt er V zur Rede und verweigert die Zahlung des noch ausstehenden Kaufpreises.

FRAGE 2

Kann V die Bezahlung des Grundstücks verlangen?

Bearbeitungsdauer: 120 Minuten

Fall 3: Der Weißherbst

FALL 3

Kuno Keller (K) klagt über gelegentliche Kreislaufbeschwerden. Sein Arzt empfiehlt ihm, es vorerst mit einem Gläschen Weißwein pro Tag zu versuchen. Das lässt sich K nicht zweimal sagen. Auch sein Sohn Sören (S) findet die „Therapieidee" gut. Deshalb bietet er dem K an, sich für ihn einmal umzuschauen. K ist einverstanden und sagt ihm: „Falls Du ein interessantes Angebot siehst, dann bestell' bitte für mich."

Einige Tage später entdeckt S in der Zeitung eine Anzeige der Weinversandhandlung Vinzenz (V), die u. a. einen Weißherbst zum Preis von 7,50 € pro Flasche zuzüglich Versandkosten anbietet. S bestellt davon telefonisch 100 Flaschen. Die Lieferung soll an K erfolgen, und auch die Rechnung soll an ihn geschickt werden.

Bevor der Wein geliefert wird, lässt sich K noch von einem anderen Arzt untersuchen. Dieser rät ihm vom Alkoholgenuss streng ab. Stattdessen empfiehlt er ihm, hin und wieder ein Tässchen Kaffee zu trinken. Seine Frau ist der gleichen Meinung. Das leuchtet K ein.

Kurz darauf wird der Wein geliefert. Da er in hellen Flaschen abgefüllt ist, stellt K zu seinem Erstaunen sofort fest, dass der gelieferte Weißherbst kein Weiß-, sondern ein Roséwein ist. S hatte ihm dagegen gesagt, der bestellte Weißherbst sei ein leckerer Weißwein. Diese Tatsache kommt K jetzt sehr gelegen. Er benachrichtigt V umgehend, dass er Weißwein habe kaufen wollen und daher den Weißherbst nicht bezahlen werde. V erklärt sich daraufhin spontan bereit, den Weißherbst zurückzunehmen und K stattdessen zum selben Preis einen Weißwein in vergleichbarer Qualität zu liefern. Das lehnt K aber ebenfalls ab, weil er jetzt überhaupt keinen Wein mehr kaufen möchte.

FRAGEN

1. Kann V von K verlangen, dass K den ersatzweise angelieferten Weißwein zum Preis von 7,50 € pro Flasche abnimmt?

2. Kann V von K verlangen, dass K ihm die Kosten für den Rücktransport des Rosé i. H. von 50 € ersetzt?

Bearbeitungsdauer: 120 Minuten

Fall 4: Seltsame Geschäftspraktiken

FALL 4

Die Millionärin Victoria (V) aus Münster möchte ihre neu errichtete Villa am Aasee mit Kunstgegenständen ausschmücken. Da sie selbst von Kunst nichts versteht, bittet sie den Kunstsachverständigen Siegmund (S), für sie eine Skulptur und ein Bild zu einem Höchstpreis von jeweils 25 000 € zu erwerben. Tags darauf begibt sich S zu dem Kunsthändler Dietmar (D) und erzählt ihm von dem Auftrag, den die V ihm erteilt hat. D zeigt dem S daraufhin die Bronzeskulptur: „Kämpfende Zentauren" des Bildhauers Franz-Antonio und meint, die Zentauren würden gut in eine feudale Villa passen. Er könne ihm die Skulptur zu einem Preis i. H. von 20 000 € überlassen. S hält das Werk für völlig misslungen und meint abschätzig, er würde hierfür nicht einmal den Materialwert bezahlen. D erwidert grinsend, zufällig wisse er, dass S vor zwei Jahren eine aus der Lambertikirche gestohlene Madonna gekauft habe. Unter Umständen sei er bereit, auf eine Strafanzeige zu verzichten. S wird bleich und entgegnet, dies sei eine ganz gemeine Erpressung. D erklärt gelassen, es sei sein gutes Recht, eine Straftat zur Anzeige zu bringen. Daraufhin gibt sich S geschlagen und kauft namens der V die Skulptur zu dem geforderten Preis i. H. von 20 000 €. Als V die „Kämpfenden Zentauren" zwei Tage später zu Gesicht bekommt, ist sie entsetzt und macht dem S bittere Vorwürfe. S beichtet der V daher, auf welche Art und Weise der Kauf zu Stande gekommen ist. Sofort ruft V den D an und erklärt ihm, sie fühle sich an den Vertrag nicht gebunden, weil D den S erpresst habe. D besteht auf Zahlung des Kaufpreises.

1. Ist zwischen V und D ein wirksamer Vertrag über den Kauf der Skulptur zu einem Preis i. H. von 20 000 € zu Stande gekommen?

2. Gesetzt den Fall, ein Kaufvertrag zwischen D und V ist zu Stande gekommen: Wurde der Vertrag wirksam angefochten?

Fortsetzung:

S ist nicht weiter nachtragend und begibt sich gleich am nächsten Tag wiederum zu D, um den ihm von V erteilten Auftrag auszuführen. Sofort springt dem S ein Gemälde ins Auge, das den Titel: „Röhrender Hirsch am Waldrand in der Morgendämmerung" trägt. S erkundigt sich bei D nach dem Preis. D erklärt ihm, er habe das Gemälde auf einem Flohmarkt erstanden und könne ihm erst einen Preis nennen, nachdem er das Bild von einem Sachverständigen habe begutachten lassen. S, der sofort erkannt hat, dass das Bild von dem berühmten Heimatmaler Gustav Zimt stammt, sieht die Chance, sich bei D für die Erpressung zu revanchieren. Er erklärt dem D, die Kosten für die Begutachtung könne er sich sparen. Bei dem Gemälde handle es sich um einen wertlosen alten Schinken, der offenbar von einem unbekannten Dilettanten stamme. Er sei aber bereit, das Bild für die V zu erstehen, da es dem Geschmack der V entspreche. Mehr als 500 € könne er ihm aber nicht bieten. D willigt ein und die beiden einigen sich darauf, dass das Bild in der kommenden Woche in die Villa der V verbracht werden soll. Noch am selben Tag teilt S der V voller Stolz mit, er habe dem D ein wertvolles Bild von Gustav Zimt zu dem lächerlichen Preis i. H. von 500 € abgeschwatzt. Einen Tag später meldet sich D bei V und erklärt ihr, er werde ihr das Bild nicht liefern. Er erzählt der V, S habe ihm gesagt, das Bild stamme von einem unbekannten Dilettanten; in der Zwischenzeit habe er aber erfahren, dass es sich um einen echten Gustav Zimt handle. V bedauert den Schwindel, von dem sie nichts gewusst habe. Sie besteht aber auf der Lieferung des Bildes.

Kann V von D die Übereignung und Übergabe des Bildes verlangen?

Bei der Beantwortung dieser Frage ist davon auszugehen, dass zwischen V und D ein wirksamer Kaufvertrag zustande gekommen ist.

Bearbeitungsdauer: 75 Minuten

Fall 5: Der minderjährige Fußballfan

FALL 5

Der 15-jährige Anton (A) ist großer Fußballfan und bewundert seit langer Zeit die Sportbekleidungssammlung seines Nachbarn Norbert (N), der sämtliche Trikots der deutschen Nationalmannschaft gleich in mehrfacher Ausführung besitzt. Um auch vor seinen Fußballfreunden Eindruck zu schinden, beschließt A, dem N ein Trikot mit dem Schriftzug von Gerd Müller abzukaufen. Sein Vater (V), selbst begeisterter Hobbykicker, stimmt diesem Plan zu. A und N einigen sich am Montag über den Kauf des Trikots zum Preis von 100 €. Da N das Trikot nur gegen Barzahlung herausgeben möchte und A nicht so viel Geld bei sich hat, vereinbaren beide den Leistungsaustausch für das folgende Wochenende. Als A am nächsten Tag jedoch wegen einer Prügelei auf dem Schulhof einen Schulverweis bekommt, beschließt V, seinen Sohn dadurch zu bestrafen, dass er den Kaufpreis erst nach Ende des Schuljahres bezahlt und das Trikot dann übergibt. A ist damit nicht einverstanden, plündert seine Ersparnisse, gibt N am Freitag das Geld und erhält dafür das Trikot. N, der als Rentner über kein hohes Einkommen verfügt, aber dringend einen neuen Rasenmäher braucht, trat am Mittwoch unterdessen seine Forderung gegen 100 € an Untermieter Ulpian (U) ab. Am Samstagnachmittag spielt A stolz in seinem neuen Trikot Fußball, wobei er an einem Zaun hängen bleibt und das Trikot zerreißt. Nachdem V über die Geschehnisse informiert wird, verlangt er von N ein neues Trikot, weil dieser nicht an einen Minderjährigen hätte leisten dürfen. U könne seine Forderung auch vergessen, weil A jedenfalls dem N bereits die 100 € bezahlt habe.

FRAGEN

1. Hat U einen Anspruch auf Zahlung der 100 € gegen A?

2. Kann A von N ein neues Trikot verlangen?

Bearbeitungsdauer: 120 Minuten

Fall 6: Der jugendliche Pfadfinder

FALL 6

Der 16-jährige Walter (W) ist Mitglied bei den Pfadfindern und kauft beim Outdoor-Ausstatter „Klettermaxe" (K) für einen Kletterurlaub in Südtirol eine „Spezial-Ausrüstung" zum Preis von 200 €. W hatte diesen Betrag von seinem Taschengeld gespart und hielt es deshalb nicht für nötig, seine Eltern zu fragen, ob er sich diese Ausrüstung kaufen dürfe.

K kann die Kletterausrüstung erst am 10. 8. liefern, weil er sie noch mit neuen Haken und Seilen ausstatten muss. W zahlt sofort und weist K darauf hin, dass er am 12. 8. zu dem zweiwöchigen Kletterurlaub nach Südtirol aufbrechen werde und dort die Ausrüstung unbedingt benötige.

Als W am Nachmittag des 10. 8. telefonisch anfragt, ob die Ausrüstung abholbereit sei, meint K, er sei noch nicht dazu gekommen, sie fertig zu stellen. W solle in einer Woche vorbeischauen. Im Übrigen solle W froh darüber sein, dass er die Ausrüstung überhaupt erhalten werde; schließlich könne er, K, den Vertrag jederzeit rückgängig machen, weil W erst 16 Jahre alt sei. Um wie geplant ab dem 12. 8. am Kletterurlaub teilnehmen zu können, muss W nun eine gleichwertige Ausrüstung für 250 € bei einem anderen Händler kaufen.

FRAGE

Kann W von K Schadensersatz aus dem Vertrag verlangen?

Bearbeitungsdauer: 45 Minuten

Fall 7: Die günstige Gelegenheit

FALL 7

Der gerade 17 Jahre alte Manuel (M) ist Hundeliebhaber. Am 25. 5. 2011 betritt er den Laden des Hundezüchters Volker (V) und fragt dort nach jungen Schäferhunden. V zeigt ihm einen Wurf von fünf Schäferhundwelpen. M und V kommen dabei ins Gespräch und V ist von den Fachkenntnissen des M über Hunde so beeindruckt, dass er dem M einen der Welpen – nämlich den schwarzen mit der weißen Schnauze, der dem M am besten gefällt – zu einem Preis von 200 € überlässt, obwohl das Tier gut und gerne 500 € wert ist. M und V kommen überein, dass das Tier noch einige Wochen bei seinen Geschwistern bleiben solle. Als M noch am selben Tag seinen Eltern von dem günstigen Kauf erzählt, sind diese wenig begeistert. So ein Vieh komme ihnen keinesfalls ins Haus. Am Montag, dem 30. 5., erfährt V, dass M noch gar keine 18 Jahre alt ist. V ist verunsichert; er ruft sofort die Eltern des M an und bittet sie um eine Erklärung darüber, ob der zwischen ihm und M abgeschlossene Vertrag gültig sei. Die Eltern sagen, sie würden sich die Sache noch einmal überlegen und würden von sich hören lassen. Am Dienstag, dem 14. 6., nachdem M seine Eltern durch dauerndes Quengeln mürbe gemacht hat, rufen die Eltern bei V an und erklären, sie seien mit dem Vertrag einverstanden. V meint, dafür sei es jetzt zu spät.

FRAGE

Kann M von V Übereignung und Übergabe des Hundes verlangen?

Bearbeitungsdauer: 45 Minuten

Fall 8: Streit unter Freundinnen

FALL 8

Die Studentinnen Verena (V) und Susi (S) sind befreundet und leben in Münster in einer Wohngemeinschaft zusammen. V hat immer schon den stilsicheren Geschmack der S bewundert. Als
sich V und S gemeinsam im Laden des Goldschmieds Dagobert (D) befinden, erklärt die V gegenüber dem D ganz spontan, die neben ihr stehende S sei bevollmächtigt, für sie Schmuck bis zu
einem Preis von höchstens 100 € pro Schmuckstück zu kaufen. S fühlt sich geschmeichelt und
kauft in den folgenden Monaten bei D immer wieder Ringe, Armbänder und Anstecker für ihre
Freundin V. Die Rechnung schickt D regelmäßig an V, die dann bezahlt. Am Abend des 17. 6.
kommt es zu einem schweren Zerwürfnis zwischen V und S, weil die S – anders als ihre Freundin
V – bei dem Sänger der Gruppe „Johnny Handsome" landen kann. V ist bitter enttäuscht. Als S
am nächsten Morgen nach Hause kommt, teilt ihr die V mit, sie werde sich künftig ihren
Schmuck selbst besorgen. Die Vollmacht der S sei ab sofort widerrufen. S ist traurig und auf-
gewühlt, weil sie sich keiner Schuld bewusst ist. Um sich mit der V wieder zu versöhnen, begibt
sie sich noch am selben Tag zu D. Sie teilt dem D mit, sie suche etwas ganz Besonderes für ihre
Freundin V. D zeigt ihr darauf eine schön gearbeitete Brosche, für die die S sogleich 75 € bietet.
D ist mit dem gebotenen Preis einverstanden. Eigentlich wollte die S nur 57 € bieten; sie hat
sich aber in ihrer Aufregung versprochen. Als am 21. 6. die Brosche zusammen mit der Rechnung
in der Wohngemeinschaft eintrifft, ruft V sofort bei D an und verweigert die Zahlung: Die Vollmacht ihrer früheren Freundin S sei zum Zeitpunkt des Kaufs bereits erloschen gewesen. D erwidert wahrheitsgemäß, das habe er nicht gewusst und auch nicht ahnen können. Daraufhin entgegnet die V, in jedem Fall sei das Geschäft wegen des Versprechers der S hinfällig. Die 75 €
müsse sie keinesfalls bezahlen. S hatte ihren Versprecher i. Ü. erst bei Eingang der Rechnung bemerkt und ihn dann sogleich der V gebeichtet.

FRAGE

Kann D von V die Bezahlung von 75 € verlangen?

Bearbeitungsdauer: 60 Minuten

Fall 9: Die vierte Druckerpatrone

Ein- bis zweimal pro Monat schickt Vinzenz (V) seinen 17-jährigen Sohn Sebastian (S) zum Büro-bedarfsgeschäft des Balthasar (B), um Papier, Folien, Druckerpatronen und sonstigen Bürobedarf einzukaufen. Vor dem Einkauf übergibt V dem S jeweils eine Liste der benötigten Artikel. Die konkrete Auswahl überlässt er dagegen seinem Sohn. Jeweils zum Monatsende erhält V von B eine Rechnung über die gekaufte Ware.

Eines Tages schickt V den S wieder einmal zum Geschäft des B, um drei Druckerpatronen zu kaufen. Nachdem S sich zuvor stets korrekt verhalten hat, holt er diesmal vier Druckerpatronen und lässt sie auf die Rechnung des V setzen. Drei Druckerpatronen übergibt S dem V, die vierte benutzt er selbst für seinen eigenen Drucker.

Als V von B die Rechnung erhält, weigert er sich, die Druckerpatrone des S zu bezahlen. Mit Recht?

Abwandlung:

S lässt die vierte Druckerpatrone nicht auf die Rechnung des V, sondern auf seine eigene Rechnung setzen.

Als B die Rechnung schickt, verweigern V und S die Bezahlung. Mit Recht?

Bearbeitungsdauer: 45 Minuten

Fall 10: Die schmerzhafte Pediküre

Susi Schöne (S) betreibt seit mehreren Jahren in Düsseldorf ihren Schönheitssalon „Beauty & Relax". Im Eingangsbereich hängt neben dem Counter deutlich sichtbar ein großes Schild mit der Überschrift „Vertragsbedingungen". Darin regelt § 4 unter der Überschrift „Haftungs-beschränkungen" das Folgende: „Jede Haftung für Schäden, die Kundinnen und Kunden in meinem Salon entstehen, ist ausgeschlossen."

Kundin Karla Kemper (K) betritt den Salon, liest das Schild und bestellt bei S eine Pediküre. Wegen einer leichten Unachtsamkeit verletzt S die K an der linken großen Zehe. K muss die blutende Wunde von einem Arzt versorgen lassen. Die Behandlungskosten betragen 100 €.

FRAGE

Hat K Ansprüche gegen die S?

Bearbeitungsdauer: 60 Minuten

Fall 11: Der Armbruch im Delikatessengeschäft

FALL 11

Die Hobbyköchin und Feinschmeckerin Frida Feinkost (F) betritt das Delikatessengeschäft des Dieter Delizius (D), um die Zutaten für ein Menü einzukaufen, das sie am Freitagabend in einer Kochshow gesehen hat und nun nachkochen möchte. Leider kommt es dazu aber nicht mehr, weil F in der Obstabteilung auf einigen Weintrauben ausrutscht, die für sie kaum sichtbar auf dem Boden lagen, und sich beim Sturz den rechten Arm bricht. Die für die Obstabteilung zuständige Verkäuferin Veronika (V), die ansonsten stets zuverlässig und damit betraut war, in regelmäßigen Abständen die Sauberkeit ihrer Abteilung zu überprüfen, hatte stressbedingt vergessen, den Boden zu kontrollieren und zu reinigen. F entstehen Arztkosten i. H. von 500 €.

FRAGEN

1. Welche Ansprüche hat F gegen D?
2. Welche Ansprüche hat F gegen V?

Bearbeitungsdauer: 60 Minuten

Fall 12: Das ungeschriebene Buch

FALL 12

Balduin de Beaux-Arts (B) ist Büchersammler. Er hat sich auf Erstausgaben junger, noch unbekannter Autoren spezialisiert. Eines Tages ruft ihn der Buchhändler Hermann Hamster (H) an, dessen Geschäfte nicht sehr gut gehen und der daher ständig Geld benötigt. H erzählt dem B, der Autor Armin Andersson (A) habe sein erstes Werk „Luzides Intervall" veröffentlicht, und bietet ihm ein Exemplar dieses Werkes zum Preis von 50 € an. B ist einverstanden; die Zahlung des Kaufpreises soll bei Übergabe erfolgen. Dabei weiß H, dass dieses Buch noch gar nicht geschrieben wurde. B seinerseits verkauft das Buch noch am selben Tag für 70 € an seinen Freund Carlo Cramer (C) weiter. Nun stellt sich heraus, dass H nicht liefern kann.

FRAGE

Welche Ansprüche hat B gegen H?

Bearbeitungsdauer: 45 Minuten

Fall 13: Moselwein

FALL 13

Alphonse (A) verbringt einen viertägigen Urlaub an der Mosel, den er unter dem Motto „Genuss am Fluss" gebucht hat. Da er auf dem Weingut des Winzers Willibald (W) untergebracht ist, lernt er die dortigen Moselweine kennen und schätzen. Vor der Heimfahrt beschließt er, je fünf Kisten Neefer Frauenberg, Zeller Schwarze Katz und Bullayer Brautrock aus dem Lager von W zu bestellen. A und W vereinbaren, dass W die Ware zwei Wochen später zu A nach Düsseldorf liefern und A bei Lieferung zahlen soll. Als W zur vereinbarten Zeit bei A erscheint, ist niemand zu Hause. Nachdem W mehrfach vergeblich geklingelt hat, begibt er sich mit den Weinkisten wieder auf die Rückfahrt an die Mosel.

Auf dem Heimweg fährt er geringfügig zu schnell und stößt mit einem entgegenkommenden Fahrzeug zusammen, das über den Mittelstreifen teilweise auf seine Fahrbahnseite geraten ist. Die Polizei findet später heraus, dass der Fahrer Fridolin (F) während der Fahrt eine SMS in sein Handy eingetippt hatte. Bei dem Unfall werden alle 15 Weinkisten zerstört; Personenschäden sind glücklicherweise nicht zu beklagen.

A meint, dass er von W weiterhin die Lieferung von 15 Kisten Wein verlangen kann. W weigert sich und verlangt stattdessen von A die Zahlung des Kaufpreises für die zerstörten Flaschen.

FRAGEN

1. Welche Ansprüche hat A gegen W?
2. Welche Ansprüche hat W gegen A?

Bearbeitungsdauer: 75 Minuten

Fall 14: Die Modellbahnanlage

Der Modellbahnsammler Andreas (A) hält bei seinem Modellbahnhändler Stefan (S) wieder einmal Ausschau nach interessanten Angeboten. In den im Keller gelegenen Räumen, in denen sich
die Gebrauchtware befindet, entdeckt A eine Anlage in der Spur Z, die lediglich 250 € kosten
soll. Da er mit dem Fahrrad unterwegs ist und die Anlage deshalb noch nicht mitnehmen kann,
vereinbart er mit S die Abholung für den kommenden Tag; den Kaufpreis zahlt er sofort. In der
Nacht bricht im Nachbarhaus des Modellbahnladens das Abwasserrohr. Dadurch wird nicht nur
dieses Gebäude knietief unter Wasser gesetzt, sondern auch die Kellerräume des S werden mit
Schmutzwasser überschwemmt. Dadurch wird u. a. die von A gekaufte Modellbahnanlage zerstört.

1. Hat A gegen S einen Anspruch auf Lieferung oder Ersatz der Modellbahnanlage?

2. Kann A die bereits gezahlten 250 € von S zurückverlangen?

Bearbeitungsdauer: 45 Minuten

Fall 15: Das Meisterwerk

Kunstliebhaber Karl (K) verfügt über eine umfangreiche Sammlung von Gemälden seines Lieb-
lingsmalers Wallander. Bei einem seiner Streifzüge durch die Antiquitätenläden der Stadt entdeckt K zu seiner Freude ein Spätwerk des Wallander, das den Titel „Röhrender Hirsch mit Auer-
hahn vor untergehender Sonne" trägt. Der begeisterte K einigt sich schnell mit dem Geschäftsinhaber Volker (V) über den Kauf des ungerahmten Gemäldes zu einem Preis i. H. von 20 000 €.
Da K den Monumentalschinken in seinem Pkw nicht transportieren kann, erklärt er dem V, er
werde in der kommenden Woche mit einem Kleintransporter vorbeikommen und das Bild abholen. V ist hiermit einverstanden. Auf dem Weg nach Hause fährt K noch beim Tischlermeister
Theodor vorbei und beauftragt diesen mit der Anfertigung eines Bilderrahmens (Größe: 2 m x
3 m). Der mit K befreundete Tischler fertigt den Rahmen noch am selben Tag an; hierfür bezahlt
ihm K den vereinbarten Werklohn i. H. von 1 000 €. Zwei Tage später ruft V den K an und teilt
ihm unter größtem Bedauern mit, dass das Meisterwerk des Wallander unwiederbringlich zerstört worden sei. Er sei in seinem nicht aufgeräumten Laden auf einer Bananenschale ausgerutscht und kopfüber in das Gemälde gestürzt, das jetzt ein klaffendes Loch in der Mitte auf-
weise. Das Bild sei völlig wertlos; eine Restauration sei unmöglich. Den K trifft diese Nachricht

wie ein Stich ins Herz. Er meint, V müsse ihm wenigstens die 1 000 € bezahlen, die er für den jetzt nutzlosen Bilderrahmen aufgewendet habe. V ist hierzu nicht bereit. Er erwidert, den Bilderrahmen hätte K auch dann bezahlen müssen, wenn er das Gemälde erhalten hätte.

FRAGE

Kann K von V Aufwendungsersatz i. H. von 1 000 € verlangen?

Bearbeitungsdauer: 45 Minuten

Fall 16: Der Töpfermarkt

FALL 16

Karla (K) studiert im dritten Semester Wirtschaftswissenschaften an der Uni Münster. Ihren Lebensunterhalt verdient sie durch Gelegenheitsjobs. Als K Anfang Mai in der Tageszeitung liest, dass am 30. 6. von 9.00 Uhr bis 14.00 Uhr am Aasee ein Töpfermarkt stattfinden soll, beschließt sie spontan, ihr Glück zu versuchen. Sie besorgt sich bei der Stadt Münster die erforderliche Genehmigung und bezahlt die Standmiete. Die Töpferwaren möchte K von dem Kunsthandwerker Volker (V) aus Recklinghausen beziehen, den sie noch aus Schulzeiten kennt. K besucht den V in seiner Werkstatt und kauft bei ihm Töpferwaren zu einem Preis i. H. von 500 €. Sie erklärt dem V, dass sie die Ware bei dem Töpfermarkt am 30. 6. weiterverkaufen wolle und sich einen Reingewinn i. H. von etwa 1 000 € erhoffe. Die beiden vereinbaren, dass V am 30. 6. früh morgens die Ware zum Stand der K bringen solle, so dass K ab 9.00 Uhr mit dem Verkauf beginnen könne. Am 30. 6. macht V sich rechtzeitig um 6.30 Uhr morgens auf den Weg. Er kommt aber nicht weit; sein Lieferwagen bleibt auf der A 43 mit einem Motorschaden liegen. V ist sehr verärgert, hat er doch das Fahrzeug erst vor einer Woche bei der Inspektion gehabt. Sofort benachrichtigt V per Handy den ADAC, der aber infolge eines Staus erst nach zwei Stunden eintrifft und weitere vier Stunden benötigt, um den Lieferwagen zu reparieren. Als V endlich um 15.00 Uhr in Münster am Verkaufsstand der K eintrifft, bauen die Verkäufer gerade ihre Stände ab. Zwischen K und V kommt es zum Streit. K erklärt den Rücktritt vom Kaufvertrag, V besteht auf Abnahme und Bezahlung. Daraufhin entgegnet K dem V, er schulde ihr 1 000 € Schadensersatz, weil sie nichts habe verkaufen können.

FRAGEN

1. Kann V von K Bezahlung von 500 € und Abnahme der gekauften Töpferwaren verlangen?
2. Kann K von V Schadensersatz i. H. von 1 000 € verlangen? Bei der Beantwortung der Frage ist davon auszugehen, dass K einen Gewinn i. H. von 1 000 € gemacht hätte, wenn V die Ware pünktlich abgeliefert hätte.

Bearbeitungsdauer: 60 Minuten

Fall 17: Kauf eines Sofas

FALL 17

Albert (A) möchte schon seit Längerem sein altes Sofa durch etwas Neueres, Moderneres ersetzen. Deshalb schaut er sich am Samstag, den 5. 7., im Möbelhaus Meyer (M) um und entdeckt dort ein helles Ledersofa „Grado", das ihm gut gefällt. Nachdem ihm der Verkäufer Volker (V) bezüglich des Preises noch ein wenig entgegengekommen ist, bestellt A ein Sofa „Grado" zum Preis von 2 500 €. Der Kaufvertrag beruht auf Allgemeinen Geschäftsbedingungen, die u. a. folgende Klausel enthalten: „Wird die Lieferzeit um bis zu zehn Wochen überschritten, scheidet ein Rücktrittsrecht des Käufers aus".

A und V einigen sich auf die Lieferung des Sofas bis Ende Juli. Nachdem das Sofa auch im darauffolgenden Monat noch nicht geliefert worden ist, sendet A dem M am 5. 9. ein Schreiben, in dem er das Möbelhaus auffordert, bis zum 21. 9. zu liefern; andernfalls erkläre er den Rücktritt vom Vertrag. Am 28. 9. fährt ein Möbelwagen von M mit dem bestellten Sofa vor. A verweigert jedoch die Annahme. Er bezieht sich dabei auf seinen Brief vom 5. 9. und nimmt nochmals Abstand vom Kaufvertrag.

FRAGE

Hat M gegen A einen Anspruch auf Abnahme und Bezahlung des Sofas?

Bearbeitungsdauer: 45 Minuten

Fall 18: Emsländer Edelkorn

FALL 18

Verena Vrosche (V) betreibt im Emsland eine kleine Schnapsbrennerei. Am 2. 7. verkauft sie ihrem Stammkunden Karl Kohler (K) telefonisch 30 Flaschen „Emsländer Edelkorn 2005" zu einem Preis i. H. von insgesamt 300 €. V und K vereinbaren, dass die V dem K die Ware am 1. 8. 2011 vorbeibringen und K bei dieser Gelegenheit den Kaufpreis in bar begleichen solle. Am 1. 8. holt V 30 Flaschen „Emsländer Edelkorn 2005" aus dem Keller, packt sie in ihr Auto und begibt sich zu K. Dieser ist zwar gern bereit, den ihm angebotenen Schnaps entgegenzunehmen, hat aber – anders als vereinbart – den Kaufpreis nicht zur Hand und erklärt der V, er werde das Geld überweisen. Darauf lässt sich V nicht ein, weil sie weiß, wie es mit der Zahlungsmoral des K bestellt ist. Auf dem Rückweg nach Hause kommt V auf der regennassen Straße in einer Kurve infolge einer kleinen Unachtsamkeit von der Fahrbahn ab und landet im Graben. Die Schnapsflaschen gehen dabei allesamt zu Bruch. K ist der Ansicht, die V sei nach wie vor zur Lieferung verpflichtet. V möchte dagegen nicht noch einmal liefern und besteht auf Zahlung des Kaufpreises. V ist darüber hinaus der Meinung, dass K den Kaufpreis ab dem 2. 8. auch noch verzinsen müsse.

1. Kann K von V die Lieferung von 30 Flaschen „Emsländer Edelkorn 2005" verlangen?

2. Kann V von K die Bezahlung von 300 € verlangen?

3. Muss K ab dem 2.8. an V Zinsen aus dem Kaufpreis – und wenn ja: in welcher Höhe – bezahlen?

HINWEIS:

Der Bearbeitung ist der vom 1.7. bis zum 31.12. geltende Basiszinssatz i. H. von 0,37 % zugrunde zu legen.

Bearbeitungsdauer: 75 Minuten

Fall 19: Der Gebrauchtwagenkauf

FALL 19

Beim altersschwachen Auto des Kohler (K) bricht am Montag, dem 4.7. bei der Ausfahrt aus der Garage die Vorderachse. Da sich die Reparatur seines alten Autos finanziell nicht mehr lohnt, entscheidet sich K für den Erwerb eines gebrauchten Fahrzeugs. Noch am selben Tag begibt er sich zum Autohaus des Gebrauchtwagenhändlers Vogeler (V) und kauft dort kurz entschlossen einen acht Jahre alten Opel Astra in metallicblau zu einem Kaufpreis i. H. von 2 000 €. Der Wert des Wagens liegt bei 2 500 €. Da sich K noch ein Autokennzeichen bei der Straßenverkehrsbehörde besorgen muss, vereinbaren K und V, dass K den Wagen erst am Mittwoch, dem 6.7., um 9.00 Uhr bei V abholt. Als K am 6.7. pünktlich vor dem Autohaus des V erscheint, steht er vor verschlossenen Türen. V befindet sich nämlich an diesem Tag mit seiner Belegschaft auf einem Betriebsausflug und hat aus Vergesslichkeit auch nicht dafür gesorgt, dass wenigstens eine Person zurückbleibt, um dem K den Wagen wie vereinbart auszuhändigen. Als K am nächsten Morgen bei V anruft, um sich zu beschweren, teilt ihm V mit Bedauern mit, dass der von ihm gekaufte Wagen in der vergangenen Nacht infolge eines Blitzeinschlags auf seinem Parkplatz in Brand geraten und vollständig zerstört worden sei. K ist nun wirklich wütend. Er verlangt von V Schadensersatz i. H. von 500 €.

FRAGE

Kann K von V Schadensersatz i. H. von 500 € verlangen?

Bearbeitungsdauer: 45 Minuten

Fall 20: Fahrradurlaub in Südfrankreich

FALL 20

Karoline Kammel (K) ist Beamtin des gehobenen Dienstes in Coesfeld und überzeugte Fahrradfahrerin. Weil sie im Juli mit ihrem Freund einen Radurlaub in Südfrankreich verbringen möchte, kauft sie Mitte Juni kurz entschlossen bei ihrer Kollegin Verena Vogeler (V) deren alten VW Käfer zu einem Preis i. H. von 500 €, den sie auch sofort bezahlt. K und V vereinbaren, dass V den Wagen demnächst bei K vor die Haustür stellen und den Schlüssel in den Briefkasten werfen werde. Weil V das Auto Anfang Juli immer noch nicht bei K vorbeigebracht hat, wendet sich die in Rechtssachen wenig bewanderte K an den Rechtsanwalt Reiner Ratgeb (R) und bittet ihn, die notwendigen Schritte in die Wege zu leiten. R schreibt sofort einen Brief, in dem er die V eindringlich auffordert, der K das Fahrzeug umgehend zur Verfügung zu stellen; ansonsten habe sie die Folgen zu tragen. V erhält den Brief des R am 8.7., kümmert sich aber nicht weiter um die Sache. Als am 15.7. der VW Käfer immer noch nicht vor ihrer Haustür steht, mietet K ein vergleichbares Fahrzeug an, um den Urlaub doch noch antreten zu können. Nach ihrer Rückkehr verlangt K von V die Erstattung ihrer Rechtsanwaltskosten i. H. von 200 €. Außerdem möchte sie noch zusätzlich 500 € von V. Dies ist der Mehrbetrag, den sie aufwenden musste, weil sie nicht mit dem eigenen Pkw in den Urlaub fahren konnte, sondern einen Wagen anmieten musste.

FRAGE

Kann K von V die Erstattung der Anwaltskosten i. H. von 200 € sowie der von ihr zusätzlich erbrachten Aufwendungen i. H. von 500 € verlangen?

Bearbeitungsdauer: 45 Minuten

Fall 21: Der Musikliebhaber

FALL 21

Musikliebhaber Kling (K) findet beim Aufräumen seine alten Schallplatten und möchte diese wieder anhören. Da er aber keinen Plattenspieler mehr besitzt, beschließt er, sich im Elektrohandel des Vono (V) einen neuen zu kaufen. Als er jedoch das neue Gerät zu Hause anschließt und seine Schallplatten hören möchte, bemerkt er, dass der Antrieb nicht funktioniert und der Plattenteller sich nicht dreht. Er verlangt von V die Reparatur des Gerätes. V weigert sich. Er meint, die durch eine Reparatur anfallenden Kosten i. H. von 100 € seien bei einem Wert des Plattenspielers von 400 € viel zu hoch. Die Lieferung eines neuen Plattenspielers komme auch nicht in Betracht, da dies der letzte aus der Produktionsreihe gewesen sei und nicht feststehe, wann V neue Plattenspieler geliefert werden.

FRAGE

Kann K trotz der Weigerung des V die Reparatur des Plattenspielers verlangen?

Abwandlung:

Als K kurz nach dem Kauf mit dem defekten Gerät zu V kommt und die Reparatur des Plattenspielers verlangt, erklärt V sich zur Reparatur bereit. Bei Rückgabe des Plattenspielers an K erklärt V stolz, er habe den Fehler behoben. Der Antrieb geht allerdings nach kurzer Benutzung wieder kaputt. Daher bringt K das Gerät erneut zu V zur Reparatur. Aber auch bei diesem zweiten Reparaturversuch kann V den Fehler nicht endgültig beheben. Der Antrieb des Plattenspielers fällt immer wieder aus. K hat nun genug. Er möchte den neuen Plattenspieler an V zurückgeben und verlangt die Rückerstattung des Kaufpreises. V bietet dem K daraufhin einen anderen, komplett neuen Plattenspieler an. K hat jedoch daran kein Interesse. Er meint, er habe genug Geduld bewiesen, indem er dem V zweimal die Möglichkeit zur Reparatur gegeben habe.

FRAGE

Ist K vom Vertrag mit V wirksam zurückgetreten?

Bearbeitungsdauer: 60 Minuten

Fall 22: Die umweltschonende Spülmaschine

FALL 22

Harald Hausmann (H) liest in einem Werbeprospekt der Küchengeräte Münster AG von einer völlig neuartigen, besonders umweltschonenden Spülmaschine. Der Wasserverbrauch des von der Küchengeräte Münster AG entwickelten Modells „Niedrigverbrauch 2012 – Die Umweltrevolution" liege bei nur einem Drittel der bisher auf dem Markt erhältlichen Modelle. Diese Angaben erwecken das Interesse des H, der sich gleich am nächsten Tag in den Elektromarkt der Volker Vogler (V) begibt und sich dort nach der neuen sparsamen Spülmaschine „Niedrigverbrauch" erkundigt. V erklärt, dass er selbstverständlich eine derartige Maschine in seinem Sortiment führe. Die Maschine koste allerdings den stolzen Preis von 1 200 €. H, dem der Schutz der Umwelt diesen Preis wert ist, entschließt sich spontan zum Kauf, ohne mit V noch näher über das Modell zu sprechen. Als die Spülmaschine eine Woche später bei H angeliefert wird, sind aufwändige Arbeiten in seiner Küche erforderlich, um das Gerät einzubauen. Nach wenigen Wochen muss H feststellen, dass seine neue Spülmaschine zwar einwandfrei funktioniert, dass aber der Wasserverbrauch genauso hoch liegt wie bei allen anderen modernen Spülmaschinen auch. Unverzüglich begibt sich H wieder zu V, um sich bei ihm zu beschweren. V versucht, den H zu beruhigen, und erklärt ihm, das Problem sei auch bei anderen Maschinen aufgetreten und könne ohne weiteres behoben werden. Daraufhin erklärt H, darauf bestehe er auch. In der folgenden Woche erscheinen zweimal Arbeiter des V bei H und montieren an der Spülmaschine herum. Dabei wird jedes Mal das Wasser für einige Stunden abgestellt und die Küche des H wird verschmutzt. Den ungeschickten Arbeitern des V gelingt es nicht, den Wasserverbrauch der Maschine zu senken. Jetzt reicht es dem H endgültig: Er verlangt von V Schadensersatz i. H. von 500 €, die die Maschine weniger wert sei, weil der Wasserverbrauch nicht den Angaben im Werbeprospekt entspreche. V meint dagegen, H müsse ihm noch eine weitere Chance geben. Für das Ungeschick seiner Arbeiter könne H ihn schließlich nicht verantwortlich machen.

FRAGE

Kann H von V Schadensersatz i. H. von 500 € verlangen?

HINWEIS

Bei der Lösung des Falls ist davon auszugehen, dass die Maschine wegen des zu hohen Wasserverbrauchs tatsächlich 500 € weniger wert ist.

Bearbeitungsdauer: 60 Minuten

Fall 23: Der blaue Anzug

FALL 23

Erwin Lindemann (L) ist Inhaber einer Herrenboutique in Münster. Er bezieht Stoffe von unterschiedlichen Händlern, die er dann von Näherinnen aus Warendorf nach den Mustern von bekannten Modedesignern zu Herrenanzügen verarbeiten lässt. Auf ein Einzelstück aus seiner Boutique ist L besonders stolz. Es handelt sich dabei um einen blauen Anzug, der – auf eine Laune des L hin – aus dem letzten Rest eines wertvollen indischen Stoffes hergestellt worden ist, der auf dem Markt nirgendwo mehr erhältlich ist. Als der Student der Wirtschaftswissenschaften Kuno Glotzer (K) am 1. 4. die Boutique des L betritt und den blauen Anzug sieht, ist er begeistert. Er wittert die Chance, beim JuWi-Fest am 6. 6. bei seinen Kommilitoninnen Eindruck zu schinden. L und K werden sich schnell einig und der Anzug geht für einen Preis i. H. von 2 500 € über die Ladentheke. Am 6. 6. scheint der Plan des K zunächst aufzugehen; infolge seiner gepflegten Erscheinung und seines souveränen Auftretens steht er im Mittelpunkt des Interesses seiner Studienkolleginnen. Als aber um 21.30 Uhr ein leichter Regen einsetzt, verfärbt sich der Anzug des K giftgrün, woraufhin sich K – unter dem hämischen Gelächter seiner Kommilitonen – schleunigst auf den Heimweg macht. Bereits am 7. 6. erscheint K – trotz des JuWi-Festes gut ausgeschlafen – bei L und verlangt Rückerstattung des Kaufpreises gegen Rückgabe des nunmehr giftgrünen Anzugs. L erwidert, für ihn sei die mangelnde Wasserfestigkeit des Stoffs nicht erkennbar gewesen; dies trifft zu.

FRAGE

Kann K von L Rückzahlung des Kaufpreises gegen Rückgabe des Anzugs verlangen?

Abwandlung:

Am Morgen des 7. 6. findet K plötzlich doch Gefallen an dem nunmehr giftgrünen Anzug. Er will ihn behalten, aber weniger dafür bezahlen.

FRAGE

Kann K den Kaufpreis mindern? Wie hoch ist der geminderte Kaufpreis? Hinweis: Bei der Berechnung ist von folgenden Werten auszugehen: Der objektive Wert der Anzugs mit Mangel beträgt 750 €; ohne den Mangel wäre der Anzug 1 500 € wert.

Bearbeitungsdauer: 45 Minuten

Fall 24: Der Downhill-Fahrer

FALL 24

Da für das vorletzte März-Wochenende nach einem langen kalten Winter endlich herrliches Frühlingswetter vorhergesagt ist, beschließt Vinzenz Wandervogel (V), am Samstag mit seinem achtjährigen Sohn Sebastian (S) zum Wandern in den Arnsberger Wald zu fahren. Ihre Wanderung führt sie über einen öffentlichen gekennzeichneten Wanderweg. Während V am Wegesrand stehen bleibt, um durch sein Fernglas einen Habicht zu beobachten, geht S weiter. Als S plötzlich hinter sich ein Poltern und einen Warnschrei hört, dreht er sich um. Dabei sieht er gerade noch, wie der Downhill-Fahrer Dagobert Deppert (D) seinem Vater mit hohem Tempo von hinten in die Beine fährt und ihn schwer verletzt. V, der auf den Warnschrei nicht mehr reagieren konnte, muss mit komplizierten Beinbrüchen ins Krankenhaus eingeliefert werden. S erleidet aufgrund des Geschehens einen schweren Schock. Mehrere Monate lang quälen ihn Schlafstörungen und Angstträume, die eine Heilbehandlung erforderlich machen.

Zu diesem schweren Unfall war es deshalb gekommen, weil D auf dem steilen und mit Steinen übersäten Wanderweg viel zu schnell gefahren war und die Kontrolle verloren hatte. Das schöne Wetter hatte ihn dazu verlockt, nach der Winterpause ohne hinreichende Fitness und Übung loszufahren, statt sich erst, wie ursprünglich geplant, eine Woche später am 31. 3. zur Saisoneröffnung im Bikepark Winterberg auf dem Übungsparcours wieder an sein Downhill-Bike und an steile Abfahrten zu gewöhnen.

FRAGEN

1. Kann V von D den Ersatz seiner Heilbehandlungskosten i. H. von 4 000 € verlangen?

2. Kann S von D den Ersatz seiner Heilbehandlungskosten i. H. von 2 000 € verlangen?

Abwandlung:

D hatte das Downhill-Fahrrad gerade erst fabrikneu bei seinem Fahrradhändler gekauft. Der Unfall im Arnsberger Wald ist allein darauf zurückzuführen, dass die neu entwickelte Dämpfertechnologie der Vorderradgabel bei extremen Belastungen versagte und der Fahrer deshalb die Kontrolle über die Lenkung verlor.

FRAGEN

1. Kann V von der Herstellerin des Fahrrads, der „Runde Räder-GmbH" (R), den Ersatz seiner Heilbehandlungskosten i. H. von 4 000 € verlangen?

2. Kann S von R den Ersatz seiner Heilbehandlungskosten i. H. von 2 000 € verlangen?

HINWEIS

Ansprüche nach dem Produkthaftungsgesetz (ProdHaftG) sind nicht zu prüfen.

Bearbeitungsdauer: 60 Minuten

Teil 4: Antworten zu den Wiederholungsfragen

Kapitel 1: Einführung in das Bürgerliche Recht

ANTWORTEN

1. Recht ist eine soziale Ordnung, die das Zusammenleben der Menschen regelt (soziale Spielregeln). Es handelt sich um Ge- und Verbote, welche die Konflikte zwischen den Menschen regeln. Da das Recht eine gerechte Gemeinschaftsordnung gewährleisten soll, müssen die rechtlichen Vorschriften an einer übergeordneten Idee der Gerechtigkeit ausgerichtet sein. Entscheidend für die Rechtsqualität ist ferner, dass diese Vorschriften vom Staat zwangsweise durchgesetzt werden können.

2. Unter „Sitte" ist die Zusammenfassung der Bräuche und Gewohnheiten zu verstehen, die in bestimmten Menschengruppen das zwischenmenschliche Verhalten regeln. Die Befolgung dieser Anstandsregeln ist nicht rechtlich, sondern (nur) gesellschaftlich gefordert. Sie kann nicht mit staatlichem Zwang durchgesetzt werden. Statt einer rechtlichen Sanktion zieht die Verletzung der Anstandsregeln die gesellschaftliche Missachtung nach sich. Wie die rechtlichen Regeln verlangen die sittlichen Regeln ein bestimmtes äußeres Verhalten, ohne dass es auf die innere Einstellung ankommt. Teilweise beziehen sich rechtliche Vorschriften aber auf die Sitte, etwa auf die Verkehrssitte (§§ 157, 242 BGB) oder auf Handelsbräuche (§ 346 HGB).

3. Die Sittlichkeit oder Moral stellt Sollensvorschriften für das menschliche Zusammenleben auf, die sich nicht nur auf das äußere Verhalten, sondern auch und vor allem auf die innere Einstellung beziehen. Es geht um die Verwirklichung des Guten und damit um mehr als bloß um die Gewährleistung eines einigermaßen gedeihlichen Zusammenlebens. Die Moral geht über das ethische Minimum des Rechts und auch über die Sitte hinaus.

4. Das Privat- oder Zivilrecht regelt die Rechtsbeziehungen von Rechtssubjekten grundsätzlich auf der Ebene der Gleichordnung und Gleichberechtigung. Diese Gleichrangigkeit findet ihren Ausdruck u. a. darin, dass das Privatrecht weitgehend vom Grundsatz der Privatautonomie, also der Gestaltungs- und Vertragsfreiheit der Rechtssubjekte, geprägt wird. Auch Träger öffentlicher Gewalt können privatrechtlich handeln, wenn z. B. eine Gemeindeverwaltung neue Rechner oder Büromaterial einkauft. Zusammenfassend kann man das Privat- oder Zivilrecht als „Jedermannrecht" bezeichnen, weil es solche Rechte und Pflichten zum Gegenstand hat, die jedermann zustehen können.

5. Das öffentliche Recht regelt vor allem das Verhältnis zwischen Bürger und Staat in einem Über- und Unterordnungsverhältnis. Es geht um das Verhältnis des Einzelnen zum Staat als Träger hoheitlicher Gewalt. Zum öffentlichen Recht gehören außerdem solche Vorschriften, welche die Rechtsverhältnisse von Hoheitsträgern untereinander regeln. Zusammenfassend lässt sich das öffentliche Recht als das Sonderrecht des Staates kennzeichnen.

6. Das Bürgerliche Recht ist der Teil des Privatrechts, der für jedermann gilt. Deshalb kann man es auch als das allgemeine Privatrecht und als Kerngebiet des Privatrechts bezeichnen. Gere-

gelt wird es im BGB und in ergänzenden Sondergesetzen wie z. B. dem Produkthaftungsgesetz oder dem Wohnungseigentumsgesetz.

Unter dem Sonderprivatrecht oder besonderen Privatrecht versteht man hingegen diejenigen Teile des Privatrechts, die nur für bestimmte Personengruppen oder Gegenstände gelten. Dazu gehören das Handelsrecht als das Sonderprivatrecht der Kaufleute, das Wirtschaftsrecht, soweit es nicht zum öffentlichen Recht gehört, als das Sonderprivatrecht der gewerblichen Wirtschaft, das Immaterialgüterrecht als das Sonderprivatrecht, welches das Recht der Urheberrechte und der gewerblichen Schutzrechte regelt, und das Arbeitsrecht als das Sonderprivatrecht der abhängig (unselbständig) Beschäftigten. Das Verbraucherschutzrecht wird teilweise ebenfalls als eigenes Sonderprivatrecht angesehen.

7. Grundsätzlich lassen sich nach der Entstehung der Rechtsnormen zwei Arten von Rechtsquellen unterscheiden. Dabei handelt es sich erstens um das von den Organen einer Gemeinschaft ausdrücklich gesetzte Recht (gesetztes Recht), zu dem Gesetze, Rechtsverordnungen und Satzungen gehören. Die zweite Rechtsquelle ist das Gewohnheitsrecht. Darunter versteht man solche Regelungen, die infolge langdauernder Übung und allgemeiner Anerkennung zu Rechtsnormen erstarkt sind.

   Das Richterrecht ist demgegenüber keine Rechtsquelle, weil die Gerichte stets ausschließlich den konkreten Fall mit rechtlicher Bindungswirkung nur für die Parteien dieses Rechtsstreits entscheiden; etwas Anderes gilt lediglich für das Bundesverfassungsgericht und den Europäischen Gerichtshof. Vor allem die höchstrichterlichen Entscheidungen haben indessen eine bedeutende faktische Bindungswirkung, weil die obersten Gerichte abweichende Entscheidungen unterer Gerichte regelmäßig abändern, wenn die unterlegene Partei ein Rechtsmittel einlegt.

8. Der Grundsatz der Privatautonomie ist die wohl wichtigste Ausprägung der liberalistischen und individualistischen Grundhaltung des BGB. Er basiert auf der Vorstellung der freien und für sich selbst verantwortlichen Person, die ihre privaten Lebensverhältnisse in freier Selbstbestimmung und ohne staatliche Hilfe oder Bevormundung gestaltet. Dieser Grundsatz der Freiheit und der Selbstverantwortung soll es ermöglichen, dass das eigennützige Streben des Einzelnen und das freie Spiel der Kräfte im Wettbewerb allen zugute kommen und zu einer optimalen Ordnung des Zusammenlebens der Menschen führen. Damit ist der Grundsatz der Privatautonomie wohl der tragende Grundsatz des Privatrechts, zumindest aber des Vermögensrechts mit herausragender politischer und wirtschaftlicher Bedeutung.

9. Die wichtigste Ausprägung des Grundsatzes der Privatautonomie ist das Prinzip der Vertragsfreiheit. Die Vertragsfreiheit umfasst zum einen die freie Entscheidung darüber, ob jemand überhaupt einen Vertrag schließen will; das ist die Abschlussfreiheit. Zum anderen umfasst sie die Freiheit der Parteien, den Vertrag inhaltlich auszugestalten; das ist die Inhalts- oder Gestaltungsfreiheit. Sie gilt vor allem im Schuldrecht (vgl. dazu § 311 Abs. 1 BGB). Des Weiteren zeigt sich die Privatautonomie in der Eigentumsfreiheit: Nach § 903 Satz 1 BGB kann der Eigentümer einer Sache mit dieser verfahren, wie er will, und andere von der Einwirkung ausschließen. Außerdem kommt der Grundsatz der Privatautonomie in der Testierfreiheit zum Ausdruck: Nach § 1937 BGB kann durch Testament jeder bestimmen, an wen sein Vermögen nach seinem Tod fallen soll.

Diese grundlegenden Prinzipien des BGB sind heute auch durch das Grundgesetz, insbesondere durch Art. 2 Abs. 1 GG (Allgemeine Handlungsfreiheit) und durch Art. 14 GG (Eigentum und Erbrecht) zumindest als Institutionen garantiert.

10. Der Grundsatz der Privatautonomie ist im BGB nicht lückenlos durchgeführt worden, weil in keiner Gesellschaft auf Dauer stets nur das Recht des Stärkeren gelten kann. So kann insbesondere die Vertragsfreiheit ihre Funktion nur dann richtig erfüllen, wenn die Vertragspartner bei Abschluss des Vertrags ungefähr gleich stark sind. Deshalb findet sich zum Ausgleich von Ungleichgewichtslagen, die durch die Privatautonomie nicht gesteuert werden können, neben allgemeinen Regeln wie der in § 138 Abs. 2 BGB geregelten Nichtigkeit wucherischer Rechtsgeschäfte eine ständig wachsende Zahl besonderer Schutzvorschriften. Beispiele sind die Regelungen der §§ 305 ff. BGB zu den „Allgemeinen Geschäftsbedingungen", diejenigen der §§ 491 ff. BGB zu Verbraucherdarlehensverträgen und die Schutzvorschriften des Miet- und Arbeitsrechts zugunsten des typischerweise schwächeren Mieters und Arbeitnehmers. Die Abschlussfreiheit kann in besonders gelagerten Fällen durch den Zwang eingeschränkt werden, einen Vertrag abzuschließen. Ein solcher Kontrahierungszwang besteht vor allem dann, wenn der Anbieter ein gesetzliches Monopol hat oder wenn das entsprechende Gut von existentieller Bedeutung ist (so z. B. im Bereich der Verkehrshaftpflichtversicherung).

11. Um dispositives oder nachgiebiges Recht (ius dispositivum) handelt es sich, wenn eine gesetzliche Bestimmung durch eine Vereinbarung der Parteien ausgeschlossen oder abgeändert werden kann. Solche dispositiven Regelungen stellt das BGB vor allem für die einzelnen Verträge wie etwa den Kaufvertrag (§§ 433 ff. BGB) auf; sie verstehen sich mehr als Modell einer vertraglichen Regelung, also als Vertragstypus, statt als verbindliche Regelung.

Dagegen liegt zwingendes Recht (ius cogens) vor, wenn eine gesetzliche Bestimmung nicht durch den Willen der Parteien abgeändert oder ausgeschlossen werden kann. Zwingendes Recht schließt also die Vertragsfreiheit aus. Dabei kann es sich beispielsweise um Formvorschriften wie § 311b Abs. 1 Satz 1 BGB (notarielle Beurkundung des Grundstückskaufvertrags) oder § 623 BGB (Schriftform der Kündigung des Arbeitsvertrags oder des Aufhebungsvertrags) handeln, deren Nichteinhaltung gem. § 125 Satz 1 BGB zur Nichtigkeit des Rechtsgeschäfts führt. Solche zwingenden Formvorschriften dienen der Beweissicherung oder sollen den Erklärenden vor der übereilten Abgabe einer Willenserklärung schützen. Andere zwingende Vorschriften sollen den Schutz des unerfahrenen und wirtschaftlich schwächeren Vertragspartners vor besonders nachteiligen Vertragsbedingungen gewährleisten; sie finden sich etwa im Mietrecht, im Arbeitsrecht und im Verbraucherschutzrecht.

12. Das BGB ist am 1. 1. 1900 in Kraft getreten.

13. Das BGB gliedert sich in fünf Bücher: Allgemeiner Teil (§§ 1 – 240), Schuldrecht (§§ 241 – 853), Sachenrecht (§§ 854 – 1296), Familienrecht (§§ 1297 – 1921) und Erbrecht (§§ 1922 – 2385).

14. Der Gesetzgeber hat im Allgemeinen Teil diejenigen Regelungen „vor die Klammer gezogen", die für das gesamte BGB Geltung beanspruchen. Er hat diese Technik gewählt, um das Gesetzbuch nicht zu kasuistisch (also rein fallbezogen) und damit nicht zu umfangreich werden zu lassen. Danach enthält der Allgemeine Teil z. B. in den §§ 145 ff. BGB die Regelungen zum Vertragsschluss, weil es Verträge im Schuld-, Sachen-, Familien- und Erbrecht gibt. Innerhalb

des Allgemeinen Teils sind beispielsweise die Vorschriften der §§ 116 ff. BGB zu den Willenserklärungen ausgeklammert worden, weil nicht nur das zum Vertragsschluss erforderliche Angebot und die Annahme, sondern etwa auch die Anfechtungserklärung (§ 143 BGB) und die Erteilung einer Vollmacht (§ 167 BGB) Willenserklärungen sind.

Mit der Ausklammerungsmethode hängt die Verweisungstechnik zusammen. Der Inhalt einer Norm wird nicht wiederholt, sondern es wird auf die allgemeine Norm verwiesen. Das hat zwar grundsätzlich den Vorteil, überflüssige Wiederholungen zu vermeiden und so den Gesetzestext insgesamt kürzer zu halten; andererseits kann durch ein Übermaß an Verweisungen jedoch die Verständlichkeit leiden (vgl. z. B. § 2013 BGB).

15. Das Recht im objektiven Sinn umfasst die Gesamtheit aller Rechtsnormen. Dem gemäß umfasst das Privatrecht im objektiven Sinn die Gesamtheit der privatrechtlichen Rechtsnormen.

16. Das subjektive Recht wird allgemein definiert als die Rechtsmacht, die einem Rechtssubjekt von der Rechtsordnung verliehen worden ist. Nach einer weitergehenden Definition handelt es sich um die von der Rechtsordnung verliehene Willensmacht einer Person zur Befriedigung menschlicher Interessen.

17. Das subjektive Privatrecht oder das Privatrecht im subjektiven Sinn ist das wichtigste Element des Privatrechtsverhältnisses. Man versteht darunter die dem Einzelnen vom Privatrecht im objektiven Sinn verliehene Rechtsmacht bzw. die dieser Person vom Privatrecht verliehene Willensmacht zur Befriedigung menschlicher Interessen. Teilt man subjektive Privatrechte nach dem Inhalt der Rechtsmacht ein, die sie dem Einzelnen einräumen, lassen sich Persönlichkeitsrechte, Herrschaftsrechte, Ansprüche und Gestaltungsrechte unterscheiden. Nach dem Kreis der durch das subjektive Privatrecht Verpflichteten unterscheidet man hingegen absolute und relative Rechte.

18. Persönlichkeitsrechte sind diejenigen subjektiven Privatrechte, die dem einzelnen Menschen als Persönlichkeit zustehen. Das BGB schützt in § 823 Abs. 1 das Leben, den Körper, die Gesundheit und die Freiheit des Menschen sowie in § 12 das Namensrecht als Teilaspekte der Persönlichkeit. Bezüglich weiterer Teilaspekte finden sich Sondergesetze wie die §§ 22 ff. KunstUrhG, die das Recht einer Person am eigenen Bild schützen. Als darüber hinausgehenden allgemeinen Schutz des Einzelnen auf Achtung und Entfaltung seiner Persönlichkeit hat die Rechtsprechung auf der Grundlage des verfassungsrechtlich garantierten Schutzes der Menschenwürde und der freien Entfaltung der Persönlichkeit in Art. 1 und 2 GG das allgemeine Persönlichkeitsrecht entwickelt, das als sonstiges Recht i. S. von § 823 Abs. 1 BGB gegen schuldhafte und rechtswidrige Verletzungen geschützt wird.

19. Herrschaftsrechte räumen ihrem Inhaber eine absolute und unmittelbare Herrschaftsmacht über einen bestimmten Gegenstand ein. Sie können bestehen an Sachen, Rechten und geistigen Schöpfungen.

20. § 194 Abs. 1 BGB definiert den Anspruch als das Recht, von einem anderen ein Tun oder Unterlassen zu verlangen. Dem Anspruch des Berechtigten steht spiegelbildlich, als Kehrseite der Medaille, die entsprechende Pflicht des Verpflichteten gegenüber. Die Ansprüche des Schuldrechts heißen Forderungen. Der Gesetzgeber bezeichnet den Inhaber der Forderung (den Berechtigten) als Gläubiger und den Verpflichteten als Schuldner: Nach § 241 Abs. 1 BGB ist der Gläubiger kraft des Schuldverhältnisses berechtigt, von dem Schuldner eine Leistung zu fordern, die auch in einem Unterlassen bestehen kann.

21. Ein Gestaltungsrecht gibt seinem Inhaber die Rechtsmacht, einseitig, ohne die Mitwirkung eines anderen, auf eine bestehende Rechtslage einzuwirken. Dazu muss er im Regelfall eine Willenserklärung abgeben, die wegen ihrer Wirkung als rechtsgestaltende Willenserklärung bezeichnet wird. Der Berechtigte kann ein neues Recht begründen oder ein bestehendes Rechtsverhältnis ändern oder beenden. Zu den Gestaltungsrechten gehören etwa die Anfechtung einer Willenserklärung (§§ 119 ff. BGB), die Kündigung eines Vertrags (z. B. eines Miet- oder eines Arbeitsvertrags) und der Rücktritt vom Vertrag (§§ 346 ff. BGB).

22. Absolute Rechte sind solche subjektiven Privatrechte, die gegenüber jedermann wirken. Dazu gehören vor allem die dinglichen Rechte, also in erster Linie das Eigentum, und die durch § 823 Abs. 1 BGB geschützten Rechte. Relative Rechte wirken hingegen nur zwischen und gegenüber bestimmten Personen. Sie werden vor allem durch schuldrechtliche Verträge begründet.

23. Ein Rechtsinhaber (Gläubiger) darf sein subjektives Privatrecht grundsätzlich nicht selbst gewaltsam durchsetzen, sondern muss sich staatlicher Hilfe bedienen. Er muss das zuständige Gericht anrufen und eine rechtskräftige Entscheidung erstreiten. Leistet der Verpflichtete (Schuldner) dann immer noch nicht freiwillig, muss der Gläubiger den Gerichtsvollzieher oder das Vollstreckungsgericht bemühen.

24. Die eigenmächtige Durchsetzung oder Sicherung von Rechten darf nur in wenigen, gesetzlich geregelten Ausnahmefällen erfolgen. Solche Ausnahmen sind die Selbsthilfe (§§ 229 ff. BGB), die Notwehr (§ 227 BGB) und der Notstand (§§ 228, 904 BGB).

25. Bei dem in § 904 BGB geregelten Aggressiv- oder Angriffsnotstand geht es um die Einwirkung auf eine Sache, von der keine Gefahr ausgeht. Danach handelt derjenige rechtmäßig, der auf eine fremde Sache einwirkt, wenn die Einwirkung zur Abwehr einer gegenwärtigen Gefahr notwendig und der drohende Schaden gegenüber dem aus der Einwirkung dem Eigentümer entstehenden Schaden unverhältnismäßig groß ist (§ 904 Satz 1 BGB). In einer solchen Notlage mutet das Gesetz es dem Eigentümer zu, dass sein Herrschaftsrecht eingeschränkt wird. Zum Ausgleich verpflichtet § 904 Satz 2 BGB den Einwirkenden zum Schadensersatz.

Bei dem in § 228 BGB geregelten Defensiv- oder Verteidigungsnotstand handelt dagegen rechtmäßig, wer eine fremde Sache beschädigt oder zerstört, um eine durch sie drohende Gefahr von sich oder einem anderen abzuwenden, sofern die Beschädigung oder Zerstörung der Sache zur Abwendung der Gefahr erforderlich ist und der Schaden nicht außer Verhältnis zur Gefahr steht (§ 228 Satz 1 BGB). Hat der Abwehrende die Gefahr allerdings verschuldet, muss er Schadensersatz leisten (§ 228 Satz 2 BGB).

Ein wesentlicher Unterschied besteht also zunächst in der Gefahrenquelle. Während beim Defensivnotstand die Gefahr von der dann beschädigten oder zerstörten Sache ausging, beschädigt oder zerstört der im Aggressivnotstand Handelnde eine Sache, von der keine Gefahr ausgeht. Außerdem muss bei § 904 BGB der drohende Schaden unverhältnismäßig größer sein als der dem Eigentümer durch die Einwirkung auf seine Sache entstehende Schaden. Dieses Verhältnis ist genau umgekehrt wie das Verhältnis beim Defensivnotstand gem. § 228 BGB.

26. Nach § 194 Abs. 1 BGB unterliegen Ansprüche der Verjährung. Dabei handelt es sich um eine zeitliche Grenze der Rechtsausübung oder um die Entkräftung eines Anspruchs durch Zeitab-

lauf. Liegen die in den §§ 195 ff. BGB näher geregelten Voraussetzungen für den Eintritt dieser zeitlichen Grenze, also der Verjährung, vor, gibt § 214 Abs. 1 BGB dem Verpflichteten das Recht, die Erfüllung des gegen ihn gerichteten Anspruchs zu verweigern. Damit handelt es sich um ein Leistungsverweigerungsrecht. Das bedeutet, dass der Verpflichtete sein Recht zur Verweigerung der Leistung geltend machen muss, wenn er nicht mehr leisten will – er muss die Verjährungseinrede erheben. Tut er das im Prozess nicht (und hat er es auch vorher noch nicht getan), wird ihn das Gericht zur Leistung verurteilen. Erhebt er dagegen die Einrede, darf er die Leistung dauernd verweigern. Es handelt sich um eine dauernde, ausschließende (peremptorische) Einrede.

27. Die regelmäßige Verjährungsfrist beträgt gem. § 195 BGB drei Jahre. Sie gilt, soweit keine gesetzlichen Spezialvorschriften oder abweichende vertragliche Vereinbarungen längere oder kürzere Verjährungsfristen vorsehen.

28. Rechtssubjekte sind die Adressaten von Rechtsnormen, die ihnen sowohl bestimmte subjektive Privatrechte als auch Pflichten zuweisen. Daher sind Rechtssubjekte zugleich die Träger von Rechten und Pflichten. Das Gesetz unterscheidet natürliche Personen (Überschrift vor §§ 1 ff. BGB) und juristische Personen (Überschrift vor §§ 21 ff. BGB). Um Träger von Rechten und Pflichten sein zu können, müssen Rechtssubjekte begriffsnotwendig Rechtsfähigkeit besitzen. Insoweit stellen die nichtrechtsfähigen Personenverbände wie z. B. der nichtrechtsfähige Verein (§ 54 BGB) eine Besonderheit dar. Hier ist der Rechtsträger nicht der Personenverband als solcher, sondern die Träger der Rechte und Pflichten sind die Personen, die den Verband konstituieren, in ihrer Verbundenheit.

29. Die Rechtsfähigkeit des Menschen beginnt gem. § 1 BGB mit der Vollendung der Geburt. Das Kind muss also lebend zur Welt kommen. Eine Ausnahme bildet § 1923 Abs. 2 BGB, der die Erbfähigkeit des „nasciturus" auf einen Zeitpunkt vor seiner tatsächlichen Geburt vorverlegt. Außerdem schützt das Zivilrecht das Kind im Mutterleib bei vorgeburtlichen Schädigungen.

30. Die Rechtsfähigkeit des Menschen endet mit seinem Tod (vgl. § 1922 Abs. 1 BGB). Maßgeblich ist nach heutiger medizinischer Auffassung der Gehirntod. Dann geht das Vermögen des Verstorbenen (des Erblassers) gem. §§ 1922 Abs. 1, 1967 BGB als Ganzes mit allen Aktiva und Passiva automatisch auf einen oder mehrere Erben über.

31. Die Handlungsfähigkeit bezeichnet allgemein die Fähigkeit des Menschen, sein Verhalten bewusst zu steuern. Im engeren Sinn versteht man darunter seine Fähigkeit, rechtlich bedeutsame Handlungen vorzunehmen.

32. Zur Handlungsfähigkeit gehört einerseits die Fähigkeit des Menschen, seine Lebens- und Rechtsverhältnisse durch den Abschluss von Verträgen und durch andere Willenserklärungen und Rechtsgeschäfte zu regeln; das ist die Geschäftsfähigkeit (§§ 104 ff. BGB). Andererseits können die Handlungen eines Menschen Schäden an den Rechtsgütern anderer verursachen, für die der Handelnde die rechtliche Verantwortung zu tragen hat; das hängt von seiner Deliktsfähigkeit (§§ 827 ff. BGB) ab.

33. Die Geschäftsfähigkeit ist die Fähigkeit, Rechtsgeschäfte wirksam vornehmen zu können. Dazu gehört insbesondere die Fähigkeit, Willenserklärungen wirksam abgeben zu können.

34. Das BGB geht vom Regelfall der vollen Geschäftsfähigkeit erwachsener (volljähriger) Menschen aus und enthält in den §§ 104 ff. nur Vorschriften zu den Ausnahmefällen der fehlen-

den oder beschränkten Geschäftsfähigkeit. Unterschieden werden demnach die drei Fälle der Geschäftsunfähigkeit (§ 104 BGB), der beschränkten Geschäftsfähigkeit (§ 106 BGB) und der vollen Geschäftsfähigkeit (keine ausdrückliche Regelung).

35. Die Vorschriften über die Geschäftsfähigkeit dienen dem Schutz der nicht voll geschäftsfähigen Menschen. Sie sollen davor geschützt werden, Verpflichtungen einzugehen, deren Umfang und deren Auswirkungen sie nicht überschauen. Ihr Schutz ist dem Gesetzgeber ausweislich der §§ 104 ff. BGB so wichtig, dass die Verkehrsschutzinteressen ihrer Geschäftspartner dahinter zurückstehen müssen. Der gute Glaube an die Geschäftsfähigkeit wird nicht geschützt.

36. Der erste Sonderfall ist die Ehefähigkeit, d. h. die Fähigkeit, eine Ehe wirksam einzugehen. Sie tritt grundsätzlich mit der Volljährigkeit ein (§ 1303 Abs. 1 BGB), also mit der Vollendung des 18. Lebensjahres (§ 2 BGB). In Ausnahmefällen kann man schon ab Vollendung des 16. Lebensjahres heiraten (§ 1303 Abs. 2 – 4 BGB).

Der zweite Sonderfall betrifft die Fähigkeit, ein Testament wirksam zu errichten. Diese Testierfähigkeit tritt grundsätzlich mit der Vollendung des 16. Lebensjahres ein (§ 2229 Abs. 1 BGB).

37. Einem Geschäftsunfähigen fehlt die Fähigkeit, ein Rechtsgeschäft wirksam vorzunehmen (vgl. § 105 Abs. 1 BGB).

38. Nach § 104 Nr. 1 BGB ist geschäftsunfähig, wer nicht das siebente Lebensjahr vollendet hat; und nach § 104 Nr. 2 BGB ist geschäftsunfähig, wer sich in einem die freie Willensbestimmung ausschließenden Zustand krankhafter Störung der Geistestätigkeit befindet, sofern nicht der Zustand seiner Natur nach ein vorübergehender ist. Einen solchen Ausschluss der freien Willensbestimmung nimmt die Rechtsprechung an, wenn jemand nicht imstande ist, seinen Willen frei und unbeeinflusst von einer vorliegenden Geistesstörung zu bilden und nach zutreffend gewonnenen Einsichten zu handeln.

39. Mit diesem Begriff, der sich als „lichter Moment" übersetzen lässt, wird eine Phase geistiger Klarheit eines grundsätzlich gem. § 104 Nr. 2 BGB geschäftsunfähigen Menschen bezeichnet. Schließt z. B. ein an Schizophrenie Leidender in einem solchen „lucidum intervallum" einen Kaufvertrag ab, ist dieser Vertrag wirksam.

40. Nach § 105 Abs. 1 BGB ist die Willenserklärung eines Geschäftsunfähigen nichtig. Der Geschäftsunfähige kann daher selbst nicht rechtsgeschäftlich handeln. Ihm kann auch eine Willenserklärung nicht wirksam zugehen (§ 131 Abs. 1 BGB). Soll er bestimmte Rechte durch Rechtsgeschäft erwerben oder übertragen, muss für ihn sein gesetzlicher Vertreter handeln.

41. § 104 Nr. 2 BGB regelt die dauerhafte Geschäftsunfähigkeit solcher Menschen, die sich in einem nicht nur vorübergehenden die freie Willensbestimmung ausschließenden Zustand krankhafter Störung der Geistestätigkeit befinden. Dem gegenüber betrifft § 105 Abs. 2 BGB volljährige und geschäftsfähige Personen, die sich nur in einem vorübergehenden Störungszustand befinden, z. B. im Zustand der Volltrunkenheit, des Drogenrausches oder eines epileptischen Anfalls.

42. Abgesehen von dem Fall des „lucidum intervallum" (siehe oben) kann ein Geschäftsunfähiger nach der Sonderregelung des § 105a Satz 1 BGB auch ein Geschäft des täglichen Lebens wirksam abschließen, das mit geringwertigen Mitteln bewirkt werden kann. Dazu gehört

etwa der Kauf von Lebensmitteln des täglichen Bedarfs. Das Geschäft wird erst wirksam, wenn Leistung und Gegenleistung bewirkt worden sind. Es darf allerdings keine erhebliche Gefahr für die Person oder das Vermögen des Geschäftsunfähigen begründen (§ 105a Satz 2 BGB). Danach kann z. B. ein alkoholkranker Geschäftsunfähiger keinen Alkohol kaufen.

43. Gemäß §§ 2, 106 BGB sind beschränkt geschäftsfähig alle Minderjährigen, die das siebente Lebensjahr vollendet haben, also alle Menschen zwischen der Vollendung des siebenten und des 18. Lebensjahres, sofern nicht nach § 104 Nr. 2 BGB Geschäftsunfähigkeit vorliegt.

44. Nach § 107 BGB muss entweder die Einwilligung des gesetzlichen Vertreters vorliegen, oder der Minderjährige erlangt durch die Willenserklärung lediglich einen rechtlichen Vorteil.

45. Der Vertrag ist nicht nach § 107 BGB wirksam, weil der Gesetzgeber allein auf den rechtlichen und nicht auf den wirtschaftlichen Vorteil abstellt. Die Wirksamkeit des Kaufvertrags hängt trotz des „guten Geschäfts" gem. §§ 107, 108 Abs. 1, 1626 Abs. 1, 1629 Abs. 1 Satz 2 BGB von der Genehmigung der Eltern ab, weil M durch den Abschluss des Kaufvertrags dazu verpflichtet wird, V den Kaufpreis zu zahlen (§ 433 Abs. 2 BGB). Diese rechtliche Verpflichtung ist ein rechtlicher Nachteil.

46. Zu unterscheiden ist vor allem zwischen Verpflichtungsgeschäften einerseits, welche die Verpflichtung zu einer Leistung begründen und dem Anderen einen Anspruch i. S. des § 194 Abs. 1 BGB verschaffen, und Verfügungsgeschäften andererseits, durch die ein Recht unmittelbar übertragen, belastet, inhaltlich geändert oder aufgehoben wird und die meistens der Erfüllung eines Verpflichtungsgeschäfts dienen. Verpflichtungsgeschäfte sind für den Minderjährigen nur dann lediglich rechtlich vorteilhaft, wenn er keine rechtsgeschäftliche Verpflichtung übernimmt. Demnach können gegenseitige Verträge (z. B. Kaufverträge, § 433 BGB) ebenso wie unvollkommen zweiseitig verpflichtende Verträge (z. B. Verwahrungsverträge, § 688 BGB) nie lediglich rechtlich vorteilhaft sein, weil sie immer eine Verpflichtung des Minderjährigen begründen. Einen einseitig verpflichtenden Vertrag (z. B. Schenkungsvertrag, § 516 Abs. 1 BGB) kann der Minderjährige dagegen ohne Einwilligung der Eltern wirksam abschließen, wenn er der nicht verpflichtete Vertragspartner ist. Ein Verfügungsgeschäft (z. B. die Übereignung einer beweglichen Sache, § 929 Satz 1 BGB) ist für den Minderjährigen lediglich rechtlich vorteilhaft, wenn das Recht zu seinen Gunsten übertragen, belastet, inhaltlich geändert oder aufgehoben wird. Schließlich stellt man die in § 107 BGB nicht genannten rechtlich neutralen Geschäfte, die für den beschränkt Geschäftsfähigen rechtlich weder vorteilhaft noch nachteilig sind, den rechtlich vorteilhaften Geschäften gleich, weil auch hier der Minderjährigenschutz gewahrt ist.

47. Nach den §§ 182 ff. BGB ist die Zustimmung der Oberbegriff (§ 182 Abs. 1 BGB). Die vorherige Zustimmung bezeichnet das Gesetz als Einwilligung (§ 183 Satz 1 BGB), die nachträgliche Zustimmung als Genehmigung (§ 184 Abs. 1 BGB).

48. Die gesetzlichen Vertreter eines Minderjährigen sind gem. §§ 1626 Abs. 1, 1629 BGB die Eltern. Sie müssen grundsätzlich gemeinschaftlich handeln (§ 1629 Abs. 1 Satz 2, 1. Halbsatz BGB). Jeder Elternteil vertritt das Kind aber allein, wenn es um den Zugang einer Willenserklärung gegenüber dem Kind (vgl. § 131 Abs. 2 BGB) geht (§ 1629 Abs. 1 Satz 2, 2. Halbsatz BGB) oder ein Notfall vorliegt (§ 1629 Abs. 1 Satz 4 BGB). Außerdem vertritt ein allein sorgeberechtigter Elternteil das Kind allein (§ 1629 Abs. 1 Satz 3 BGB).

49. Die Einwilligung kann sich auf ein ganz bestimmtes Rechtsgeschäft wie beispielsweise den Kauf eines Videospiels beziehen. Wird sie dagegen für einen begrenzten Kreis von Rechtsgeschäften erteilt, spricht man von einem beschränkten Generalkonsens. Unwirksam ist dagegen eine generelle Einwilligung für alle denkbaren Rechtsgeschäfte, weil das dazu führen würde, dass der Minderjährige entgegen der gesetzlichen Schutzregelung im Ergebnis wie ein voll Geschäftsfähiger handeln könnte.

50. Nach § 110 BGB gilt ein von dem Minderjährigen ohne Zustimmung des gesetzlichen Vertreters geschlossener Vertrag als von Anfang an wirksam, wenn der Minderjährige die vertragsmäßige Leistung mit Mitteln bewirkt, die ihm zu diesem Zweck oder zu freier Verfügung von dem Vertreter oder mit dessen Zustimmung von einem Dritten überlassen worden sind. Es handelt sich also um eine konkludente Einwilligung des Vertreters, die in der Überlassung des „Taschengeldes" zu dem Zweck, zu dem es der Minderjährige verwendet hat, oder zu seiner freien Verfügung liegt. Deshalb muss stets geprüft werden, ob der vom Minderjährigen abgeschlossene konkrete Vertrag (noch) von dieser Einwilligung gedeckt wird.

51. Da der Minderjährige die vertragsmäßige Leistung mit den überlassenen Mitteln bewirkt haben muss, erfasst § 110 BGB keine Abzahlungsgeschäfte. Der Vertrag wird vielmehr erst mit der Zahlung der letzten Rate aus dem „Taschengeld" wirksam, weil erst dann die vertragsmäßige Leistung bewirkt, also in vollem Umfang erbracht worden ist.

52. Man bezeichnet den Vertrag als „schwebend unwirksam", weil die Wirksamkeit gem. § 108 Abs. 1 BGB von der Genehmigung der Eltern abhängt. Erteilen sie die Genehmigung, wird der Vertrag von Anfang an wirksam (§ 184 Abs. 1 BGB). Verweigern sie dagegen die Genehmigung, wird der Vertrag endgültig unwirksam. Wenn allerdings der Minderjährige während der Schwebezeit das 18. Lebensjahr vollendet, kann er den Vertrag selbst genehmigen (§ 108 Abs. 3 BGB).

53. Gemäß § 108 Abs. 2 BGB kann er den gesetzlichen Vertreter zur Erklärung über die Genehmigung auffordern. Dann kann der Vertreter die Genehmigung nur noch ihm gegenüber erklären oder verweigern; eine vorherige Genehmigung oder Verweigerung gegenüber dem Minderjährigen verliert ihre Wirkung (§ 108 Abs. 2 Satz 1 BGB). Außerdem läuft eine Zwei-Wochen-Frist für die Genehmigung, bei deren fruchtlosem Ablauf die Genehmigung als verweigert gilt (§ 108 Abs. 2 Satz 2 BGB).

Alternativ kann der Vertragspartner gegenüber dem Minderjährigen oder seinem Vertreter den Widerruf erklären, um seine Bindung zu beenden (§ 109 Abs. 1 BGB). Dann muss er allerdings gutgläubig i. S. von § 109 Abs. 2 BGB sein.

54. Fehlt die Einwilligung, ist das Rechtsgeschäft (z. B. eine Kündigung) unwirksam (§ 111 Satz 1 BGB). Selbst bei vorhandener Einwilligung ist das Rechtsgeschäft unwirksam, wenn der Minderjährige die Einwilligung nicht in schriftlicher Form vorlegt und der schutzwürdige Erklärungsgegner (§ 111 Satz 3 BGB) das Geschäft deshalb unverzüglich zurückweist (§ 111 Satz 2 BGB).

55. Von partieller Geschäftsfähigkeit spricht man, wenn einem Minderjährigen für einen bestimmten Kreis von Rechtsgeschäften die volle Geschäftsfähigkeit zugesprochen wird. In Bezug auf alle anderen Rechtsgeschäfte bleibt es bei der beschränkten Geschäftsfähigkeit. Die §§ 112 und 113 BGB regeln zwei Fälle der partiellen Geschäftsfähigkeit Minderjähriger. Dabei handelt es sich um den selbständigen Betrieb eines Erwerbsgeschäfts (§ 112 BGB) und

um die Rechtsgeschäfte im Zusammenhang mit der Eingehung oder Aufhebung eines Dienst- oder Arbeitsverhältnisses (§ 113 BGB).

56. Unter der Deliktsfähigkeit versteht man die Fähigkeit, für Schaden stiftende Ereignisse verantwortlich gemacht zu werden. Da sie eine Voraussetzung des Verschuldens ist, das seinerseits eine Tatbestandsvoraussetzung der verschuldensabhängigen Schadensersatzansprüche der §§ 823 ff. BGB ist, wird die Deliktsfähigkeit auch als Verschuldensfähigkeit bezeichnet.

57. Die Deliktsfähigkeit wird in den §§ 827, 828 BGB geregelt. Außerdem sieht § 829 BGB bei fehlender Deliktsfähigkeit ausnahmsweise eine Ersatzpflicht aus Billigkeitsgründen vor.

58. Ähnlich wie bei der Geschäftsfähigkeit geht das Gesetz vom Regelfall der vollen Deliktsfähigkeit aus und regelt ausdrücklich nur die Ausnahmefälle der fehlenden oder beschränkten Deliktsfähigkeit. Danach sind auch hier grundsätzlich drei Fälle zu unterscheiden: die Deliktsunfähigkeit (§§ 827, 828 Abs. 1 und 2 BGB), die beschränkte Deliktsfähigkeit (§ 828 Abs. 3 BGB) und die volle Deliktsfähigkeit (ohne ausdrückliche Regelung).

59. Deliktsunfähig sind zunächst Minderjährige bis zur Vollendung des siebenten Lebensjahres (§ 828 Abs. 1 BGB); diese Regelung entspricht § 104 Nr. 1 BGB. Deliktsunfähig sind ferner Minderjährige, die das siebente, aber nicht das zehnte Lebensjahr vollendet haben, bei Unfällen im Straßen-, Schienen- und Schwebebahnverkehr, sofern sie nicht vorsätzlich gehandelt haben (§ 828 Abs. 2 BGB). Schließlich sind solche Personen deliktsunfähig, die im Zustand der Bewusstlosigkeit (z. B. Volltrunkenheit) oder in einem die freie Willensbetätigung ausschließenden Zustand krankhafter Störung der Geistestätigkeit gehandelt haben (§ 827 Satz 1 BGB; vgl. die ähnliche Regelung in den §§ 104 Nr. 2, 105 Abs. 2 BGB). Die letztgenannten Personen haften aber nach Fahrlässigkeitsmaßstäben, wenn sie sich schuldhaft vorübergehend durch geistige Getränke oder ähnliche Mittel (z. B. Drogen) in einen derartigen Zustand versetzt haben (§ 827 Satz 2 BGB).

60. Beschränkt deliktsfähig sind Minderjährige, die das siebente, aber nicht das 18. Lebensjahr vollendet haben. Ihre Verschuldensfähigkeit hängt davon ab, ob sie bei Begehung der Tat die zur Erkenntnis der Verantwortlichkeit erforderliche Einsicht hatten (§ 828 Abs. 3 BGB). Das ist stets für den konkreten Einzelfall zu prüfen.

61. Im BGB finden sich der eingetragene Verein („e. V.") als Prototyp der rechtsfähigen Personenvereinigung (§§ 21 ff. BGB) und die Stiftung als die Verselbständigung eines Zweckvermögens, also einer Vermögensmasse, die einem bestimmten, festgelegten Zweck dienen soll (§§ 80 ff. BGB). Besondere Bedeutung haben juristische Personen im Handelsrecht, zu denen vor allem die Kapitalgesellschaften wie die Gesellschaft mit beschränkter Haftung (GmbH) und die Aktiengesellschaft (AG) sowie die eingetragene Genossenschaft (e. G.) gehören.

62. Da eine juristische Person ein bloßes Gedankengebilde (eine „Kunstschöpfung") ist, kann sie nicht selbst handeln. Stattdessen tätigen die Organe einer juristischen Person als ihre gesetzlichen Vertreter die Rechtsgeschäfte für sie. Diese Organe sind beispielsweise beim eingetragenen Verein der Vorstand (§ 26 Abs. 2 Satz 1 BGB), bei der GmbH der oder die Geschäftsführer (§ 35 Abs. 1 GmbHG) und bei der AG der Vorstand (§ 78 Abs. 1 AktG).

63. Als bloßes Gedankengebilde kann eine juristische Person auch nicht deliktsfähig sein. Im Wege der sog. Organhaftung werden ihr jedoch gem. § 31 BGB die deliktischen Handlungen

ihrer satzungsmäßigen Organe unmittelbar zugerechnet. Darüber hinaus können die handelnden Personen zusätzlich selbst aus Delikt haften.

64. Im BGB finden sich vor allem der nichtrechtsfähige Verein (§ 54 BGB) und die Gesellschaft bürgerlichen Rechts (GbR) oder auch BGB-Gesellschaft (§§ 705 ff. BGB). Dieser Gesellschaft kommt nach der BGH-Rechtsprechung allerdings eine eingeschränkte Rechtsfähigkeit zu, sofern sie als Außengesellschaft auftritt. Besondere Bedeutung haben die Personengesellschaften des Handelsrechts, bei denen es sich um Sonderformen der BGB-Gesellschaft handelt. Dazu gehören die offene Handelsgesellschaft (OHG; §§ 105 ff. HGB) und die Kommanditgesellschaft (KG; §§ 161 ff. HGB).

65. Ein Rechtsobjekt ist jedes Gut, auf das sich die rechtliche Herrschaftsmacht des Rechtssubjekts erstrecken kann.

66. Die Legaldefinition findet sich in § 90 BGB. Danach sind Sachen i. S. des BGB nur körperliche Gegenstände.

67. Nein, der Körper eines Menschen kann keine Sache sein, weil eine Beherrschbarkeit durch eine andere Person ihn entgegen der Menschenwürde zum bloßen Objekt degradieren würde (vgl. Art. 1 GG). Etwas anderes kann für abgetrennte Körperteile gelten, wenn sie für den wirtschaftlichen Verkehr bestimmt sind, beispielsweise bei langen Haaren, die zur Anfertigung einer Echthaar-Perücke abgeschnitten werden.

68. Unbewegliche Sachen sind die Grundstücke (vgl. §§ 94 ff. BGB). Sondervorschriften stellen ihnen einige Grundstücksrechte wie das Wohnungseigentum oder das Erbbaurecht gleich. Bewegliche Sachen sind dem gegenüber alle körperlichen Gegenstände, die keine Grundstücke sind.

69. Da der Pkw eine bewegliche Sache ist, wird er gem. § 929 Satz 1 BGB durch Einigung über den Eigentumsübergang und durch Übergabe übereignet (vgl. zur Ersetzung der Übergabe durch andere Formen §§ 929 Satz 2, 930 und 931 BGB). Das Weidegrundstück wird hingegen gem. §§ 873 Abs. 1, 925 BGB durch die als Auflassung bezeichnete Einigung über den Eigentumsübergang und durch Eintragung in das Grundbuch übereignet.

70. Einerseits regelt § 90a Satz 1 BGB ausdrücklich, dass Tiere keine Sachen sind. Andererseits sind die für Sachen geltenden Vorschriften grundsätzlich entsprechend anzuwenden (§ 90a Satz 3 BGB). Man spricht deshalb von Sachen eigener Art oder Sachen *sui generis*.

Kapitel 2: Das Rechtsgeschäft

ANTWORTEN

1. Unter einem Rechtsgeschäft versteht man einen Tatbestand, der aus mindestens einer Willenserklärung sowie oft aus weiteren Elementen besteht und an den die Rechtsordnung den Eintritt des gewollten rechtlichen Erfolgs knüpft. Eine Willenserklärung ist eine nach außen gerichtete, private Erklärung, die auf die Herbeiführung von Rechtsfolgen gerichtet ist. Etwas

kürzer wird die Willenserklärung auch definiert als eine private Willensäußerung, die auf die Erzielung einer Rechtsfolge gerichtet ist.

Das Rechtsgeschäft ist demnach der Oberbegriff, weil es mindestens eine Willenserklärung voraussetzt. Es kann bestehen aus nur einer Willenserklärung (z. B. Anfechtung, Kündigung, Testament), aus mehreren Willenserklärungen (vor allem zwei- oder mehrseitiger Vertrag) oder aus Willenserklärung und tatsächlichen Elementen (z. B. Übereignung einer beweglichen Sache gem. § 929 Satz 1 BGB: Einigung über den Eigentumsübergang als Vertrag und Übergabe der Sache als tatsächliches Element).

2. Eine Willenserklärung besteht aus zwei Elementen, dem inneren Willen und der Erklärung dieses Willens nach außen hin. Wille und Erklärung bilden als Willensäußerung eine Einheit.

3. Ein Realakt ist eine rein tatsächliche menschliche Handlung, an welche die Rechtsordnung unabhängig vom Willen des Handelnden bestimmte Rechtsfolgen knüpft. Der wesentliche Unterschied zur Willenserklärung besteht darin, dass die Rechtsfolgen hier unabhängig vom Willen des Handelnden eintreten.

   Eine geschäftsähnliche Handlung ist eine bewusste Willenskundgabe, an die das Gesetz unmittelbar und stets Rechtsfolgen knüpft, und zwar unabhängig davon, ob der Handelnde diese Rechtsfolgen gewollt hat. Anders als bei der Willenserklärung treten die Rechtsfolgen also auch hier unabhängig vom Willen des Handelnden ein. Da die geschäftsähnlichen Handlungen aber eine bewusste Kundgabe eines Willens enthalten, stehen sie den Willenserklärungen so nahe, dass die Vorschriften über Rechtsgeschäfte analoge Anwendung finden, soweit das ihr Sinn und Zweck erfordern. Danach setzt beispielsweise eine wirksame Mahnung in analoger Anwendung des § 130 Abs. 1 BGB den Zugang beim Schuldner voraus.

4. Der innere Wille wird herkömmlicherweise in die drei Unterelemente Handlungswille, Erklärungsbewusstsein und Geschäftswille aufgegliedert. Der Handlungswille meint das Bewusstsein, überhaupt zu handeln; er fehlt bei unbewussten Handlungen und unmittelbarem körperlichem Zwang, der sog. vis absoluta. Unter dem Erklärungsbewusstsein oder dem Erklärungswillen versteht man das Bewusstsein, rechtsgeschäftlich zu handeln. Dieser Wille bezieht sich speziell darauf, dass das gewollte Handeln rechtserheblich, nämlich auf die Erzielung von Rechtsfolgen gerichtet ist. Der Geschäftswille, auch Rechtsfolgewille genannt, bezeichnet schließlich den Willen, eine ganz bestimmte Rechtsfolge herbeizuführen. Im Unterschied zum Erklärungsbewusstsein zielt er nicht bloß darauf, überhaupt irgendeine Rechtsfolge auszulösen, sondern er bezieht sich auf die Herbeiführung eines ganz bestimmten, konkreten rechtlichen Erfolgs.

5. Fehlte dem Erklärenden der Handlungswille, liegt gar keine Willenserklärung vor. Das ist etwa der Fall, wenn der geldgierige Erbe seiner körperlich schwachen Erbtante bei der Abfassung des Testaments, in dem sie ihn zum Alleinerben einsetzt, die Hand führt (vis absoluta).

   Fehlte ihm das Erklärungsbewusstsein, kommt es darauf an, ob der Handelnde bei Anwendung der im Verkehr erforderlichen Sorgfalt hätte erkennen und vermeiden können, dass seine Äußerung nach Treu und Glauben und der Verkehrssitte als Willenserklärung aufgefasst werden durfte, und ob der Empfänger sie auch tatsächlich so verstanden hat. Danach liegt regelmäßig zunächst eine wirksame Willenserklärung vor, die der Handelnde dann durch eine Anfechtung wieder beseitigen kann. Eine ohne Erklärungsbewusstsein abgegebene Willenserklärung wird in solchen Fällen also wie eine anfechtbare Willenserklärung behandelt.

Das Schulbeispiel ist der sog. Trierer Weinversteigerungsfall. Dort betritt ein Ortsfremder ein Lokal, in dem eine Weinversteigerung stattfindet, und winkt dort seinem Bekannten zu, ohne zu wissen, dass das Heben der Hand die Abgabe eines um 50 € höheren Gebotes bedeutet. Da diese Bedeutung ortsüblich ist, hat der Ortsfremde den Wein ersteigert, kann die Erklärung aber wegen eines Erklärungsirrtums gem. § 119 Abs. 1, 2. Fall BGB anfechten, weil er keine Willenserklärung dieses Inhalts abgeben wollte.

Fehlte dem Erklärenden der Geschäftswille, hat er eine wirksame Willenserklärung abgegeben. Da sie aber nicht mit dem Geschäftswillen des Handelnden übereinstimmt, kann er sie nach den Vorschriften der §§ 119 ff. BGB anfechten und so gem. § 142 Abs. 1 BGB rückwirkend beseitigen. Ein solcher Fall liegt z. B. vor, wenn der Verkäufer sich bei seinem Angebot verschreibt, vertippt oder verspricht und der Kaufvertrag durch die Annahme des Käufers deshalb zu einem niedrigeren als dem gewollten Kaufpreis zustande kommt.

6. Unter einer konkludenten Willenserklärung versteht man ein Verhalten, das unmittelbar einen anderen Zweck verfolgt, mittelbar aber einen bestimmten Geschäftswillen zum Ausdruck bringt. Ob es sich um eine Willenserklärung handelt und welchen Inhalt sie hat, ist durch Auslegung zu bestimmen. Man spricht auch von schlüssigen oder stillschweigenden Willenserklärungen.

7. Nein, das bloße Nichtstun oder Schweigen ist grundsätzlich keine Willenserklärung. Wer nichts tut und wer nichts sagt, der erklärt auch nichts. Allerdings kann dem Schweigen unter bestimmten Voraussetzungen ausnahmsweise die Bedeutung einer schlüssigen Willenserklärung zukommen. Diese Ausnahmen müssen gesetzlich angeordnet oder von den Parteien vereinbart sein, oder der Schweigende muss ausnahmsweise nach Treu und Glauben zur Erklärung verpflichtet sein.

8. Sendet ein Unternehmer (§ 14 BGB) einem Verbraucher (§ 13 BGB) unbestellte Waren zu, bestätigt § 241a BGB zunächst, dass durch Schweigen auf die Lieferung unbestellter Sachen hin kein Vertrag zustande kommt. Darüber hinaus regelt § 241a Abs. 1 BGB, dass ein Anspruch gegen den Verbraucher nicht begründet wird. Demnach hat der Unternehmer in diesen Fällen nicht einmal einen gesetzlichen Anspruch gegen den Verbraucher auf die Rückgabe der Sache. Der Empfänger darf die Sache also behalten, ohne sie bezahlen zu müssen.

9. Widerspricht ein Kaufmann der schriftlichen Bestätigung eines Vertragsschlusses nicht unverzüglich, wenn es vom mündlich Vereinbarten abweicht, muss er den Inhalt des Schreibens gegen sich gelten lassen. Sein Schweigen gilt als Zustimmung zum Inhalt des Schreibens. Dazu müssen die folgenden Voraussetzungen erfüllt sein:

    ► Der Empfänger des Schreibens muss Kaufmann sein.

    ► Der Absender muss Kaufmann sein oder in größerem Umfang am Geschäftsverkehr teilnehmen.

    ► Dem Schreiben müssen Vertragsverhandlungen vorausgegangen sein, die mit Unsicherheiten belastet sind.

    ► Das Schreiben muss unmittelbar nach den Verhandlungen abgeschickt werden.

    ► Das Schreiben muss den früheren Vertragsschluss unter Wiedergabe des Vertragsinhalts bestätigen.

▶ Der Absender muss redlich sein und glauben, dass der Inhalt des Schreibens der Vereinbarung entspricht oder nur solche Abweichungen enthält, die der Empfänger vermutlich billigt.

▶ Der Empfänger darf nicht unverzüglich widersprochen haben.

10. Ein Verpflichtungsgeschäft ist ein Rechtsgeschäft, durch das die Verpflichtung zu einer Leistung begründet wird. Es verschafft dem Begünstigten einen Anspruch, also gem. § 194 Abs. 1 BGB das Recht, von einem anderen ein Tun oder Unterlassen zu verlangen. Die Erfüllung dieses Anspruchs, die Leistung (vgl. § 362 Abs. 1 BGB), bewirkt das Verpflichtungsgeschäft gerade noch nicht.

Ein Verfügungsgeschäft ist ein Rechtsgeschäft, durch das ein Recht unmittelbar (also ohne weitere Durchführungsgeschäfte) übertragen, belastet, inhaltlich geändert oder aufgehoben wird. Im Gegensatz zum Verpflichtungsgeschäft gestaltet es unmittelbar die Rechtslage.

11. Der Trennungsgrundsatz besagt, dass zwischen dem Verpflichtungs- und dem Verfügungsgeschäft getrennt werden muss und dass es sich um zwei verschiedene Rechtsgeschäfte handelt. Der Abstraktionsgrundsatz baut auf dem Trennungsgrundsatz auf. Danach sind die Wirksamkeit des (kausalen) Verpflichtungsgeschäfts und diejenige des (abstrakten) Verfügungsgeschäfts grundsätzlich voneinander unabhängig zu beurteilen. Die Unwirksamkeit des Verpflichtungsgeschäfts führt als solche ebenso wenig zur Unwirksamkeit des Verfügungsgeschäfts wie umgekehrt. Deshalb muss die Wirksamkeit beider Geschäfte jeweils getrennt geprüft werden.

Verkauft beispielsweise Verkäufer V dem Käufer K sein gebrauchtes Notebook zum Preis von 500 €, begründet der Kaufvertrag die beiderseitigen Pflichten. V hat gem. § 433 Abs. 1 Satz 1 BGB die Pflicht, K das Notebook zu übergeben und zu übereignen. K hat gem. § 433 Abs. 2 BGB die Pflicht, V den Kaufpreis von 500 € zu zahlen. Das ist das Verpflichtungsgeschäft.

Diese beiden gegenseitigen Pflichten werden durch zwei Verfügungsgeschäfte erfüllt. V erfüllt seine Pflicht zur Lieferung des Notebooks durch eine Übereignung gem. § 929 Satz 1 BGB, also durch die Einigung mit K, dass das Eigentum am Notebook auf K übergehen soll, und durch die Übertragung des Besitzes, nämlich der tatsächlichen Sachherrschaft (§ 854 Abs. 1 BGB), auf K. Im Gegenzug erfüllt K seine Zahlungspflicht durch die Übereignung eines 500 €-Scheins gem. § 929 Satz 1 BGB.

Die Wirksamkeit aller drei Geschäfte ist voneinander unabhängig. Ist der Kaufvertrag unwirksam, z. B. wegen einer Anfechtung gem. § 142 Abs. 1 BGB, können die Verfügungen (Übereignung des Notebooks und des Geldes) über die Leistungskondiktion gem. § 812 Abs. 1 Satz 1, 1. Fall BGB rückabgewickelt werden, weil der jeweilige Rechtsgrund fehlt, nämlich die Verpflichtungen aus § 433 Abs. 1 Satz 1 und Abs. 2 BGB. Ist eines der Verfügungsgeschäfte unwirksam, behält der jeweilige Gläubiger seinen Anspruch auf Lieferung der Sache aus § 433 Abs. 1 Satz 1 oder auf Zahlung des Kaufpreises aus § 433 Abs. 2 BGB, weil er noch nicht gem. § 362 Abs. 1 BGB erfüllt worden ist.

12. Ein Vertrag ist ein Rechtsgeschäft, das aus inhaltlich übereinstimmenden, mit Bezug aufeinander abgegebenen Willenserklärungen von mindestens zwei Personen besteht. Diese Willenserklärungen sind das Vertragsangebot (der Antrag) und die Annahme.

13. Zunächst lassen sich schuldrechtliche Verträge und Verträge aus anderen Rechtsgebieten unterscheiden. Der schuldrechtliche Vertrag ist das zentrale Mittel, um gem. § 311 Abs. 1 BGB Schuldverhältnisse zu begründen und zu ändern. Seltener sind Verträge aus anderen Rechtsgebieten wie dem Sachenrecht (dingliche Verträge, z. B. das Einigsein bei der Übereignung gem. §§ 873 Abs. 1, 925 und 929 Satz 1 BGB), dem Familienrecht (z. B. Ehevertrag) und dem Erbrecht (z. B. Erbvertrag).

Eine weitere Unterscheidung lässt sich aus der Art der aus dem Vertrag resultierenden Pflichten gewinnen. In einem einseitig verpflichtenden Vertrag verpflichtet sich nur ein Vertragspartner zu einer Leistung. Der andere Vertragspartner wird aus dem Vertrag lediglich berechtigt, ohne seinerseits eine Verpflichtung zu übernehmen. Bei einem unvollkommen zweiseitig verpflichtenden Vertrag trägt eine Partei die Hauptlast des Vertrags. Ihre Verpflichtung bestimmt den maßgeblichen Vertragsinhalt. Für die andere Vertragspartei begründet ein solcher Vertrag nicht von vornherein, sondern erst unter bestimmten Voraussetzungen ebenfalls eine Verpflichtung. Die wichtigsten Verträge sind die gegenseitigen oder vollkommen zweiseitig verpflichtenden Verträge. In einem gegenseitigen Vertrag begründen beide Partner Leistungspflichten, die rechtlich gleichwertig sind und gegenseitig voneinander abhängen.

14. Das Besondere an einem gegenseitigen Vertrag ist die Verknüpfung der Hauptleistungspflichten. Dieses Gegenseitigkeitsverhältnis der Hauptleistungen bezeichnet man mit dem lateinischen Begriff des „do ut des": ich gebe, damit du gibst. Eine andere, aus dem Griechischen stammende Bezeichnung ist das Synallagma; man spricht von der synallagmatischen Verknüpfung von Leistung und Gegenleistung. Nur für solche gegenseitigen Pflichten gelten im Recht der Leistungsstörungen die Sondervorschriften der §§ 320 ff. BGB.

15. Aus § 130 Abs. 1 BGB ist zu entnehmen, dass zwischen der Abgabe und dem Zugang einer Willenserklärung zu differenzieren ist. Deshalb müssen die folgenden drei Fallgestaltungen unterschieden werden: das Wirksamwerden nicht empfangsbedürftiger Willenserklärungen, das Wirksamwerden empfangsbedürftiger Willenserklärungen unter Abwesenden und das Wirksamwerden empfangsbedürftiger Willenserklärungen unter Anwesenden.

16. Nicht empfangsbedürftige Willenserklärungen sind Ausnahmefälle, weil sie nicht an eine Person gerichtet sind. Sie werden mit ihrer Abgabe wirksam, weil es keinen Empfänger gibt, dessen Interessen berücksichtigt werden müssen. Hier genügt die Vollendung der Willenserklärung. Hauptbeispiel ist das Testament. Das eigenhändige Testament wird wirksam, sobald der Erblasser es verfasst und unterschrieben hat (vgl. § 2247 BGB).

17. Empfangsbedürftige Willenserklärungen sind der Regelfall, weil sie einem anderen gegenüber abzugeben sind (vgl. § 130 Abs. 1 Satz 1 BGB). Sie haben einen bestimmten Adressaten. Deshalb genügt nicht bloß ihre Vollendung, sondern sie müssen in Richtung des Empfängers abgegeben (entäußert) werden, und sie müssen dem Empfänger auch gem. § 130 Abs. 1 Satz 1 BGB zugehen. Hinsichtlich des Zugangs muss danach unterschieden werden, ob der Empfänger an- oder abwesend ist. Beispiele für empfangsbedürftige Willenserklärungen sind etwa Angebot und Annahme, aber auch Anfechtungs- oder Kündigungserklärung.

18. Eine Willenserklärung geht einem Abwesenden dann zu, wenn sie so in den Machtbereich des Empfängers gelangt ist, dass dieser Kenntnis nehmen kann und dass unter normalen Umständen mit der Kenntnisnahme zu rechnen ist. In räumlicher Hinsicht muss die Erklä-

rung also in den Machtbereich des Empfängers gelangt sein, z. B. durch Einwurf des Briefes in seinen Hausbriefkasten. Und in zeitlicher Hinsicht kommt es darauf an, wann der Empfänger unter normalen Umständen von der Erklärung Kenntnis nimmt, wann er also z. B. regelmäßig seinen Postkasten leert.

19. Ein Einschreiben geht dem Empfänger nicht bereits zu, wenn der Postbote den Benachrichtigungszettel über die Niederlegung in den Hausbriefkasten einwirft. Da die Benachrichtigung nichts über den Inhalt des Schreibens aussagt, geht dieses erst zu, wenn der Empfänger es bei der Post abholt. Etwas anderes gilt für amtliche Zustellungen i. S. des § 132 BGB.

20. Handelt es sich um eine verkörperte Willenserklärung, also z. B. einen Brief oder ein Schreiben, geht die Willenserklärung dem Empfänger regelmäßig mit der Aushändigung zu. Eine mündliche, nicht verkörperte Willenserklärung geht dem Empfänger nach der sog. „Wahrnehmungstheorie" oder „Vernehmungstheorie" dagegen regelmäßig dann zu, wenn der Empfänger sie wahrgenommen hat.

21. Nein, eine unberechtigte Zugangsvereitelung oder Zugangsverzögerung geht zu Lasten des Empfängers. Das folgt aus dem Gedanken des § 162 Abs. 1 BGB.

22. Mit dem Zugang wird die Willenserklärung wirksam und damit für den Erklärenden bindend. Das Wirksamwerden und die Bindungswirkung können verhindert werden, indem die Erklärung vor ihrem Zugang oder gleichzeitig widerrufen wird (§ 130 Abs. 1 Satz 2 BGB). Möglich ist auch ein Ausschluss in der Erklärung selbst, z. B. durch die Klausel „Angebot freibleibend".

23. Nach dem BGB gilt der Grundsatz der Formfreiheit. Dem zufolge muss eine Form nur dann eingehalten werden, wenn eine gesetzliche Vorschrift dies besonders anordnet.

24. ► § 311b Abs. 1 Satz 1 BGB (notarielle Beurkundung des Grundstückskaufvertrags),
    ► § 518 Abs. 1 Satz 1 BGB (notarielle Beurkundung des Schenkungsversprechens beim Schenkungsvertrag),
    ► § 623 BGB (Schriftform der Kündigung des Arbeitsverhältnisses und des arbeitsrechtlichen Aufhebungsvertrags),
    ► § 766 Satz 1 BGB (Schriftform der Bürgschaftserklärung).

25. Sie haben meistens eine Beweisfunktion, indem das Rechtsgeschäft schriftlich oder in einer anderen Form verkörpert werden muss. Außerdem kann die Form den Zweck haben, die Beteiligten davor zu schützen, dass sie wichtige Rechtsgeschäfte unüberlegt und übereilt abschließen (Warnfunktion). Letztlich kann eine Formvorschrift den Sinn haben, dass die Parteien beim Abschluss eines Vertrags über dessen rechtliche Folgen beraten werden (Beratungsfunktion); das gilt insbesondere für die notarielle Beurkundung.

26. Es gibt die gesetzliche Schriftform (§ 126 BGB), die elektronische Form (§ 126a BGB), die Textform (§ 126b BGB), die öffentliche Beglaubigung (§ 129 BGB) und die notarielle Beurkundung (§ 128 BGB).

27. Da § 126 BGB nicht nur die Erstellung einer Urkunde, sondern auch die eigenhändige Unterschrift als Abschluss dieser Urkunde voraussetzt, genügt ein Telefax nicht der gesetzlichen Schriftform. Der Empfänger erhält lediglich eine Kopie der Unterschrift des Absenders.

28. Nach § 125 Satz 1 BGB ist ein ohne die Einhaltung der gesetzlich vorgeschriebenen Form abgeschlossenes Rechtsgeschäft nichtig. Einige Vorschriften sehen allerdings eine Heilung des

Formmangels vor. Die wichtigsten Beispiele sind die Heilung durch Erfüllung bei einem Grundstückskaufvertrag gem. § 311b Abs. 1 Satz 2 BGB, einer Schenkung gem. § 518 Abs. 2 BGB und einem Bürgschaftsversprechen gem. § 766 Satz 2 BGB.

29. Nach § 134 BGB ist ein Rechtsgeschäft, das gegen ein gesetzliches Verbot verstößt, nichtig, wenn sich aus dem Gesetz nichts anderes ergibt. Deshalb ist im ersten Schritt zu prüfen, ob ein Verbotsgesetz vorliegt; solche Rechtsnormen finden sich häufig im Strafrecht. Im zweiten Schritt ist zu untersuchen, was das Verbotsgesetz verhindern will und welche Rechtsfolge demnach der Gesetzesverstoß hat. Danach führt ein Verstoß gegen bloße Ordnungsvorschriften nicht zur Nichtigkeit. Der Verstoß gegen ein inhaltliches Verbot hat regelmäßig nur dann die Nichtigkeit zur Folge, wenn beiden Parteien ein Verstoß zur Last gelegt werden kann.

30. Nach der Rechtsprechung sind die guten Sitten dasjenige, was dem „Rechts- und Anstandsgefühl aller billig und gerecht Denkenden" entspricht.

31. Gewinnspiele nach dem Schneeballprinzip, weil sie darauf ausgelegt sind, dass die überwiegende Anzahl der Teilnehmer ihren Einsatz verliert;

„Leihmutterverträge", weil die Zeugung und die Austragung eines Kindes zum Gegenstand eines Rechtsgeschäfts gemacht und damit das Kind zur Handelsware degradiert wird;

Kaufverträge über Radarwarngeräte zur Verwendung im Geltungsbereich der StVO, weil sie dem ordnungswidrigen Unterlaufen von Geschwindigkeitskontrollen dienen und Geschwindigkeitsübertretungen mit den damit verbundenen Gefahren für Leib und Leben Dritter begünstigen.

32. Bei Ratenkreditgeschäften kommt ein auffälliges Missverhältnis in Betracht, wenn der Vertragszins rund 100 % über dem Marktzins liegt. Die objektive Grenze zur Sittenwidrigkeit und zum Wucher liegt hier also etwa beim Doppelten des marktüblichen Zinses. Maßgeblich ist grundsätzlich der bei Abschluss des Kreditvertrags übliche Zins. Eine ähnliche Richtwertfunktion hat ein absoluter Zinsunterschied von Marktzins und Vertragszins, wenn die Differenz zwölf Prozentpunkte beträgt.

33. § 139 BGB stellt die allgemeine Auslegungsregel auf, dass die Teilnichtigkeit eines Rechtsgeschäfts im Zweifel das gesamte Geschäft erfasst. Ist dagegen eine Allgemeine Geschäftsbedingung unwirksam, bleibt der Vertrag nach der entgegengesetzten Auslegungsregel des § 306 Abs. 1 BGB grundsätzlich wirksam.

34. Eine Umdeutung gem. § 140 BGB kommt in Betracht, wenn das nichtige Rechtsgeschäft als kleineren Teil, als „Minus", ein weniger weitreichendes, wirksames Ersatzgeschäft enthält. Hat der Arbeitgeber seinem Arbeitnehmer fristlos (außerordentlich) gem. § 626 BGB gekündigt und ist die Kündigung unwirksam, weil sie erst nach fünfzehn Tagen zugeht (vgl. § 626 Abs. 2 BGB) oder der Kündigungsgrund nicht schwer genug wiegt, kann sie regelmäßig in eine wirksame ordentliche (fristgerechte) Kündigung umgedeutet werden.

35. Eine Bedingung ist ein zukünftiges, ungewisses Ereignis, von dem die Wirksamkeit des Rechtsgeschäfts abhängig gemacht wird. Es ist sowohl ungewiss, ob das Ereignis überhaupt eintreten wird, und wenn ja, wann es eintreten wird. Geregelt ist die Bedingung in den §§ 158 ff. BGB. Danach handelt es sich gem. § 158 Abs. 1 BGB um eine aufschiebende Bedingung oder Suspensivbedingung, wenn die von der Bedingung abhängig gemachte Wirkung

des Rechtsgeschäfts mit dem Eintritt der Bedingung eintritt. Die in § 158 Abs. 2 BGB geregelte auflösende Bedingung oder Resolutivbedingung hat die entgegengesetzte Wirkung. Mit ihrem Eintritt endet die Wirkung des bedingten Rechtsgeschäfts, und der frühere Zustand tritt wieder ein.

36. Der in § 449 BGB geregelte Kauf unter Eigentumsvorbehalt ist ein praktisch besonders bedeutsamer Anwendungsfall der aufschiebenden Bedingung. Danach ist einerseits der Kaufvertrag über die bewegliche Sache (§ 433 BGB) unbedingt wirksam. Andererseits steht die nach § 929 Satz 1 BGB erforderliche Einigung des Veräußerers und des Erwerbers, dass das Eigentum an der verkauften Sache auf den Käufer übergehen soll, unter der aufschiebenden Bedingung der Zahlung des Kaufpreises. Der Käufer wird also erst mit der Zahlung des vollständigen Kaufpreises (der letzten Kaufpreisrate) Eigentümer der gekauften Sache.

37. Beim Kauf unter Eigentumsvorbehalt bleibt der Verkäufer bis zur Zahlung der letzten Kaufpreisrate Eigentümer der beweglichen Sache. Er kann also über die Sache als Berechtigter weiter verfügen und sie z. B. einem Dritten übereignen. Eine solche Übereignung an einen Dritten wird dem Vorbehaltskäufer gem. § 161 Abs. 1 BGB gegenüber unwirksam, sobald er die letzte Rate zahlt. Wegen dieser Sicherung spricht man von einem Anwartschaftsrecht auf den Erwerb des Eigentums.

38. Ein Rechtsgeschäft kann gem. § 163 BGB durch einen Anfangs- oder durch einen Endtermin befristet werden. Dabei handelt es sich um ein zukünftiges, gewisses Ereignis. Der Anfangstermin ähnelt der aufschiebenden Bedingung, und der Endtermin der auflösenden Bedingung.

39. Die Auslegung hat das Ziel, den hinter der Erklärung stehenden Willen des Erklärenden zu ermitteln. Darüber hinaus ist die Auslegung maßgebend für die Beurteilung der Frage, ob überhaupt eine Willenserklärung oder bloß eine rechtlich unerhebliche Äußerung vorliegt. Ziel der Auslegung ist somit die Ermittlung des Vorhandenseins und des Inhalts einer Willenserklärung.

40. Von natürlicher Auslegung spricht man, wenn nur der wirkliche („natürliche") Wille des Erklärenden zählt. Sie berücksichtigt ausschließlich die Interessen des Erklärenden und kommt daher nur in Betracht, wenn ein Erklärungsempfänger fehlt oder wenn er nicht schutzbedürftig oder schutzwürdig ist.

41. Dieser Satz bedeutet übersetzt, dass ein Falschbezeichnung nicht schadet. Hat der Erklärungsempfänger den wirklichen Willen des Erklärenden tatsächlich erkannt, gilt allein der wirkliche Wille des Erklärenden, und zwar unabhängig davon, welche Bedeutung die vom Erklärenden verwendeten Worte nach dem allgemeinen Sprachgebrauch haben (z. B. Hai- statt Walfleisch im „Haakjöringsköd"-Fall).

42. Bei der normativen Auslegung kommt es nicht auf den wirklichen Willen des Erklärenden, sondern auf das objektiv Erklärte an. Der Erklärende muss sich von Rechts wegen (= normativ) nicht den subjektiv gewollten, sondern den objektiv zu verstehenden Inhalt seiner Erklärung als seinen erklärten Willen zurechnen lassen. Diese Auslegung erfolgt gem. §§ 133, 157 BGB nach dem objektiven Empfängerhorizont. Maßgeblich ist immer diejenige Bedeutung der Erklärung, welche der Empfänger unter Berücksichtigung aller Umstände des Einzelfalls und unter Heranziehung eventuell vorhandener Verkehrssitten ermittelt hat.

43. Bei der ergänzenden Auslegung geht es nicht um die Ermittlung des Inhalts einer Erklärung oder eines Rechtsgeschäfts, sondern um die Ausfüllung von Lücken. Deshalb besteht der erste Schritt der ergänzenden Auslegung in der Prüfung, ob die Parteien eines Vertrags oder der Erklärende bei einem einseitigen Rechtsgeschäft einen bestimmten Umstand nicht oder in falscher Weise berücksichtigt haben. Liegt eine Lücke vor, ist sie im zweiten Schritt durch eine ergänzende Auslegung zu füllen, die sich am mutmaßlichen Parteiwillen orientiert. Maßstab ist dasjenige, was die Parteien bei Kenntnis der Lücke redlicher- und vernünftigerweise vereinbart hätten.

Kapitel 3: Willensmängel und Anfechtung von Willenserklärungen

1. Das Scheingeschäft oder simulierte Geschäft wird in § 117 BGB geregelt. Nach Abs. 1 ist eine empfangsbedürftige Willenserklärung nichtig, wenn sie mit dem Einverständnis des Erklärungsempfängers nur zum Schein abgegeben worden ist. Verbirgt sich dahinter ein anderes Rechtsgeschäft, das sog. verdeckte oder dissimulierte Geschäft, so finden die für dieses Geschäft geltenden Vorschriften Anwendung (§ 117 Abs. 2 BGB). Der klassische Beispielsfall ist der sog. „Schwarzkauf": Bei einem Grundstücksverkauf einigen sich Eigentümer und Käufer schriftlich auf einen höheren Kaufpreis, geben im notariellen Kaufvertrag aber nur einen niedrigeren Kaufpreis an, um Notarkosten und Grunderwerbsteuern zu sparen. Der notarielle Kaufvertrag (§§ 433, 311b Abs. 1 Satz 1 BGB) ist gem. § 117 Abs. 1 BGB nichtig, weil der niedrigere Kaufpreis nicht gewollt ist. Der verdeckte schriftliche Kaufvertrag ist zwar gewollt, mangels notarieller Beurkundung aber gem. §§ 311b Abs. 1 Satz 1, 125 Satz 1 BGB nichtig. Wirksam werden kann er erst im Wege der sog. Heilung gem. § 311b Abs. 1 Satz 2 BGB, und zwar durch die Eintragung des K als Eigentümer in das Grundbuch (vgl. §§ 873 Abs. 1, 925 BGB).

2. Eine wirksame Anfechtung setzt eine Anfechtungserklärung (§ 143 BGB), einen Anfechtungsgrund (§§ 119, 120, 123 BGB) und die Einhaltung der Anfechtungsfrist (§§ 121, 124 BGB) voraus.

3. Irrtümer im Bereich der Willensbildung, die nur „im Vorfeld" der Willenserklärung liegen, berechtigen grundsätzlich nicht zur Anfechtung. Derartige Motivirrtümer sind grundsätzlich unbeachtlich. Kauft etwa die K im „Büdchen" des B eine Flasche „Killepitsch", weil sie abends bei Freunden eingeladen ist, und fällt das Essen aus, kann sie deswegen nicht den Kaufvertrag mit B anfechten. Der Irrtum der K, das Essen werde stattfinden und sie brauche deshalb den „Killepitsch" als Gastgeschenk, ist ein bloßer Motivirrtum.

4. Zur Anfechtung berechtigen der Inhaltsirrtum (§ 119 Abs. 1, 1. Fall BGB), der Erklärungsirrtum (§ 119 Abs. 1, 2. Fall BGB), der Eigenschaftsirrtum (§ 119 Abs. 2 BGB) und der Übermittlungsfehler (§ 120 BGB) sowie die arglistige Täuschung (§ 123 Abs. 1, 1. Fall BGB) und die widerrechtliche Drohung (§ 123 Abs. 1, 2. Fall BGB).

5. Ein Inhaltsirrtum i. S. von § 119 Abs. 1, 1. Fall BGB liegt vor, wenn der Erklärende zwar das erklärt hat, was er erklären wollte, seiner Erklärung aber eine andere Bedeutung zugemessen hat, als ihr in Wirklichkeit zukommt. Der Erklärende verwendet zwar dasjenige Erklärungszeichen, welches er auch verwenden wollte, misst ihm aber eine andere, falsche Bedeutung bei. Der Irrtum besteht „im Kopf". Solche Inhaltsirrtümer kommen häufig bei Fachbegriffen vor.

   Im Unterschied dazu handelt es sich gem. § 119 Abs. 1, 2. Fall BGB um einen Erklärungsirrtum oder eine „Irrung", wenn der Erklärende ein Erklärungszeichen benutzt, das er gar nicht verwenden wollte. In diesem Zusammenhang wird auch von einem Irrtum in der Erklärungshandlung gesprochen. Der Irrtum erfolgt „durch die Hand". Gemeint sind die klassischen Fälle des Verschreibens, Vertippens oder Versprechens.

6. Ein Irrtum, insbesondere der Inhaltsirrtum, setzt voraus, dass der Erklärung nach dem objektiven Empfängerhorizont eine andere Bedeutung zukommt, als sie ihr der Erklärende subjektiv beigemessen hat. Der Erklärende irrt über die objektive Bedeutung seiner Erklärung. Deshalb hat die Auslegung Vorrang vor der Anfechtung: Sie muss ergeben, dass die Erklärung objektiv anders zu verstehen ist, als sie der Erklärende gemeint hat. Andererseits schadet die objektive Falschbezeichnung nicht, wenn der Empfänger sie richtig verstanden hat („falsa demonstratio non nocet").

7. Nach § 120 BGB kann der Erklärende anfechten, wenn seine Willenserklärung entweder durch eine Übermittlungsperson, z. B. einen Boten oder Dolmetscher, unbewusst unrichtig übermittelt worden ist. Das Gleiche gilt bei der fehlerhaften Übermittlung durch eine Einrichtung der modernen Telekommunikation und des elektronischen Rechtsverkehrs, also z. B. bei der Übermittlung einer Willenserklärung per Telegramm, Telefax, Teletext, SMS oder E-Mail.

8. Ein Motivirrtum berechtigt ausnahmsweise dann zur Anfechtung, wenn es sich um einen Eigenschaftsirrtum i. S. des § 119 Abs. 2 BGB handelt.

9. Zunächst muss es sich um eine Eigenschaft der Sache handeln. Darunter versteht man alle der Sache dauerhaft anhaftenden wertbildenden Faktoren. Dazu gehören zum einen alle Merkmale, die der Sache infolge ihrer natürlichen Beschaffenheit auf Dauer anhaften, wie z. B. Unfallfreiheit, Baujahr, Modelljahr und Laufleistung eines Autos oder Lage und Größe eines Grundstücks. Zum anderen kommen solche tatsächlichen und rechtlichen Verhältnisse des Gegenstands in Betracht, die infolge ihrer Beschaffenheit und Dauer Brauchbarkeit und Wert beeinflussen. Beispiele sind die Bebaubarkeit eines Grundstücks und die Unverbaubarkeit eines Seeblicks. Keine Eigenschaft einer Sache ist dagegen der Wert selbst, weil er ihr nicht unmittelbar und nicht auf Dauer anhaftet, sondern sich aufgrund bestimmter Eigenschaften der Sache bildet und den Schwankungen des Marktes unterliegt.

   Außerdem muss die Eigenschaft verkehrswesentlich sein. Verkehrswesentlich sind die genannten Faktoren, wenn sie nach dem Inhalt des konkreten Rechtsgeschäfts aus der Sicht der Vertragsparteien wichtig sind. Diese Bedeutung lässt sich bei entgeltlichen Geschäften am leichtesten am Preis erkennen.

10. Nach der obigen Definition ist die Eigenschaft einer Person verkehrswesentlich, wenn sie einen spezifischen Bezug zum Inhalt des konkreten Rechtsgeschäfts hat. Danach spielt die Kreditwürdigkeit des Käufers zwar bei einem Kauf auf Abzahlung, nicht aber bei einem Barkauf

eine Rolle. Auf die politische Einstellung einer Person kann es ankommen, wenn sie als Chef-redakteur einer Tageszeitung, nicht aber, wenn sie als Hausmeister eingestellt werden soll.

11. Die Anfechtung nach §119 Abs. 2 BGB ist zum einen dann ausgeschlossen, wenn sie dazu führen würde, dass sich der Erklärende der Übernahme des vertragstypischen Risikos entziehen kann. Deshalb kann z.B. der Bürge die Abgabe seiner Bürgschaftserklärung nicht mit der Begründung anfechten, er habe sich über die Zahlungsfähigkeit des Hauptschuldners geirrt. Es ist gerade der Zweck der Bürgschaftserklärung, dem Bürgen dieses Risiko aufzuerlegen.

Zum anderen kann die Anfechtung nach § 119 Abs. 2 BGB durch Sonderregelungen wie die kaufrechtlichen Gewährleistungsvorschriften der §§ 437 ff. BGB verdrängt werden. Weist die Kaufsache einen Mangel i.S. der §§ 434 oder 435 BGB auf, fehlt ihr damit regelmäßig zugleich eine verkehrswesentliche Eigenschaft. Nach herrschender Auffassung kann der Käufer in einer solchen Situation nur die Gewährleistungsrechte nach den §§ 437 ff. BGB geltend machen, weil das Kaufrecht in § 438 BGB andere Verjährungsfristen vorsieht als § 121 BGB für die Anfechtung, weil der Käufer bei grob fahrlässiger Unkenntnis des Mangels keine Gewährleistung verlangen kann (§ 442 Abs. 1 Satz 2 BGB) und weil die Parteien in den Grenzen des § 444 BGB einen Haftungsausschluss vereinbaren können. Da der Mangel gem. § 434 Abs. 1 Satz 1 BGB bei Gefahrübergang vorliegen muss, gilt der Ausschluss der Anfechtung nach § 119 Abs. 2 BGB grundsätzlich ab diesem Zeitpunkt.

12. Ja, weil eine Erklärung gem. § 119 Abs. 1 a. E. BGB trotz des Irrtums nicht anfechtbar ist („es sei denn"), wenn der Erklärende sie bei Kenntnis der Sachlage (subjektiv erheblich) und bei verständiger Würdigung des Falles (objektiv erheblich) nicht abgegeben haben würde.

13. Zunächst muss die Anfechtungserklärung inhaltlich hinreichend bestimmt sein. Der Anfechtende muss nicht den Begriff der Anfechtung verwenden, sondern es genügt, wenn sich der Wille zur rückwirkenden Vernichtung der Willenserklärung (vgl. § 142 Abs. 1 BGB) wegen eines Irrtums im Wege der Auslegung gem. §§ 133, 157 BGB aus der Erklärung ergibt.

Da die Anfechtungserklärung gem. § 142 Abs. 1 BGB die Willenserklärung rückwirkend vernichtet und damit die Rechtslage gestaltet, darf sie grundsätzlich keine Bedingung oder Befristung enthalten. Das liegt im Interesse des Anfechtungsgegners, der Klarheit darüber haben muss, ob das Rechtsgeschäft gilt oder durch Anfechtung vernichtet worden ist. Konsequenterweise wird es für zulässig erachtet, die Anfechtung unter einer solchen Bedingung zu erklären, deren Eintritt allein von einer Handlung des Anfechtungsgegners abhängt (Potestativbedingung).

Außerdem muss die Anfechtung gegenüber dem richtigen Anfechtungsgegner erklärt werden. Das ist bei einem Vertrag der Vertragspartner (§ 143 Abs. 2 BGB), bei einem einseitigen Rechtsgeschäft der Empfänger der (anzufechtenden) Willenserklärung (§ 143 Abs. 3 BGB).

Schließlich muss die Anfechtung als empfangsbedürftige Willenserklärung dem Anfechtungsgegner zugehen, damit sie gem. § 130 Abs. 1 Satz 1 BGB wirksam wird.

14. Nein, gem. § 121 Abs. 1 Satz 1 BGB muss eine solche Anfechtung nicht sofort, sondern unverzüglich erfolgen. „Ohne schuldhaftes Zögern" bedeutet, dass der Irrende eine Bedenkzeit hat, die von den Umständen des Einzelfalls abhängt. Er darf sich insbesondere überlegen, ob er das Geschäft gegen sich gelten lassen will, oder ob er lieber anficht und nach § 122 Abs. 1 BGB Schadensersatz leistet. Teilweise wird als absolute Obergrenze die Zwei-Wochen-Frist

des § 626 Abs. 2 BGB entsprechend herangezogen; im Einzelfall und vor allem bei einfach gelagerten Fällen wird die Frist indessen wenige Tage betragen.

15. Die wirksame Anfechtung eines Rechtsgeschäfts führt gem. § 142 Abs. 1 BGB zu seiner rückwirkenden Nichtigkeit (Nichtigkeit ex tunc). Handelt es sich bei dem Rechtsgeschäft um das Angebot zum Abschluss eines Vertrags oder um die Annahme, so ist der Vertrag rückwirkend nichtig. Zwar kann der Berechtigte nur seine eigene Willenserklärung und entgegen dem üblichen Sprachgebrauch nicht den Vertrag als Ganzen anfechten. Die rückwirkende Nichtigkeit einer der beiden für den Vertrag notwendigen Willenserklärungen führt aber zur Nichtigkeit des Vertrags selbst.

Ausnahmsweise hat die Anfechtung entgegen § 142 Abs. 1 BGB keine Rückwirkung, sondern sie wirkt, wie eine Kündigung, nur für die Zukunft (Nichtigkeit ex nunc), wenn es sich um ein bereits in Vollzug gesetztes Dauerschuldverhältnis handelt. Da sich ein Dauerschuldverhältnis nicht auf den einmaligen Austausch einer Leistung und einer Gegenleistung beschränkt, würde die Rückabwicklung zu erheblichen Schwierigkeiten führen, wenn der Berechtigte erst nach einiger Zeit vom Anfechtungsgrund erfährt und sein Anfechtungsrecht ausübt. Beispiele sind der Arbeitsvertrag und der Gesellschaftsvertrag.

16. Erklärt sich der Anfechtungsgegner dazu bereit, den Vertrag auch so abzuschließen, wie der Anfechtende ihn ohne den Irrtum abschließen wollte, darf der Anfechtende nicht auf der Nichtigkeit bestehen. Er ist vielmehr nach Treu und Glauben (§ 242 BGB) verpflichtet, auf das Angebot des Anfechtungsgegners einzugehen.

17. Nach § 122 Abs. 1 BGB muss derjenige, der seine Willenserklärung aufgrund der §§ 119, 120 BGB angefochten hat, dem Erklärungsempfänger oder einem Dritten den Schaden ersetzen, den dieser dadurch erleidet, dass er auf die Gültigkeit der Willenserklärung vertraut. Das ist der Vertrauensschaden oder das negative Interesse. Der Ersatzberechtigte ist so zu stellen, wie er stünde, wenn er nie von dem Vertrag gehört hätte. Nicht zu ersetzen ist dagegen der Erfüllungsschaden oder das positive Interesse. Der Erklärungsempfänger oder Dritte ist nicht so zu stellen, als wenn die Willenserklärung wirksam wäre; deshalb muss insbesondere der entgangene Gewinn (vgl. § 252 BGB) nicht ersetzt werden. Die Höhe des Erfüllungsschadens bildet nach § 122 Abs. 1 a. E. BGB allerdings die Obergrenze des Ersatzanspruchs.

18. ► Täuschungshandlung;

   ► Irrtumserregung;

   ► Abgabe einer Willenserklärung des Getäuschten;

   ► Kausalität Täuschung – Irrtum – Abgabe der Willenserklärung;

   ► Widerrechtlichkeit der Täuschung;

   ► Arglist des Täuschenden;

   ► weitere Voraussetzungen bei einer Täuschung durch Dritte gem. § 123 Abs. 2 Satz 1 BGB).

19. Unter einer Täuschung(shandlung) versteht man ein Verhalten, das darauf abzielt, in einem anderen eine unrichtige Vorstellung über eine Tatsache hervorzurufen, zu bestärken oder zu unterhalten. Eine Täuschung durch positives Tun liegt vor, wenn jemand ausdrücklich oder konkludent eine Tatsache behauptet, die der Wahrheit nicht entspricht. Eine Täuschung durch Unterlassen setzt eine Aufklärungspflicht voraus, weil Schweigen grundsätzlich nicht rechtserheblich ist. Eine solche Aufklärungspflicht ist gegeben, wenn nach den besonderen

Umständen des Einzelfalls der Grundsatz von Treu und Glauben (§ 242 BGB) sowie die im Verkehr herrschenden Anschauungen eine Mitteilung des verschwiegenen Umstandes gebieten. Das gilt vor allem in Bezug auf solche Umstände, die für die Entscheidung des Vertragspartners erkennbar von besonderer Bedeutung sind.

20. Die Täuschung muss beim Getäuschten einen entsprechenden Irrtum verursacht haben, der den Getäuschten dann zur Abgabe der Willenserklärung veranlasst hat.

21. Die Widerrechtlichkeit der Täuschung ist eine ungeschriebene Tatbestandsvoraussetzung des § 123 Abs. 1, 1. Fall BGB. Der Gesetzgeber des BGB war davon ausgegangen, eine Täuschung sei per se rechtswidrig, während sie ausnahmsweise gerechtfertigt sein kann. In der Praxis kommt es darauf vor allem bei Bewerbungsgesprächen zur Begründung eines Arbeitsvertrags an. Stellt der Arbeitgeber eine unzulässige Frage, die gegen Grundrechte oder Diskriminierungsverbote verstößt oder die sich nicht auf die Eignung bezieht, die konkret in Aussicht genommene Arbeitsleistung zu erbringen, darf die Bewerberin oder der Bewerber sie falsch beantworten. Danach berechtigt die falsche Antwort einer Bewerberin auf die Frage, ob sie schwanger sei, den Arbeitgeber nicht zur Anfechtung gem. § 123 Abs. 1, 1. Fall BGB: Mangels Fragerechts ist die falsche Antwort keine rechtswidrige Täuschung.

22. Arglistig ist die Täuschung, wenn sie vorsätzlich erfolgt. Der Täuschende muss wissen oder zumindest davon ausgehen, dass der Getäuschte eine Willenserklärung abgibt, die er bei Kenntnis der wahren Sachlage so nicht abgegeben hätte, und der Täuschende muss das auch wollen.

23. Behauptet jemand ohne weitere Nachprüfung einfach „ins Blaue hinein" Tatsachen, die dem Vertragspartner erkennbar wichtig sind, muss er sich eine vorsätzliche Täuschung vorwerfen lassen, wenn sich später herausstellt, dass die von ihm behaupteten Tatsachen nicht der Wirklichkeit entsprechen. Denn für die Arglist genügt bedingter Vorsatz.

24. Dritter in diesem Sinne ist nach dem Sinn und Zweck der Vorschrift nicht bereits jeder andere als der Erklärungsempfänger. Dritter ist vielmehr nur ein Außenstehender, der nicht „im Lager" des Erklärungsempfängers steht. Er darf weder am Geschäft des Erklärungsempfängers beteiligt sein noch darf sein Verhalten dem Erklärungsempfänger zuzurechnen sein. Keine Dritten sind deshalb z. B. der Vertreter des Erklärungsempfängers, der von ihm beauftragte Makler und andere Verhandlungsführer oder Verhandlungsgehilfen des Erklärungsempfängers.

25. ► Drohung;
   ► Abgabe einer Willenserklärung des Bedrohten;
   ► Kausalität Drohung – Abgabe der Willenserklärung;
   ► Widerrechtlichkeit der Drohung;
   ► Vorsatz des Drohenden;
   ► Person des Drohenden.

26. Darunter versteht man das In-Aussicht-Stellen eines zukünftigen Übels, auf dessen Eintritt der Drohende Einfluss zu haben vorgibt.

27. Anders als der Drohende weist der Warnende bloß auf das Bevorstehen eines Übels hin, ohne vorzugeben, er habe Einfluss auf dessen Eintritt oder dessen Verwirklichung.

28. Eine Drohung ist immer dann rechtswidrig, wenn bereits die angedrohte Handlung oder der damit bezweckte Erfolg rechtswidrig ist. Deshalb ist z. B. die Drohung mit einer Körperverletzung ebenso rechtswidrig wie diejenige, die den Bedrohten zur Mitwirkung an einem Versicherungsbetrug bewegen soll. Sind weder die angedrohte Handlung noch der bezweckte Erfolg rechtswidrig, kann sich die Rechtswidrigkeit der Drohung nur aus der Verbindung von Mittel und Zweck, aus der sog. Mittel-Zweck-Relation, ergeben: Der Einsatz des konkreten Mittels ist zur Erreichung des konkreten Zwecks rechtswidrig.

29. Nein, die Schadensersatzpflicht des § 122 BGB bezieht sich nicht auf die Anfechtung aufgrund des § 123 BGB. Schließlich hat der Täuschende oder Drohende die Anfechtbarkeit verursacht.

30. Beruht der Abschluss eines Vertrags auf einer arglistigen Täuschung oder einer widerrechtlichen Drohung, hat der täuschende oder drohende Vertragspartner regelmäßig schuldhaft eine vorvertragliche Pflicht gegenüber seinem bedrohten Partner verletzt. Nach § 249 Abs. 1 BGB besteht der Ersatz des Schadens in der Aufhebung des Vertrags, weil so der Zustand hergestellt wird, der ohne das schädigende Ereignis bestünde. Die Rechtsprechung hält das für möglich, während in der Lehre eingewandt wird, dadurch würden die Beschränkung der Anfechtungsmöglichkeit auf arglistiges Verhalten und die Jahresfrist des § 124 BGB unterlaufen.

Kapitel 4: Abschluss von Verträgen

ANTWORTEN

1. Ein Vertrag kommt zustande durch zwei inhaltlich übereinstimmende, mit Bezug aufeinander abgegebene Willenserklärungen, Angebot und Annahme. Das folgt aus § 151 Satz 1, 1. Halbsatz BGB.

2. Ein Angebot ist eine empfangsbedürftige Willenserklärung, durch die ein Vertragsschluss einem anderen so angetragen wird, dass das Zustandekommen des Vertrags nur von dessen Einverständnis abhängt. Das Angebot muss inhaltlich so bestimmt sein, dass der andere nur noch Ja zu sagen braucht, um den Vertrag zustande zu bringen.

3. „Essentialia negotii" ist die lateinische Bezeichnung für die wesentlichen Bestandteile des abzuschließenden Vertrags. Das Angebot zum Vertragsschluss muss diese wesentlichen Bestandteile enthalten, damit es durch ein schlichtes Ja des Partners angenommen werden kann. Geht es um den Abschluss eines Kaufvertrags, muss das Angebot also, wie sich aus § 433 BGB ergibt, die Kaufsache und den Kaufpreis enthalten. Außerdem müssen grundsätzlich die Vertragsparteien bestimmt sein.

4. Bei der „invitatio ad offerendum" handelt es sich eine unverbindliche Aufforderung zur Abgabe von Vertragsangeboten gegenüber einem unbestimmten Personenkreis, z. B. durch die Ausstellung von Waren in einem Schaufenster. Hier fehlt erkennbar (vgl. §§ 133, 157 BGB) der Rechtsbindungswille. Wäre nämlich eine solche, an eine Vielzahl von Personen gerichtete Erklärung bereits ein bindendes Vertragsangebot, könnten so viele Personen durch ihr Ein-

verständnis einen Vertrag zustande bringen, dass der Anbietende gar nicht alle Verträge erfüllen kann. Er würde sich gegenüber allen, die er nicht beliefern kann, gem. §§ 280 Abs. 1, Abs. 3, 283 BGB schadensersatzpflichtig machen.

5. Der entscheidende Unterschied zwischen einer „invitatio ad offerendum" und einem bindenden Angebot ist das Vorliegen des Rechtsbindungswillens. Daher handelt es sich bereits um ein bindendes Angebot, wenn die Freischaltung der Angebotsseite, wie üblich, nach den Allgemeinen Geschäftsbedingungen der Auktionsveranstalter voraussetzt, dass der Anbieter vorher die Erklärung abgibt, er nehme das höchste Kaufangebot an.

6. Da es sich bei dem Angebot um eine empfangsbedürftige Willenserklärung handelt, tritt die Bindungswirkung gem. § 130 Abs. 1 Satz 1 BGB mit dem Zugang beim potentiellen Vertragspartner ein. Das gilt nur dann nicht, wenn dem Erklärungsempfänger vorher oder gleichzeitig ein Widerruf zugeht (§ 130 Abs. 1 Satz 2 BGB) oder wenn der Erklärende die Bindungswirkung gem. § 145 a.E. BGB ausgeschlossen hat; das kann z.B. durch Klauseln wie „freibleibend", „ohne Obligo", „solange der Vorrat reicht" oder „Zwischenverkauf vorbehalten" geschehen. Ist die Bindung an das Angebot eingetreten, erlischt sie gem. § 146 BGB erst, wenn der Erklärungsempfänger das Angebot abgelehnt oder es nicht nach den §§ 147 − 149 BGB rechtzeitig angenommen hat.

7. Ist der Erklärungsempfänger anwesend, muss er das Angebot sofort annehmen (§ 147 Abs. 1 Satz 1). Ist er abwesend, kann er das Angebot nur bis zu dem Zeitpunkt annehmen, in welchem der Anbietende den Eingang der Annahme unter regelmäßigen Umständen erwarten darf (§ 147 Abs. 2 BGB). Enthält das Angebot eine Annahmefrist, muss diese gewahrt werden (§ 148 BGB).

8. Hat der Anbietende keine Annahmefrist bestimmt (§ 148 BGB), kann das Angebot nur sofort angenommen werden (§ 147 Abs. 1 Satz 1 BGB), weil es sich gem. § 147 Abs. 1 Satz 2 BGB um ein Angebot unter Anwesenden handelt.

9. Die Annahme ist eine empfangsbedürftige Willenserklärung, durch die der Empfänger eines Angebots sein Einverständnis mit dem Vertragsschluss zum Ausdruck bringt. Der Empfänger muss also rechtzeitig Ja sagen.

10. Da der Käufer das Angebot des Verkäufers nicht durch ein schlichtes Ja annimmt, sondern den Preis ändert, handelt es sich gem. § 150 Abs. 2 BGB um die Ablehnung des Angebots, die mit einem neuen Angebot verbunden ist. Der Verkäufer müsste also das Angebot des Käufers zum Preis von 9 000 € durch ein schlichtes Ja annehmen, um den Kaufvertrag zustande zu bringen.

11. Nach § 151 Satz 1 BGB ist abweichend von § 130 Abs. 1 Satz 1 BGB ausnahmsweise der Zugang der Annahmeerklärung entbehrlich, wenn er nach der Verkehrssitte nicht zu erwarten ist oder wenn der Antragende auf ihn verzichtet hat. § 151 Satz 1 BGB bezieht sich nur auf den Zugang der Annahmeerklärung, aber nicht auf die Annahmeerklärung selbst. Eine Annahmehandlung muss stets vorliegen.

12. Ein Dissens liegt vor, wenn sich die Parteien nicht über alle Punkte des Vertrags geeinigt haben. Die Rechtsfolgen des Dissenses hängen davon ab, auf welche Punkte sich die fehlende Übereinstimmung bezieht und ob die Parteien die fehlende Einigung bemerkt haben. Bezieht sich der Dissens auf die „essentialia negotii", ist der Vertrag nicht geschlossen. Haben sich

die Parteien über Nebenbestimmungen des Vertrags („accidentalia negotii") nicht geeinigt, kommt es darauf an, ob sie die fehlende Einigung bemerkt haben. Haben sie die fehlende Einigung bemerkt, liegt ein offener Dissens i. S. des § 154 BGB vor. Danach ist der Vertrag im Zweifel solange nicht geschlossen, wie sich die Parteien noch nicht über alle Punkte geeinigt haben, über die nach der Erklärung auch nur einer Partei eine Vereinbarung geschlossen werden soll. Haben die Parteien die fehlende Einigung nicht bemerkt, handelt es sich um einen versteckten Dissens i. S. des § 155 BGB. Danach gilt nur das Vereinbarte, sofern anzunehmen ist, dass die Parteien den Vertrag auch ohne eine Vereinbarung über den betreffenden Punkt geschlossen hätten.

13. Die inhaltliche Kontrolle Allgemeiner Geschäftsbedingungen gem. §§ 307 bis 309 BGB setzt voraus, dass die zu kontrollierende Klausel eine Allgemeine Geschäftsbedingung i. S. des § 305 Abs. 1 BGB ist, dass die Sondervorschriften der AGB-Kontrolle gem. § 310 BGB in sachlicher und persönlicher Hinsicht anwendbar sind und dass die AGB gem. § 305 Abs. 2 oder 3 BGB in den Vertrag einbezogen worden sind.

14. Ob dieses Schild eine AGB enthält, bestimmt sich nach § 305 Abs. 1 BGB. Danach müssen die folgenden Voraussetzungen erfüllt sein:

▶ Es muss sich um eine vorformulierte Vertragsbedingung handeln,

▶ die für eine Vielzahl von Verträgen bestimmt ist und

▶ die einseitig vom Verwender gestellt wird.

Die Bestimmung „Für Garderobe wird nicht gehaftet" ist textlich ausformuliert und soll Bestandteil der Verträge des Gastwirtes mit den Gästen werden, um seine Haftung auszuschließen. Sie ist für die Verwendung in einer unbestimmten Zahl von Verträgen vorgesehen. Schließlich wird sie einseitig vom Gastwirt gestellt und nicht zwischen ihm und seinen Gästen ausgehandelt. Da folglich die obigen Voraussetzungen erfüllt sind und da es auf die Art der Präsentation und den Umfang nicht ankommt, enthält das Schild also eine AGB.

15. Ein solches Aushandeln liegt vor, wenn der Vertragspartner des Verwenders Einfluss auf den Inhalt der Vertragsbestimmung genommen hat oder wenn er zumindest die Möglichkeit hierzu hatte. Es kommt entscheidend darauf an, ob der Verwender die in seinen AGB enthaltenen Bestimmungen ernsthaft zur Disposition stellt. Einigen sich die Parteien dann individuell auf die Geltung der AGB, liegt eine Individualvereinbarung vor.

16. Bei Formulararbeitsverträgen greift die AGB-Kontrolle mit der einschränkenden Maßgabe ein, dass die im Arbeitsrecht geltenden Besonderheiten angemessen zu berücksichtigen sind (§ 310 Abs. 4 Satz 2 BGB). Die Besonderheiten des Arbeitsrechts ergeben sich vor allem aus den zahlreichen Arbeitnehmer-Schutzgesetzen. Außerdem finden die Einbeziehungsvorschriften des § 305 Abs. 2 und 3 BGB keine Anwendung; insoweit enthält das Gesetz über den Nachweis der für ein Arbeitsverhältnis geltenden wesentlichen Bedingungen speziellere Schutzvorschriften.

17. Die AGB-Vorschriften der §§ 305 ff. BGB gelten ohne Einschränkungen oder Besonderheiten nur bei Verträgen zwischen Verbrauchern. Werden die AGB von einem Unternehmer oder Verbraucher gegenüber einem Unternehmer verwendet, gelten die Erleichterungen gem. § 310 Abs. 1 BGB. Verwendet dagegen ein Unternehmer AGB gegenüber einem Verbraucher, sind die verschärften Schutzregelungen gem. § 310 Abs. 3 BGB zu beachten.

18. Im Regelfall werden die AGB gem. § 305 Abs. 2 BGB durch eine Vereinbarung in den Vertrag einbezogen. Dazu muss der Verwender die andere Partei ausdrücklich auf seine AGB hinweisen (§ 305 Abs. 2 Nr. 1 BGB), der Vertragspartner muss in zumutbarer Weise die Möglichkeit haben, vom Inhalt der AGB Kenntnis zu nehmen (§ 305 Abs. 2 Nr. 2 BGB), und sowohl der Hinweis auf die AGB als auch die Möglichkeit der Kenntnisnahme müssen bereits bei Vertragsschluss gegeben sein (§ 305 Abs. 2 Einleitungssatz BGB). Nimmt der Vertragspartner das Angebot ohne Einschränkungen an, nachdem der Verwender hinreichend auf seine AGB hingewiesen hat und der Vertragspartner die Möglichkeit der Kenntnisnahme hatte, erklärt er damit konkludent sein Einverständnis mit der Geltung der AGB.

Alternativ können die Vertragsparteien gem. § 305 Abs. 3 BGB im Voraus für eine bestimmte Art von Rechtsgeschäften die Geltung bestimmter AGB vereinbaren. Eine solche Rahmen- oder Vorausvereinbarung muss die Einbeziehungsvoraussetzungen des § 305 Abs. 2 BGB erfüllen.

19. Kaufleute fügen Verträgen oft ihre jeweiligen AGB bei. Weichen diese voneinander ab, ist wegen eines offenen Dissenses (§ 154 BGB) eigentlich kein Vertrag zustande gekommen. Führen die Parteien den Vertrag aber trotzdem durch, geben sie zu erkennen, dass sie ihn nicht an der fehlenden Übereinstimmung ihrer AGB in allen Punkten scheitern lassen wollen. Dann gilt grundsätzlich, dass sowohl die inhaltlich übereinstimmenden AGB als auch solche AGB Vertragsbestandteile werden, die für den jeweils anderen Vertragspartner günstig oder die branchenüblich sind. Verbleibende AGB gelten wegen § 154 BGB nicht. Entstehende Lücken werden durch das dispositive Gesetzesrecht aufgefüllt. Dieses Vorgehen scheidet allerdings bei sog. qualifizierten Abwehrklauseln aus, die den deutlichen Hinweis enthalten, dass der Vertrag nur bei Geltung der eigenen, und nicht der AGB des Vertragspartners wirksam sein soll.

20. Allgemeine Geschäftsbedingungen sind aus der Sicht des Durchschnittskunden auszulegen. Außerdem haben Individualabreden gem. § 305b BGB Vorrang, und bei Unklarheiten gilt die Klausel gem. § 305c Abs. 2 BGB mit der für den Vertragspartner des Verwenders günstigeren Bedeutung.

21. Die Prüfung wird anhand der folgenden Punkte durchgeführt:

► Handelt es sich bei der AGB-Klausel um eine Rechtsvorschrift i. S. des § 307 Abs. 3 Satz 1 BGB?

► Wer verwendet die AGB-Klausel gegenüber welchem Vertragspartner (§ 310 Abs. 1 und 3 BGB?

► Verstößt die AGB-Klausel gegen ein Klauselverbot ohne Wertungsmöglichkeit (§ 309 BGB)?

► Verstößt die AGB-Klausel gegen ein Klauselverbot mit Wertungsmöglichkeit (§ 308 BGB)?

► Verstößt die AGB-Klausel gegen die Generalklausel des § 307 Abs. 1 BGB?

Kapitel 5: Stellvertretung

ANTWORTEN

1. Stellvertretung bedeutet, dass jemand für einen anderen handelt, indem er ihn durch seine Willenserklärung berechtigt und verpflichtet. Gesetzlich geregelt ist sie in den §§ 164 ff. BGB. Nach der Grundnorm des § 164 Abs. 1 Satz 1 BGB wirkt eine Willenserklärung, die jemand innerhalb der ihm zustehenden Vertretungsmacht im Namen des Vertretenen abgibt, unmittelbar für und gegen den Vertretenen.

2. Aktivvertretung liegt vor, wenn der Stellvertreter eine Willenserklärung für den Vertretenen abgibt (§ 164 Abs. 1 Satz 1 BGB). Um Passivvertretung handelt es sich dagegen, wenn der Stellvertreter eine Willenserklärung für den Vertretenen entgegennimmt (§ 164 Abs. 3 BGB).

3. Diese Formen der Stellvertretung unterscheiden sich in Bezug auf ihren Entstehungsgrund. Die rechtsgeschäftliche oder gewillkürte Stellvertretung beruht auf einem Rechtsgeschäft, der Bevollmächtigung (§ 167 BGB). Die so erteilte Vertretungsmacht bezeichnet das Gesetz in der Legaldefinition des § 166 Abs. 2 Satz 1 BGB als Vollmacht. Bei der gesetzlichen Stellvertretung resultiert die Vertretungsmacht dagegen aus dem Gesetz. Die wichtigsten Beispiele sind die gesetzlichen Vertreter von nicht voll geschäftsfähigen Menschen und von juristischen Personen.

4. Nein, weil mittelbare Stellvertreter im Unterschied zu „echten" Stellvertretern im eigenen Namen und nur auf Rechnung des anderen handeln. Mittelbare Stellvertreter sind z. B. Kommissionäre (§ 383 Abs. 1 HGB) und Treuhänder.

5. Zunächst muss eine Stellvertretung zulässig sein; daran fehlt es etwa bei höchstpersönlichen Rechtsgeschäften wie der Eheschließung oder der Errichtung eines Testaments. Dann müssen die drei weiteren Voraussetzungen erfüllt sein, die sich aus § 164 Abs. 1 Satz 1 BGB ergeben. Danach muss der Vertreter erstens eine eigene Willenserklärung abgegeben haben, er muss zweitens im Namen des Vertretenen gehandelt haben, und er muss sich drittens innerhalb der ihm zustehenden Vertretungsmacht gehalten haben.

6. Der Bote überbringt lediglich eine fremde Willenserklärung, während der Stellvertreter eine eigene Willenserklärung abgibt. Die Abgrenzung richtet sich danach, ob der Handelnde bezüglich der Willenserklärung einen eigenen Entscheidungsspielraum hat. Im Schriftverkehr bedeutet der Zusatz „i. A." (= im Auftrag), dass nur Botenschaft vorliegt. Stellvertreter ist der Unterzeichner dagegen, wenn er mit dem Zusatz „i. V." (= in Vertretung) unterschrieben hat.

7. Da der Bote keine eigene Willenserklärung abgibt, finden die §§ 164 ff. BGB keine Anwendung. Aus diesem Grund kann der Bote auch geschäftsunfähig sein, während der Stellvertreter gem. § 165 BGB mindestens beschränkt geschäftsfähig sein muss. Soweit die abzugebende Willenserklärung einer Form bedarf, bezieht sich das Formerfordernis bei der Botenschaft auf die Erklärung des Geschäftsherrn, weil der Bote diese fremde Willenserklärung übermittelt, wohingegen bei der Stellvertretung die Erklärung des Stellvertreters der Form genügen muss, weil dieser eine eigene Willenserklärung abgibt. Schließlich hat die Unterscheidung noch Bedeutung, wenn bei der Übermittlung der Willenserklärung Fehler auftreten. Übermit-

telt ein Bote eine Erklärung fehlerhaft, ist der Geschäftsherr an die Erklärung gebunden, kann sie aber gem. § 120 BGB anfechten. Dem gegenüber kommt es bei der Stellvertretung gem. § 166 Abs. 1 BGB darauf an, ob sich der Vertreter bei der Abgabe seiner Willenserklärung geirrt hat. Danach kann der Vertretene die Willenserklärung, die ihn gem. § 164 Abs. 1 BGB bindet, gem. § 166 Abs. 1 BGB i.V. mit §§ 119 ff. BGB (nur) dann anfechten, wenn der Vertreter sich geirrt hat, getäuscht oder bedroht worden ist.

8. Offenkundigkeit bezeichnet die in § 164 Abs. 1 Satz 1 BGB festgelegte Voraussetzung, dass der Stellvertreter im Namen des Vertretenen handeln muss. Die Offenkundigkeit kann sich auch aus den Umständen ergeben (§ 164 Abs. 1 Satz 2 BGB).

9. Eine Ausnahme vom Offenkundigkeitsprinzip ist das „Geschäft für den, den es angeht". Macht der Vertreter bei Bargeschäften des täglichen Lebens, die sofort abgewickelt werden und bei denen die Person des Geschäftspartners unerheblich ist, nicht klar, dass er für den Vertretenen handelt, wird dieser trotzdem unmittelbar berechtigt und verpflichtet.

Eine weitere wichtige Durchbrechung des Offenkundigkeitsprinzips findet sich im Eherecht. Nach § 1357 Abs. 1 BGB vertritt ein Ehegatte den anderen bei Geschäften zur angemessenen Deckung des Lebensbedarfs kraft Gesetzes. Das ist die sog. Schlüsselgewalt.

10. Nach der Legaldefinition des § 166 Abs. 2 Satz 1 BGB ist die Vollmacht die durch Rechtsgeschäft erteilte Vertretungsmacht.

11. Eine Vollmacht kann entweder gegenüber dem zu Bevollmächtigenden oder gegenüber dem Dritten erteilt werden, dem gegenüber die Vertretung stattfinden soll. Im ersten Fall liegt eine Innenvollmacht (§ 167 Abs. 1, 1. Fall BGB) und im zweiten Fall eine Außenvollmacht vor (§ 167 Abs. 1, 2. Fall BGB).

12. Nein, gem. § 167 Abs. 2 BGB kann die Vollmacht sogar dann formfrei erteilt werden, wenn das Rechtsgeschäft, das der Stellvertreter abschließen soll, einer Form bedarf. Ausnahmen von diesem Grundsatz sind entweder gesetzlich vorgesehen oder ergeben sich aus dem Sinn und Zweck der Formvorschrift, die für das vom Vertreter vorzunehmende Rechtsgeschäft gilt.

13. Grundsätzlich bestimmt der Vertretene, in welchem Umfang er dem Vertreter Vollmacht erteilt. In einigen Fällen wird der Umfang einer Vollmacht aber bereits vom Gesetz zwingend festgelegt. Das gilt etwa für die handelsrechtliche Prokura (§ 48 Abs. 1 HGB). Wer eine Prokura erteilt, kann den Umfang der darin enthaltenen Vollmacht nach außen hin nicht wirksam beschränken. Weitere handelsrechtliche Vollmachten sind die Handlungsvollmacht (§ 54 HGB) und Ladenvollmacht (§ 56 HGB).

14. Die Vollmacht betrifft das Verhältnis zwischen dem Vertretenen und dem Dritten, dem gegenüber die Vertretung erfolgt, also das Außenverhältnis. Nach der Vollmacht und ihrem Umfang beurteilt sich die Frage, was der Vertreter nach außen hin tun kann. Man spricht vom rechtlichen Können.

Dem gegenüber betrifft das Grundverhältnis die Beziehungen zwischen dem Vertretenen und dem Vertreter, also das Innenverhältnis. Es geht um die Frage, was der Vertreter gegenüber dem Vertretenen zu tun berechtigt ist, was er tun darf. Man spricht vom rechtlichen Dürfen. Einer Vollmacht kann als Grundverhältnis z. B. eine Auftrag oder ein Arbeitsvertrag zugrunde liegen.

15. Die Vollmacht ist in ihrer Entstehung unabhängig (abstrakt) vom Grundverhältnis. Im Fortbestehen ist die Vollmacht hingegen abhängig vom Grundverhältnis. Dieses Verhältnis wird als beschränkte Abstraktheit der Vollmacht bezeichnet.

16. Eine Innenvollmacht kann erlöschen aufgrund einer Bedingung, einer Befristung oder eines sonstigen, in der Vollmacht selbst enthaltenen Grundes wie z. B. der Erreichung des Zwecks einer Spezialvollmacht, aufgrund der Beendigung des Grundgeschäfts (§ 168 Satz 1 BGB) oder durch ihren Widerruf gegenüber dem Bevollmächtigten oder dem Dritten (§ 168 Satz 2 und 3 i.V. mit § 167 Abs. 1 BGB).

17. Das Erlöschen der Außenvollmacht setzt zusätzlich voraus, dass der Vollmachtgeber dem Dritten das Erlöschen der Vollmacht anzeigt (§ 170 BGB) oder dass der Dritte auf andere Weise von dem Erlöschen erfährt. Anderenfalls wird der gute Glaube des Dritten geschützt (§ 173 BGB).

18. Ja, weil sich aus den §§ 168 Satz 2 und 176 Abs. 3 BGB ergibt, dass die Widerruflichkeit einer Vollmacht auch ausgeschlossen werden kann. Eine Vollmacht ist vor allem dann unwiderruflich, wenn sie im Interesse des Bevollmächtigten erteilt wurde (eigennützige Vollmacht).

19. Da die Vollmachtserteilung eine Willenserklärung ist, kann sie grundsätzlich nach den §§ 119 ff. BGB angefochten werden. Die Rückwirkung der Anfechtung gem. § 142 Abs. 1 BGB führt aber dann zu Problemen, wenn der Vertreter bereits von der Vollmacht Gebrauch gemacht hat. Denn die Anfechtung entzieht ihm rückwirkend die Vertretungsmacht, so dass er als vollmachtloser Vertreter gehandelt und sich damit gem. § 179 BGB schadensersatzpflichtig gemacht hat. Deshalb wird die Ansicht vertreten, in diesen Fällen sei die Anfechtung ausgeschlossen.

20. Die Duldungs- und die Anscheinsvollmacht sind Rechtsscheinsvollmachten, die gutgläubige Dritte schützen. Bei der Duldungsvollmacht kennt der Vertretene das Verhalten des Scheinvertreters, unternimmt aber nichts dagegen. Bei der Anscheinsvollmacht kennt der Vertretene das Verhalten des Scheinvertreters nicht, hätte es aber bei Anwendung pflichtgemäßer Sorgfalt erkennen und verhindern können.

21. Hält sich der Vertreter im Rahmen der Vertretungsmacht, haben Beschränkungen, die lediglich aus dem Grundgeschäft mit dem Vertretenem resultieren (Innenverhältnis), grundsätzlich keinen Einfluss auf die Wirksamkeit der Stellvertretung gegenüber dem Dritten (Außenverhältnis). Die vom Vertreter abgegebene Willenserklärung bindet den Vertretenen selbst dann, wenn er die bloß im Innenverhältnis bestehenden Grenzen bewusst missachtet hat. Ausnahmsweise wird der Vertretene in solchen Fällen jedoch nicht gebunden, wenn der Dritte den Missbrauch der Vertretungsmacht kannte oder kennen musste. Das ist der Fall, wenn der Vertreter und der dritte Vertragspartner bewusst zum Nachteil des Vertretenen zusammengearbeitet haben (sog. Kollusion, § 138 Abs. 1 BGB) oder wenn sich dem Dritten der Missbrauch der Vertretungsmacht geradezu aufdrängen musste.

22. Ein nach § 181 BGB grundsätzlich unzulässiges Insichgeschäft liegt vor, wenn der Vertreter gleichzeitig für beide Vertragspartner handelt. Erster Anwendungsfall ist das Selbstkontrahieren, bei dem der Vertreter auf der einen Seite im Namen des Vertretenen und auf der anderen Seite für sich selbst handelt. Der zweite Anwendungsfall ist die Mehrfachvertretung, bei welcher der Vertreter rechtsgeschäftlich im Namen von zwei Personen handelt, die er beide vertritt. Zulässig sind Insichgeschäfte ausnahmsweise, wenn dem Vertreter das Ge-

schäft gestattet ist oder wenn er damit lediglich eine Verbindlichkeit des Vertretenen erfüllt (§ 181 a. E. BGB). § 181 BGB findet mangels einer Interessenkollision ferner dann keine Anwendung, wenn das Insichgeschäft für den Vertretenen lediglich rechtlich vorteilhaft ist (Rechtsgedanke des § 107 BGB).

23. Die §§ 177 bis 179 BGB regeln die Fälle, in denen der Vertreter ohne Vertretungsmacht gehandelt hat; dieser Vertreter wird auch als vollmachtloser Vertreter oder mit dem lateinischen Begriff des falsus procurator bezeichnet. Danach finden die §§ 177 bis 179 BGB zunächst dann Anwendung, wenn der Vertreter gar keine Vertretungsmacht hatte, weil die Vollmacht z. B. nicht wirksam erteilt worden oder bei Vornahme des Vertretergeschäfts bereits erloschen war. Sie sind ferner dann anwendbar, wenn der Vertreter seine Vertretungsmacht überschritten hat, weil z. B. die Vollmacht nur für Geschäfte bis 10 000 € erteilt war, er aber einen Kaufvertrag über 12 000 € abgeschlossen hat. Dem gegenüber finden die §§ 177 bis 179 BGB keine Anwendung, wenn der Vertreter nur eine Beschränkung im Innenverhältnis überschreitet.

24. Nein, weil gem. § 180 Satz 1 BGB ein einseitiges Rechtsgeschäft unwirksam ist, das ein Vertreter ohne Vertretungsmacht gegenüber einem Dritten vornimmt. Etwas anderes gilt nach § 180 Satz 2, 1. Fall BGB jedoch dann, wenn der Dritte die fehlende Vertretungsmacht nicht beanstandet. Dann gelten die §§ 177 ff. BGB: Die Kündigung ist schwebend unwirksam und kann vom Vertretenen noch genehmigt werden.

25. Nein, sondern er ist gem. § 177 Abs. 1 BGB schwebend unwirksam und kann vom Vertretenen genehmigt werden.

26. Die in den §§ 177 f. BGB getroffenen Regelungen entsprechen fast wörtlich denjenigen der §§ 108 f. BGB zur schwebenden Unwirksamkeit des Vertrags, den ein Minderjähriger ohne die erforderliche Genehmigung seines gesetzlichen Vertreters geschlossen hat.

27. Gemäß § 179 Abs. 1 BGB haftet er dem Dritten nach dessen Wahl auf Erfüllung oder Schadensersatz.

28. Gemäß § 179 Abs. 2 BGB haftet der falsus procurator dem Dritten lediglich auf den Ersatz des Vertrauensschadens, wenn er keine Kenntnis vom Fehlen seiner Vertretungsmacht hatte. Seine Haftung ist gem. § 179 Abs. 3 BGB sogar ganz ausgeschlossen, wenn entweder der Dritte den Mangel der Vertretungsmacht kannte oder kennen musste, oder wenn der vollmachtlose Vertreter nur beschränkt geschäftsfähig und ohne Zustimmung seines gesetzlichen Vertreters zu seinem Vertreterhandeln tätig geworden ist.

Kapitel 6: Einführung in das Schuldrecht

ANTWORTEN

1. Ein Schuldverhältnis ist ein Rechtsverhältnis, auf Grund dessen eine Person gegenüber einer anderen zu einer Leistung oder zur Rücksichtnahme verpflichtet ist, vgl. § 241 BGB. Die Per-

son, die die Leistung verlangen kann, wird als Gläubiger bezeichnet; die Person, die zur Leistung verpflichtet ist, nennt man Schuldner.

2. Als Schuldverhältnis im engeren Sinne bezeichnet man das Recht des Gläubigers, von dem Schuldner eine Leistung zu fordern, also den Anspruch des Gläubigers gegen den Schuldner. In diesem Sinne ist der Begriff „Schuldverhältnis" z. B. in §§ 241 Abs. 1 Satz 1 BGB und in § 362 Abs. 1 BGB gemeint. Schuldverhältnis im weiteren Sinne ist das gesamte Rechtsverhältnis, aus dem sich die einzelnen Forderungsbeziehungen zwischen den Parteien ergeben. Es geht also dort um die Gesamtheit der Rechtsbeziehungen zwischen Gläubiger und Schuldner. Ein Schuldverhältnis im weiteren Sinne ist etwa ein Kauf- oder ein Mietvertrag. In diesem Sinne verwenden z. B. die §§ 241 Abs. 2 und 273 Abs. 1 BGB den Begriff Schuldverhältnis.

3. Die innerhalb eines Schuldverhältnisses bestehenden Ansprüche sind relative Rechte, weil sie nur im Verhältnis zwischen den Beteiligten zu beachten sind. Der Gläubiger eines Anspruchs kann nur von seinem Schuldner die Erfüllung der Verbindlichkeit verlangen. Dritte Personen brauchen sich um schuldrechtliche Forderungen nicht zu kümmern. So kann z. B. der Käufer nur vom Verkäufer die Übereignung und Übergabe der Sache verlangen, der Verkäufer nur vom Käufer die Bezahlung des Kaufpreises.

4. Ein absolutes Recht muss nicht nur von einer bestimmten Person, sondern von jedermann respektiert werden. Klassisches Beispiel ist das Eigentum. Nach § 903 Satz 1 BGB kann der Eigentümer einer Sache grundsätzlich mit der Sache nach Belieben verfahren und andere von jeder Einwirkung ausschließen. Alle anderen müssen also das Eigentumsrecht beachten.

5. Unter Schuld versteht man das „Leistensollen des Schuldners". Haftung ist das „Unterworfensein des Schuldners unter den zwangsweisen Zugriff des Gläubigers".

6. Probleme, die alle Bereiche einer zu regelnden Materie betreffen, werden vor die Klammer gezogen, um Wiederholungen zu vermeiden.

   Auch im Schuldrecht hat der Gesetzgeber diese Regelungstechnik angewendet, indem er in den §§ 241 – 432 BGB diejenigen Fragen, die bei allen Schuldverhältnissen auftreten können, geregelt hat und in den §§ 433 – 853 BGB diejenigen Fragen, die sich nur bei bestimmten Schuldverhältnissen stellen. So hat der Gesetzgeber die Regelung über die Erfüllung eines Schuldverhältnisses in § 362 Abs. 1 BGB getroffen; denn diese Regelung betrifft jedes Schuldverhältnis. Dagegen können die Probleme, die die Lieferung einer mangelhaften Sache aufwirft, nur im Kauf- oder im Werkvertrag auftreten. Die Regelung dieser Probleme findet sich daher im Besonderen Schuldrecht, nämlich im kauf- bzw. werkvertraglichen Mängelgewährleistungsrecht (vgl. §§ 434 ff. und 633 ff. BGB).

7. Das Schuldrecht dient der Regelung des auf Bedarfsdeckung gerichteten rechtsgeschäftlichen Verkehrs. Darüber hinaus enthält das Schuldrecht Regelungen über den Ersatz für die Schädigung von Rechten und Rechtsgütern, über die Rückgängigmachung von nicht gerechtfertigten Bereicherungen sowie über die Folgen des Tätigwerdens in fremdem Interesse ohne Auftrag.

Kapitel 7: Arten und Entstehung von Schuldverhältnissen

1. Man unterscheidet zwischen rechtsgeschäftlichen und gesetzlichen Schuldverhältnissen. Rechtsgeschäftliche Schuldverhältnisse beruhen auf dem Willen des Schuldners. Zu ihrer Entstehung ist im Regelfall der Abschluss eines Vertrages erforderlich (so auch § 311 Abs. 1 BGB). Gesetzliche Schuldverhältnisse sind dagegen vom Willen des Schuldners unabhängig. Sie entstehen dadurch, dass die im Gesetz normierten Tatbestandsvoraussetzungen erfüllt werden (Beispiel: § 823 Abs. 1 BGB). Wenn also z. B. Siegfried (S) den Günther (G) versehentlich mit dem Auto „vom Rad geholt" hat, dann ist er dem G auch dann zum Schadensersatz verpflichtet, wenn er dies nicht will. In Betracht kommen in dem Fall etwa der Ersatz der Behandlungskosten, des Verdienstausfalls und des Sachschadens sowie die Zahlung eines Schmerzensgeldes.

2. Von dem Grundsatz, dass rechtgeschäftliche Schuldverhältnisse durch Vertrag oder durch Gesetz begründet werden, gibt es einige wenige Ausnahmen. In diesen Fällen genügt zur Begründung eines „Schuldverhältnisses durch Rechtsgeschäft" (§ 311 Abs. 1 BGB) eine einzige Willenserklärung. Fälle, in denen ein rechtsgeschäftliches Schuldverhältnis durch ein einseitiges Rechtsgeschäft begründet wird, sind z. B. in § 657 BGB (Auslobung), in § 661a BGB (Gewinnzusage) und in §§ 1939, 2147 ff. BGB (Vermächtnis) geregelt. Während die Auslobung und die Gewinnzusage in der Praxis kaum eine Rolle spielen, ist das Vermächtnis von erheblicher praktischer Bedeutung.

   > **BEISPIEL:** ▶ Eduard (E) setzt seine Tochter Thea (T) im Testament zur Alleinerbin ein. Seiner Enkelin Verena (V) vermacht er allerdings seine Bibliothek. Beim Tod des E rückt die T in vollem Umfang in die vermögensrechtliche Stellung des E ein (vgl. § 1922 Abs. 1 BGB). Ihr gehört alles, was vorher dem E gehört hat, auch die – der V zugedachte – Bibliothek. Aufgrund des Vermächtnisses, einer von E abgegebenen Willenserklärung, ist T aber verpflichtet, der V die Bücher aus der Bibliothek zu übereignen. V als Vermächtnisnehmerin hat also aus dem Vermächtnis einen Anspruch gegen die Alleinerbin T (vgl. § 2174 BGB).

3. Die Voraussetzungen, unter denen ein vorvertragliches Schuldverhältnis entsteht, sind in § 311 Abs. 2 BGB geregelt. Demnach entsteht ein vorvertragliches Schuldverhältnis durch

   ▶ Nr. 1: die Aufnahme von Vertragsverhandlungen,

   ▶ Nr. 2: die Anbahnung eines Vertrages oder

   ▶ Nr. 3: durch ähnliche geschäftliche Kontakte.

   Da Vertragsanbahnung auch die Aufnahme von Vertragsverhandlungen mit umfasst, hätte man auf § 311 Abs. 2 Nr. 1 BGB eigentlich verzichten können. § 311 Abs. 2 Nr. 2 BGB ist daher der Grundtatbestand.

4. Im vorvertraglichen Schuldverhältnis gibt es nur Pflichten nach § 241 Abs. 2 BGB (vgl. § 311 Abs. 2 BGB). Es existieren dort also keine Leistungspflichten, sondern nur Schutzpflichten.

5. Ein vorvertragliches Schuldverhältnis entsteht regelmäßig zwischen den Personen, die als Parteien des in Aussicht genommenen Vertrages vorgesehen sind. Vertreter oder sonstige

Verhandlungsgehilfen sind grundsätzlich nicht in das vorvertragliche Schuldverhältnis ein-bezogen. Sie sollen nämlich nicht Partner des Vertrages werden, über den verhandelt wird.

6. Nach § 311 Abs. 3 BGB kann auch zu Personen, die nicht Vertragspartner werden sollen, ein vorvertragliches Schuldverhältnis entstehen. Dies ist nach § 311 Abs. 3 Satz 2 BGB insbeson-dere dann der Fall, wenn die dritte Person besonderes Vertrauen für sich in Anspruch nimmt. Wer lediglich als Vertreter oder Verhandlungsgehilfe für die Partei des in Aussicht genom-men Vertrags auftritt und dabei nur „normales Verhandlungsvertrauen" in Anspruch nimmt, wird daher nicht Partei des vorvertraglichen Schuldverhältnisses. Vielmehr treffen ihn die vorvertraglichen Pflichten nur dann persönlich, wenn er erhöhtes Vertrauen in Anspruch nimmt. Dies ist etwa der Fall, wenn ein Vertreter die persönliche Gewähr für die Seriosität und die Erfüllung des Vertrages übernimmt, indem er z. B. erklärt, er wolle sich für die Serio-sität des Geschäfts „verbürgen" (vgl. OLG Hamm WM 1993, 241).

Kapitel 8: Der Inhalt der Schuldverhältnisse

ANTWORTEN

1. Die Primärleistungspflicht gibt an, welche Leistung der Schuldner ursprünglich erbringen muss. Diese Leistungspflicht ergibt sich aus einem Rechtsgeschäft oder aus dem Gesetz – je nachdem, ob es sich um ein rechtsgeschäftliches oder ein gesetzliches Schuldverhältnis han-delt. Die Primärleistungspflichten des Käufers bestehen z. B. in der Zahlung des Kaufpreises und der Abnahme der Sache. Die primäre Leistungspflicht des Deliktstäters ist auf den Ersatz des von ihm angerichteten Schadens gerichtet.

   Wenn die Primärleistungspflicht gestört ist, tritt ggf. eine Sekundärleistungspflicht an ihre Stelle oder neben sie. Eine Sekundärleistungspflicht ist meist auf die Leistung von Geld ge-richtet.

2. Die Nebenpflichten können eingeteilt werden in leistungsbezogene Nebenpflichten (= Neben-leistungspflichten; meist Anzeige-, Auskunfts- und Rechenschaftspflichten) und Schutz-pflichten im Sinne des § 241 Abs. 2 BGB (meist Schutz-, Obhuts- und Fürsorgepflichten sowie Aufklärungspflichten). Nebenleistungspflichten können selbständig eingeklagt werden. Schutzpflichten sind zwar nicht selbständig klagbar; ihre Verletzung löst aber Schadens-ersatzansprüche aus.

3. Wenn sich die dem Vertrag zugrunde liegenden äußeren Umstände verändert haben oder wenn die Vertragsparteien von vornherein unrichtige Vorstellungen über diese Umstände gehabt haben, dann kommt eine Anpassung des Vertrags nach den Grundsätzen über die Störung der Geschäftsgrundlage in Betracht. Regelmäßig geht es dabei um die Anpassung von länger laufenden Verträgen. Hauptanwendungsfall der Lehre von der Geschäftsgrund-lage ist die sog. Äquivalenzstörung, wo sich im Laufe der Zeit das Verhältnis von Leistung und Gegenleistung so stark verändert hat, dass einer der Parteien ein Festhalten an dem Ver-trag zu unveränderten Bedingungen nicht mehr zumutbar ist.

Die Störung der Geschäftsgrundlage ist in § 313 BGB geregelt. Dort wird zwischen dem Wegfall der objektiven Geschäftsgrundlage (Abs. 1) und dem Fehlen der subjektiven Geschäftsgrundlage (Abs. 2) unterschieden. Ferner bestimmt § 313 Abs. 3 BGB, dass in den Fällen der Unmöglichkeit oder Unzumutbarkeit der Vertragsanpassung an deren Stelle die Vertragsauflösung tritt.

4. Die Stückschuld ist dadurch gekennzeichnet, dass der Gegenstand der Leistung durch individuelle Merkmale konkret bestimmt ist. Eine Stückschuld liegt z. B. vor beim Kauf eines gebrauchten Kfz, das nach Marke, Baujahr und Fahrzeugidentifikationsnummer individualisiert ist.

Bei einer Gattungsschuld ist dagegen lediglich festgelegt, dass der Schuldner aus einer durch bestimmte Merkmale festgelegten Gattung zu leisten verpflichtet ist. Welche Merkmale dies sind, bestimmen die Parteien des Vertrags. Wenn z. B. zwölf Flaschen chilenischer Rotwein, Los Vascos, Cabernet Sauvignon, Jahrgang 2010, verkauft sind, dann ist der Verkäufer verpflichtet, aus der so beschriebenen Gattung zwölf Flaschen zu liefern. Welche zwölf Flaschen aus dieser Gattung der Käufer dann konkret bekommt, steht zurzeit des Vertragsschlusses noch nicht fest.

5. Nach § 243 Abs. 1 BGB ist der Schuldner einer nur der Gattung nach bestimmten Sache verpflichtet, eine Sache „von mittlerer Art und Güte" zu leisten. Der Schuldner darf bestimmen, mit welchen Gegenständen er seine vertragliche Verpflichtung erfüllt. Er ist in seiner Wahl jedoch nicht frei, denn er muss mindestens Sachen mittlerer Art und Güte leisten. Der Obstlieferant muss daher nicht die schönsten und größten Früchte, sondern nur durchschnittliche Früchte liefern. Er ist allerdings frei, dem Abnehmer bessere Früchte auszuhändigen und zu übereignen.

Ferner trifft den Schuldner einer Gattungsschuld eine Beschaffungspflicht. Wenn also z. B. die von ihm für den Gläubiger vorgesehenen Gegenstände vernichtet worden sind, dann bleibt er zur Leistung verpflichtet. Der Schuldner wird erst dann von seiner Verpflichtung frei, wenn die gesamte Gattung, aus der nach dem Vertrag die Leistung zu erbringen ist, untergeht.

6. Hierfür bedarf es der Konkretisierung. Diese setzt nach § 243 Abs. 2 BGB voraus, dass der Schuldner das „seinerseits Erforderliche" (gemeint ist das zur Leistung einer Gattungssache von mittlerer Art und Güte Erforderliche) getan hat. Im Gesetz findet sich keine Aussage zu der Frage, was im Einzelfall das „seinerseits Erforderliche" ist. Maßgeblich ist insoweit der Leistungsort. Es kommt also darauf an, ob die Parteien eine Holschuld, eine Bringschuld oder eine Schickschuld vereinbart haben (siehe unten Frage 9).

7. Der Erfüllungsort (auch Leistungsort) ist der Ort, an dem der Schuldner seine Leistungshandlung vornehmen muss. Wo der Leistungsort liegt, hängt nach § 269 Abs. 1 BGB in erster Linie von der Vereinbarung der Parteien ab. In zweiter Linie kommt es auf die Umstände an (z. B. Tapezieren in der Wohnung des Auftraggebers). Sofern sich der Leistungsort auch nicht aus den Umständen entnehmen lässt, hat der Schuldner an seinem Wohnsitz die Leistungshandlung vorzunehmen. Leistungsort ist nach dem gesetzlichen Regelfall also der Wohnsitz des Schuldners.

Von dem Leistungsort zu unterscheiden ist der Erfolgsort. Dies ist der Ort, an dem der Leistungserfolg eintritt. Nicht selten fallen der Leistungsort und der Erfolgsort zusammen.

8. Von einer Holschuld spricht man, wenn der Leistungsort und der Erfolgsort beim Schuldner liegen. Der Schuldner hat seine Leistungshandlung an seinem Wohnsitz vorzunehmen; dort tritt auch der Leistungserfolg ein. Die Holschuld ist der gesetzliche Regelfall. Sie ist gegeben, wenn die Parteien nichts anderes vereinbart haben und sich auch nichts anderes aus den Umständen ergibt (vgl. § 269 Abs. 1 BGB).

   Bei der Bringschuld liegen dagegen sowohl der Leistungs- als auch der Erfolgsort beim Gläubiger. Der Schuldner muss beim Gläubiger die Leistungshandlung vornehmen; dort tritt auch der Leistungserfolg ein. Bringschulden sind die Ausnahme (vgl. § 269 Abs. 3 BGB).

   Zwischen der Hol- und der Bringschuld liegt die Schickschuld. Hier nimmt der Schuldner an seinem Wohnsitz die Leistungshandlung vor, indem er die Ware versendet. Der Leistungserfolg tritt aber erst beim Gläubiger ein, wenn die Ware eintrifft.

9. Bei der Holschuld muss der Schuldner Gegenstände „mittlerer Art und Güte" aus der Gattung auswählen und absondern sowie dem Gläubiger mitteilen, dass er die Ware abholen kann.

   Bei der Schickschuld muss der Schuldner erfüllungstaugliche Gegenstände (also solche „mittlerer Art und Güte") zur Versendung bringen (z. B. durch Übergabe an ein Transportunternehmen).

   Bei der Bringschuld muss der Schuldner erfüllungstaugliche Ware zum Gläubiger bringen und ihm dort tatsächlich anbieten.

10. Der Gläubiger gerät nicht in Annahmeverzug, wenn ihm der Schuldner die Leistung nicht am richtigen Ort anbietet, also z. B. im Falle einer Bringschuld erklärt, die Sache stehe bei ihm zur Abholung bereit. Umgekehrt verhindert die am falschen Ort vorgenommene Leistungshandlung den Eintritt des Schuldnerverzugs nicht.

11. Hinsichtlich der Leistungszeit wird zwischen Fälligkeit und Erfüllbarkeit unterschieden. Bei Fälligkeit muss der Schuldner leisten; ab dem Zeitpunkt der Fälligkeit kann der Gläubiger die Leistung fordern. Mit Erfüllbarkeit ist der Zeitpunkt gemeint, zu dem der Schuldner (frühestens) leisten darf. Es ist ja denkbar, dass der Gläubiger gar kein Interesse an einer sofortigen Leistung hat, z. B. weil ihm dann – bei einem verzinslichen Darlehen – Zinsen entgehen.

   Nach § 271 Abs. 1 BGB richtet sich die Leistungszeit grundsätzlich nach der Parteivereinbarung. Ist eine solche nicht getroffen und lässt sich die Leistungszeit auch nicht aus den Umständen entnehmen, treten Fälligkeit und Erfüllbarkeit sofort ein. Im Hinblick auf die Erfüllbarkeit enthält § 271 Abs. 2 BGB eine Auslegungsregel.

12. Bei absoluten Fixgeschäften kann die vereinbarte Leistung sinnvollerweise nur zu (oder bis zu) einem bestimmten Zeitpunkt erbracht werden. Wird die Leistungszeit nicht eingehalten, dann begründet dies die Unmöglichkeit der Leistung. Schulbeispiele sind der Brautstrauß zur Hochzeit, die Trauermusik zur Beerdigung und das Taxi zum Flughafen.

   Von einem relativen Fixgeschäft spricht man, wenn nach dem Willen der Parteien die Leistungszeit so wesentlich ist, dass das Geschäft mit ihrer Einhaltung „stehen und fallen" soll. Für die Annahme eines relativen Fixgeschäfts reicht es nicht aus, dass eine bestimmte Zeit für die Leistung vereinbart worden ist. Vielmehr muss zwischen den Parteien klar sein, dass der Gläubiger nach Ablauf der vereinbarten Zeit kein Interesse mehr an der Leistung hat (obwohl diese – anders als beim absoluten Fixgeschäft – nicht vollkommen sinnlos wäre). Als Beispiele für relative Fixgeschäfte können Kaufverträge über Saisonwaren angeführt werden, z. B. über Badekleidung, Weihnachtsmänner oder Kalender (zur Jahreswende). Im Gesetz ist das relative Fixgeschäft in § 323 Abs. 2 Nr. 2 BGB angesprochen. Dort ist davon die Rede, dass „der Gläubiger im Vertrag den Fortbestand seines Leistungsinteresses an die Rechtzeitigkeit der Leistung gebunden hat".

13. Nein, eine Leistung in Person ist in der Regel nicht erforderlich. Nach § 267 Abs. 1 BGB kann auch ein Dritter die Leistung bewirken, wenn der Schuldner nicht in Person zu leisten hat. In Person zu leisten hat im Zweifel z. B. der Schuldner einer Dienstleistung (§ 631 Satz 1 BGB).

14. Die Einrede des nicht erfüllten Vertrags kann der Schuldner erheben, wenn die folgenden Voraussetzungen vorliegen:

  ► Es muss ein gegenseitiger Vertrag gegeben sein.

  ► Im Gegenseitigkeitsverhältnis stehende Pflichten (d. h. Hauptleistungspflichten) aus diesem Vertrag stehen einander gegenüber.

  ► Die dem Schuldner gegen den Gläubiger zustehende Forderung ist bereits fällig.

  ► Die Einrede ist nicht ausgeschlossen, weil der Schuldner zur Vorleistung verpflichtet ist.

15. Die Voraussetzungen des Zurückbehaltungsrechts nach § 273 BGB sind die folgenden:

  ► Zwei Personen haben Ansprüche gegeneinander.

  ► Der Anspruch des – das Zurückbehaltungsrecht ausübenden – Schuldners muss durchsetzbar sein.

  ► Die gegenseitigen Ansprüche müssen auf demselben rechtlichen Verhältnis beruhen (sogenannte Konnexität). Dabei genügt es, wenn die Ansprüche auf einem einheitlichen Lebensverhältnis beruhen und zwischen ihnen ein natürlicher und wirtschaftlicher Zusammenhang besteht, der es rechtfertigt, dass der eine Anspruch nicht unabhängig vom anderen durchgesetzt werden kann.

  ► Kein Anschluss des Zurückbehaltungsrechts.

16. Nein, die Geltendmachung der in §§ 320 und 273 BGB geregelten Einreden führt lediglich dazu, dass der Schuldner zur Leistung Zug um Zug gegen Empfang der ihm gebührenden Gegenleistung verurteilt wird (§§ 322 Abs. 1, 274 Abs. 1 BGB).

Kapitel 9: Das Erlöschen von Schuldverhältnissen

1. Von einer Leistung an Erfüllungs statt spricht man, wenn der Gläubiger eine andere als die geschuldete Leistung als Erfüllung annimmt (§ 364 Abs. 1 BGB). Als Beispiel sei der Fall angeführt, dass das gekaufte Gebrauchtrad vor der Übergabe gestohlen wird. Eine Leistung an Erfüllungs statt liegt in diesem Fall vor, wenn der Käufer sich bereit erklärt, anstelle des ursprünglich gekauften ein anderes gebrauchtes Fahrrad als Erfüllung anzunehmen, das sich in einem vergleichbaren Zustand wie das von ihm gekaufte befindet.

Bei der Leistung erfüllungshalber nimmt der Gläubiger zwar auch eine andere als die geschuldete Leistung entgegen. Er akzeptiert diese andere Leistung aber nicht als Erfüllung des Vertrages. Vielmehr bleibt die ursprüngliche Verpflichtung aus dem Vertrag bestehen. Der Gläubiger ist allerdings gehalten, zunächst aus der von ihm erfüllungshalber entgegen genommenen Leistung Befriedigung zu suchen. So ist z. B. der Fall vorstellbar, dass S dem G 500 € schuldet. Wenn sich G in dem Fall von S erfüllungshalber eine Forderung des S gegen D i. H. von 500 € abtreten lässt, dann muss G zunächst gegen D vorgehen, um an sein Geld zu kommen. Wenn er allerdings bei D keinen Erfolg hat, dann kann er sich wieder an S halten.

2. Erfüllungssurrogate sind Ersatzhandlungen, durch deren Vornahme sich der Schuldner von seiner Leistungspflicht befreien kann. Beispiele sind die Aufrechnung (§§ 387 ff. BGB) und die Hinterlegung (§§ 372 ff. BGB).

3. Erstens muss eine sogenannte Aufrechnungslage gegeben sein (§ 387 BGB). Eine solche setzt voraus:

   ▶ Gegenseitigkeit: Zwei Personen müssen „einander Leistungen" schulden. A kann nicht mit einer Forderung, die er gegen D hat, gegen eine Schuld gegenüber B aufrechnen. Die Forderung, mit der aufgerechnet wird, heißt „Gegenforderung"; die Forderung, gegen die aufgerechnet wird, wird als „Hauptforderung" bezeichnet.

   ▶ Gleichartigkeit: Die sich gegenüber stehenden Forderungen müssen gleichartig sein. Als Faustregel gilt: Man kann nicht Äpfel gegen Birnen aufrechnen. Typischerweise ist Gleichartigkeit deswegen gegeben, weil beide Parteien einander Geld schulden.

   ▶ Fälligkeit der Gegenforderung und Erfüllbarkeit der Hauptforderung: Die Forderung, mit der der Schuldner aufrechnen will, muss schon fällig sein. Was man noch nicht fordern kann, kann man auch noch nicht zur Aufrechnung stellen. Die Forderung, gegen die aufgerechnet wird (Hauptforderung), muss zumindest erfüllbar sein.

   ▶ Einredefreiheit der Gegenforderung: Die Forderung, die man zur Aufrechnung einsetzen möchte, muss einredefrei sein, § 390 BGB. Wenn der Gläubiger gegen die zur Aufrechnung gestellte Forderung berechtigte Einwendungen hat, kann diese nicht zur Aufrechnung benutzt werden.

   Zweitens darf die Aufrechnung nicht ausgeschlossen sein. Einen Ausschluss der Aufrechnung regeln z. B. die §§ 393 und 394 BGB.

4. Die Aufrechnung bedeutet für denjenigen, der aufrechnen kann, eine Erleichterung der Tilgung der gegen ihn gerichteten Forderung. Das unnötige Hin- und Herzahlen von Geldbeträgen wird vermieden. Der zur Aufrechnung Berechtigte muss an seinen Gläubiger nicht leisten, sondern kann sich durch Aufrechnung befreien. Die Aufrechnung dient also der Tilgungserleichterung.

   Ferner muss sich der Aufrechnungsberechtigte keine Sorgen darüber machen, dass sein Schuldner nicht zahlen kann oder will: Er kann seine Schuld im Wege der Aufrechnung „eintreiben". Der Aufrechnung kommt somit auch eine Vollstreckungsfunktion zu.

5. B schuldet dem A aus einem Vertrag 5 000 €; diese Forderung des A gegen B, die seit Jahren fällig ist, ist mit Ablauf des 31. 12. 2010 verjährt. Aus einem anderen Vertrag schuldet umge-

kehrt A dem B 5 000 €; diese Forderung des B gegen A ist seit Mitte des Jahres 2010 fällig und auch noch nicht verjährt.

Gemäß § 390 BGB kann zwar mit einer Forderung, die mit einer Einrede behaftet ist, nicht aufgerechnet werden. Hier kann B gegenüber der Forderung des A die Einrede der Verjährung erheben (§ 214 Abs. 1 BGB). Für die Einrede der Verjährung macht § 215 BGB aber eine beschränkte Ausnahme von der in § 390 BGB getroffenen Regelung. Diese Ausnahme führt hier dazu, dass A mit seiner Forderung in Höhe von 5 000 € gegen die Forderung des B i. H. von 5 000 € noch im Jahr 2011 aufrechnen kann, obwohl seine Forderung laut Sachverhalt mit Ablauf des 31. 12. 2010 verjährt ist. A hätte nämlich schon Mitte des Jahres 2010 – also zu einem Zeitpunkt, zu dem seine Forderung gegen B noch nicht verjährt war – aufrechnen können. Dieses Recht erhält ihm § 215 BGB.

6. Rücktritt und Kündigung führen nicht nur zum Erlöschen eines Anspruchs, sondern betreffen die gesamten Rechtsbeziehungen zwischen Gläubiger und Schuldner, also das Schuldverhältnis im weiteren Sinn.

Der Rücktritt ist bei Schuldverhältnissen möglich, die auf den einmaligen Austausch von Leistungen abzielen. Die Ausübung des Rücktrittsrechts führt dazu, dass der Vertrag rückabgewickelt werden muss. Es wird der Zustand angestrebt, der bestünde, wenn der Vertrag nie geschlossen worden wäre. Man spricht von einer Wirkung „ex tunc".

Der Kündigung unterliegen dagegen Dauerschuldverhältnisse, aus denen fortwährend Rechte und Pflichten entspringen (z. B. Arbeits- oder Mietverträge). Die Kündigung führt nur dazu, dass das betreffende Dauerschuldverhältnis für die Zukunft beendet. Sie wirkt also nur „ex nunc".

Kapitel 10: Störungen im Schuldverhältnis

ANTWORTEN

1. ▶ Unmöglichkeit der Leistung;

   ▶ Verzögerung der Leistung;

   ▶ Schlechtleistung;

   ▶ Verletzung von Pflichten nach § 241 Abs. 2 BGB;

   ▶ Verzug des Gläubigers.

2. § 280 Abs. 1 BGB ist die zentrale Anspruchsgrundlage, wenn der Gläubiger vom Schuldner Schadensersatz wegen der Verletzung einer Pflicht aus dem Schuldverhältnis verlangt.

   Wenn der Gläubiger im Falle der anfänglichen Unmöglichkeit vom Schuldner Schadensersatz statt der Leistung verlangt, dann gehört § 280 Abs. 1 BGB nicht zur Anspruchsgrundlage. Anspruchsgrundlage ist in diesem Fall vielmehr § 311a Abs. 2 BGB.

3. Diese Frage ist in § 280 Abs. 2 und 3 BGB beantwortet. Demnach ist § 280 Abs. 1 BGB als Anspruchsgrundlage nicht ausreichend,

- ▶ wenn der Gläubiger Schadensersatz wegen Verzögerung der Leistung verlangt. Anspruchsgrundlage sind in diesem Fall §§ 280 Abs. 1 und 2, 286 BGB.

- ▶ wenn der Gläubiger Schadensersatz statt der Leistung verlangt. Anspruchsgrundlage sind in diesem Fall § 280 Abs. 1 und 3 BGB in Verbindung mit § 281 BGB, in Verbindung mit § 282 BGB oder in Verbindung mit § 283 BGB.

4. Diese Frage ist für das Bestehen von Schadensersatzansprüchen von Bedeutung. Den Schuldner, der eine Pflicht aus dem Schuldverhältnis verletzt hat, trifft nach § 280 Abs. 1 Satz 2 BGB keine Ersatzpflicht, wenn er die Pflichtverletzung nicht zu vertreten hat. Ebenso entfällt in den Fällen der anfänglichen Unmöglichkeit die Ersatzpflicht aus § 311a Abs. 2 BGB, wenn der Schuldner das Leistungshindernis bei Vertragsschluss weder kannte noch kennen musste (§ 311a Abs. 2 Satz 2 BGB).

5. Grundsätzlich hat der Schuldner gemäß § 276 Abs. 1 BGB Vorsatz und Fahrlässigkeit zu vertreten. Vorsätzlich handelt der Schuldner dann, wenn er um den Erfolg weiß und diesen auch will und wenn er sich der Widerrechtlichkeit seines Handelns bewusst ist. Fahrlässigkeit wird in § 276 Abs. 2 BGB als Außerachtlassung der im Verkehr erforderlichen Sorgfalt definiert.

6. Nach §§ 521 und 599 BGB haften der Schenker und der Verleiher nur für Vorsatz und grobe Fahrlässigkeit. Ferner hat der Schuldner während des Annahmeverzugs nur Vorsatz und grobe Fahrlässigkeit zu vertreten, § 300 Abs. 1 BGB. Nur für die Sorgfalt, die er in eigenen Angelegenheiten anzuwenden pflegt, haftet z. B. derjenige, der eine Sache unentgeltlich in Verwahrung nimmt, § 690 BGB.

Während des Verzugs haftet der Schuldner wegen der Leistung gem. § 287 Satz 2 BGB auch für Zufall.

7. Nach allgemeiner Auffassung befreit auch unverschuldetes Unvermögen den Schuldner einer Geldschuld nicht von seiner Zahlungspflicht. Es gilt der Grundsatz: „Geld muss man haben." Man sagt, für den Schuldner einer Geldschuld ergebe sich aus dem „sonstigen Inhalt des Schuldverhältnisses" (so der Wortlaut des § 276 Abs. 1 Satz 1 BGB) eine im Vergleich zur sonst üblichen Verschuldenshaftung strengere Haftung. Der Schuldner einer Geldschuld wird also auf eine Klage hin auch dann zur Zahlung verurteilt, wenn er unverschuldet in Not geraten ist. Die Rechtsordnung berücksichtigt im Falle von Geldschulden das Unvermögen zur Leistung nämlich erst dann, wenn es zur Zwangsvollstreckung kommt: Das, was der Schuldner zum Leben braucht, ist dem Vollstreckungszugriff entzogen.

8. Den Schuldner einer Gattungsschuld trifft die Verpflichtung, sich ggf. erfüllungstaugliche Stücke aus der Gattung zu beschaffen, damit er seine Leistung erbringen kann. Darüber hinaus übernimmt der Schuldner einer Gattungsschuld ein Beschaffungsrisiko, indem er dafür garantiert, dass er typische Beschaffungshindernisse überwindet. Für das Auftreten von außergewöhnlichen, atypischen Beschaffungshindernissen muss der Schuldner aber nicht einstehen. Wenn also der Gattungsschuldner nicht liefern kann, weil er seinerseits von seinem Lieferanten im Stich gelassen worden ist, dann haftet er. Dagegen ist der Schuldner nicht verantwortlich, wenn er infolge eines plötzlich ausgebrochenen Bürgerkrieges nicht zur Leistung imstande ist.

9. Gemäß § 278 BGB hat der Schuldner das Verschulden seines gesetzlichen Vertreters sowie seiner Erfüllungsgehilfen wie eigenes Verschulden zu vertreten.

10. Erfüllungsgehilfe ist derjenige, der mit Wissen und Willen des Schuldners in die Erfüllung einer Verbindlichkeit des Schuldners eingeschaltet ist.

11. Nach dem Zeitpunkt, zu dem das Leistungshindernis eintritt, wird unterschieden zwischen anfänglicher und nachträglicher Unmöglichkeit. Ist die Leistung schon bei Abschluss des Vertrags unmöglich, dann spricht man von anfänglicher oder ursprünglicher Unmöglichkeit. Tritt die Unmöglichkeit erst später ein, dann ist nachträgliche Unmöglichkeit gegeben.

Des Weiteren kann unterschieden werden zwischen objektiver und subjektiver Unmöglichkeit. Abgrenzungskriterium ist die Frage, für wen die Leistung unmöglich geworden ist. Wenn niemand in der Lage ist die Leistung zu erbringen, liegt objektive Unmöglichkeit vor. Kann dagegen eine dritte Person die Leistung erbringen, der Schuldner aber nicht, dann spricht man von subjektiver Unmöglichkeit oder Unvermögen.

Darüber hinaus ist zwischen vollständiger, teilweiser und qualitativer Unmöglichkeit zu differenzieren. Die teilweise und die qualitative Unmöglichkeit haben gemeinsam, dass der Schuldner die Leistung nicht vollständig erbringen kann. Eine teilweise Unmöglichkeit liegt vor, wenn der Schuldner einer teilbaren Leistung seiner Verpflichtung nur teilweise nachkommen kann (von den letzten zehn Flaschen des seltenen Weines sind fünf zu Bruch gegangen). Eine qualitative Unmöglichkeit liegt vor, wenn der Schuldner nicht in der versprochenen Qualität leisten kann (der verkaufte Gebrauchtwagen ist entgegen der Vereinbarung ein Unfallwagen).

Schließlich kann man danach unterscheiden, ob der Schuldner die Unmöglichkeit zu vertreten hat oder nicht. Dementsprechend gibt es eine vom Schuldner zu vertretende und eine vom Schuldner nicht zu vertretende Unmöglichkeit. Bisweilen kommt es auch vor, dass der Gläubiger die Unmöglichkeit zu vertreten hat.

12. Während bei der objektiven Unmöglichkeit die Leistung nicht mehr erbracht werden kann, ist sie in den unter § 275 Abs. 2 und 3 BGB fallenden Sachverhalten noch möglich. Der Schuldner ist allerdings berechtigt, die Leistung zu verweigern, weil sie entweder „einen Aufwand erfordert, der unter Beachtung des Inhalts des Schuldverhältnisses und der Gebote von Treu und Glauben in einem groben Missverhältnis zu dem Leistungsinteresse des Gläubigers steht" (§ 275 Abs. 2 Satz 1 BGB) oder wenn der Schuldner die Leistung persönlich zu erbringen hat „und sie ihm unter Abwägung des seiner Leistung entgegenstehenden Hindernisses mit dem Leistungsinteresse des Gläubigers nicht zugemutet werden kann" (§ 275 Abs. 3 BGB). Die Behebung des Leistungshindernisses ist zwar theoretisch möglich, kann aber von einem vernünftigen Gläubiger nicht erwartet werden.

Der Schuldner wird, anders als in den Fällen des § 275 Abs. 1 BGB, nicht durch Gesetz von seiner Primärleistungsverpflichtung frei. Vielmehr entfällt diese Verpflichtung erst, wenn sich der Schuldner auf das Leistungsverweigerungsrecht beruft.

13. Ein Fall des § 275 Abs. 2 BGB liegt aus dem folgenden Grund nicht vor: Wenn die Branntweinsteuer z. B. um 10 € pro Liter erhöht worden ist, dann muss der Verkäufer für die Leistung je eines Liters des verkauften Branntweins einen um 10 € erhöhten Aufwand erbringen. Dies führt aber nicht dazu, dass der Aufwand des Verkäufers (= Schuldners) in einem groben Missverhältnis zum Leistungsinteresse des Käufers (= Gläubigers) steht: Denn das Leistungsinteresse des Käufers erhöht sich genau um die 10 € je Liter, die der Verkäufer in den Branntwein unfreiwillig investiert hat.

Da der Vertrag für den Verkäufer nunmehr völlig uninteressant ist, werden derartige Fälle auch als Fälle der „wirtschaftlichen Unmöglichkeit" bezeichnet. Diese fallen in den Anwendungsbereich des § 313 BGB, sind also nach den Grundsätzen über die Störung der Geschäftsgrundlage zu behandeln.

14. Mit Gegenleistungsgefahr (= Preisgefahr) ist das Risiko gemeint, die geschuldete Gegenleistung erbringen zu müssen, obwohl die Leistung infolge eines „Zufalls" nicht mehr erbracht werden muss. Mit „Zufall" ist ein Umstand gemeint, den weder der Schuldner noch der Gläubiger zu vertreten haben. Die allgemeine Regelung findet sich in § 326 Abs. 1 Satz 1 Halbsatz 1 BGB: Wenn der Schuldner gem. § 275 Abs. 1 bis 3 BGB nicht zu leisten braucht, dann entfällt sein Anspruch auf die Gegenleistung. Weil der Gläubiger der gestörten Leistung also die von ihm geschuldete Gegenleistung nicht erbringen muss, trägt nach der allgemeinen Vorschrift des § 326 der Schuldner der gestörten Leistung die Gegenleistungsgefahr. Eine Ausnahme hiervon ist z. B. in § 447 Abs. 1 BGB geregelt: Wenn die Voraussetzungen dieser Bestimmung vorliegen, muss der Käufer (= Gläubiger der gestörten Leistung) den (vollen) Kaufpreis bezahlen, auch wenn die Sache während des Transports zerstört oder beschädigt wird. Eine weitere Ausnahme bildet § 326 Abs. 2 Satz 1 Alt. 2 BGB.

15. ▶ Soweit die Leistung unmöglich ist, ist der Schuldner von seiner primären Leistungspflicht befreit, § 275 Abs. 1 BGB.

   ▶ Der Gläubiger der unmöglichen Leistungen ist in den Fällen der vollständigen und teilweisen Unmöglichkeit gem. 326 Abs. 1 Satz 1 BGB von seiner Pflicht zur Erbringung der Gegenleistung befreit (anders bei der qualitativen Unmöglichkeit, § 326 Abs. 1 Satz 2 BGB).

   ▶ Unter den Voraussetzungen des § 285 BGB kann der Gläubiger das „stellvertretende commodum" verlangen.

   ▶ Der Gläubiger kann gem. § 326 Abs. 5 BGB vom Vertrag zurücktreten.

   ▶ Unter den Voraussetzungen der §§ 280 Abs. 1 und 3, 283 BGB bzw. des § 311a Abs. 2 BGB kann der Gläubiger vom Schuldner Schadensersatz statt der Leistung verlangen.

   Anstelle des Schadensersatzes statt der Leistung kann der Gläubiger gem. § 284 BGB Aufwendungsersatz verlangen.

16. a) § 311a Abs. 2 BGB,

   b) §§ 280 Abs. 1 und 3, 283 BGB.

17. Der Gläubiger ist im wirtschaftlichen Ergebnis so zu stellen, wie wenn der Schuldner seine Leistung ordnungsgemäß (also rechtzeitig und in der geschuldeten Qualität) erbracht hätte.

18. Der Aufwendungsersatzanspruch ist vor allem dann von Bedeutung, wenn der Gläubiger gar nicht die Absicht hatte, durch das Geschäft Gewinn zu erzielen, und er daher durch das Ausbleiben der Leistung keinen Schaden erlitten hat. In diesem Fall wird der Gläubiger daher den Ersatz seiner vergeblichen Aufwendungen verlangen.

19. Ebenso wie den Fällen der Unmöglichkeit erbringt der Schuldner im Falle des § 281 BGB seine fällige Leistung gar nicht oder jedenfalls nicht wie geschuldet. Anders als bei der Unmöglichkeit kann der Schuldner die ordnungsgemäße Leistung aber noch nachholen. Wenn die Leistung nicht nachholbar wäre, dann wäre es ja sinnlos, wenn der Gläubiger – wie in § 281 BGB geregelt – dem Schuldner eine Frist zur Leistung oder Nacherfüllung setzen würde.

20. Der Anspruch aus §§ 280 Abs. 1 und 3, 281 BGB setzt voraus:

   ► ein bestehendes Schuldverhältnis;

   ► die Verletzung einer fälligen und durchsetzbaren Leistungspflicht aus diesem Schuldverhältnis (hier: Schlechtleistung);

   ► die fortbestehende Möglichkeit der ordnungsgemäßen Leistungserbringung;

   ► den fruchtlosen Ablauf einer angemessenen Frist zur Nacherfüllung;

   ► dass der Schuldner die Schlechtleistung oder die nicht fristgerechte Nacherfüllung zu vertreten hat (das Vertretenmüssen wird gem. § 280 Abs. 1 Satz 2 BGB vermutet).

21. Das Rücktrittsrecht aus § 323 BGB ist von den folgenden Voraussetzungen abhängig:

   ► Es muss ein gegenseitiger Vertrag vorliegen.

   ► Der Schuldner muss eine fällige und durchsetzbare Leistungspflicht verletzt haben, indem er entweder gar nicht oder nicht vertragsgemäß geleistet hat.

   ► Die ordnungsgemäße Leistungserbringung muss noch möglich sein.

   ► Eine dem Schuldner vom Gläubiger gesetzte angemessene Frist zur Leistung oder zur Nacherfüllung muss fruchtlos abgelaufen sein.

   ► In den Fällen des § 323 Abs. 2 Nr. 1 bis 3 BGB ist die Fristsetzung entbehrlich.

   ► Der Rücktritt darf nicht nach § 323 Abs. 5 Satz 2 oder Abs. 6 BGB ausgeschlossen sein. Der in § 323 Abs. 5 Satz 2 BGB geregelte Ausschlussgrund betrifft nur die Schlechtleistung.

22. Der Rücktritt wegen nicht vertragsgemäßer Leistung (= Schlechtleistung) ist ausgeschlossen, wenn

   ► die Pflichtverletzung unerheblich ist (§ 323 Abs. 5 Satz 2 BGB);

   ► der Gläubiger für den Umstand, der ihn zum Rücktritt berechtigen würde (also für die Schlechtleistung), allein oder weit überwiegend verantwortlich ist (§ 323 Abs. 6 BGB);

   ► der Schuldner den zum Rücktritt berechtigenden Umstand nicht zu vertreten hat und dieser Umstand zu einem Zeitpunkt eintritt, zu dem sich der Gläubiger im Annahmeverzug befindet (§ 323 Abs. 6 BGB).

23. Schuldhafte Nichtleistung trotz Fälligkeit und Mahnung (oder etwas genauer: Schuldhafte Nichterfüllung eines durchsetzbaren und fälligen Anspruchs trotz Mahnung).

24. Sowohl im Falle der Unmöglichkeit als auch beim Verzug erbringt der Schuldner die geschuldete Leistung nicht. Verzug kann aber nur so lange vorliegen, als dem Schuldner die Erbringung der Leistung überhaupt noch möglich ist. Unmöglichkeit und Verzug schließen sich gegenseitig aus.

25. Die Voraussetzungen des Schuldnerverzugs sind in § 286 BGB geregelt. Im Einzelnen wird vorausgesetzt,

   ► dass ein Schuldverhältnis besteht;

   ► dass der Schuldner bei Fälligkeit einen durchsetzbaren Anspruch aus diesem Schuldverhältnis nicht erfüllt;

   ► dass dem Schuldner die Erbringung der Leistung noch möglich ist (ansonsten läge Unmöglichkeit vor);

▶ dass der Gläubiger den Schuldner nach Eintritt der Fälligkeit gemahnt hat (in den Fällen des § 286 Abs. 2 BGB ist eine Mahnung entbehrlich);

▶ dass Schuldner die Leistungsverzögerung zu vertreten hat (das Vertretenmüssen wird gem. § 286 Abs. 4 BGB vermutet).

26. Eine Mahnung ist jede eindeutige und bestimmte Aufforderung an den Schuldner, mit der der Gläubiger unzweideutig zum Ausdruck bringt, dass er die geschuldete Leistung verlangt.

27. Eine Mahnung ist gem. § 286 Abs. 2 BGB entbehrlich,

▶ wenn der Leistungszeitpunkt nach dem Kalender bestimmt ist (§ 286 Abs. 2 Nr. 1 BGB);

> **BEISPIEL** ▶ Es wurde Lieferung bis zum 30. 4. vereinbart.

▶ wenn die Parteien vereinbart haben, dass der Leistung ein Ereignis vorauszugehen hat und die Zeit für die Leistung von dem Eintritt des Ereignisses an nach dem Kalender berechnet werden kann. Zwischen dem Ereignis und dem Leistungszeitpunkt muss aber eine „angemessene" Zeitspanne liegen (§ 286 Abs. 2 Nr. 2 BGB);

> **BEISPIEL** ▶ Es ist vereinbart, dass der Käufer zwei Wochen nach Zugang der Rechnung zahlen muss.

▶ wenn der Schuldner die Erfüllung ernsthaft und endgültig verweigert (§ 286 Abs. 2 Nr. 3 BGB);

> **BEISPIEL** ▶ Der Verkäufer erklärt, er werde keinesfalls liefern, weil er es sich anders überlegt habe.

▶ wenn der sofortige Verzugseintritt aus besonderen Gründen unter Abwägung der beiderseitigen Interessen gerechtfertigt ist (§ 284 Abs. 2 Nr. 4 BGB);

> **BEISPIEL** ▶ Der Klempner wird zur Reparatur eines Wasserrohrbruchs gerufen.

28. In den Fällen des § 286 Abs. 2 Nr. 1 und 2 BGB weiß der Schuldner ohnehin, bis wann er spätestens leisten muss. Eine Mahnung ist daher überflüssig. In den Fällen des § 286 Abs. 2 Nr. 3 und 4 BGB kann dem Gläubiger nach Treu und Glauben nicht zugemutet werden, dass er den Schuldner mahnt. So ist z. B. eine Mahnung offensichtlich zwecklos und damit unzumutbar, wenn der Schuldner von vornherein die Leistung ernsthaft und endgültig verweigert (vgl. § 286 Abs. 2 Nr. 3 BGB).

29. Der Schuldner muss dem Gläubiger den Verzögerungsschaden ersetzen (§§ 280 Abs. 1 und 2, 286 BGB), er muss Verzugszinsen entrichten (§ 288 BGB) und unterliegt während des Verzugs einer verschärften Haftung (§ 287 BGB).

30. Der Gläubigerverzug (oder Annahmeverzug) ist in den §§ 293 ff. BGB geregelt. Gemäß § 293 BGB kommt der Gläubiger in Verzug, wenn er die ihm angebotene Leistung nicht annimmt. Die Voraussetzungen für den Gläubigerverzug sind:

▶ Leistungsberechtigung des Schuldners;

▶ Leistungsvermögen des Schuldners (vgl. § 297 BGB);

▶ Angebot der Leistung;

Grundsätzlich ist gem. § 294 BGB ein tatsächliches Angebot erforderlich. Ausnahmen von diesem Grundsatz sind in den §§ 295 und 296 BGB geregelt. Im Falle des § 295 BGB genügt ein wörtliches Angebot, im Falle des § 296 BGB ist ein Angebot überflüssig.

▶ Nichtannahme der ordnungsgemäß angebotenen Leistung durch den Gläubiger.

31. Während des Verzugs des Gläubigers haftet der Schuldner nur für Vorsatz und grobe Fahrlässigkeit, § 300 Abs. 1 BGB. Von der Haftung für leichte Fahrlässigkeit ist der Schuldner also befreit.

Der Gläubiger einer Gattungsschuld trägt während des Gläubigerverzugs die Leistungsgefahr, § 300 Abs. 2 BGB.

Ferner trägt der Gläubiger während des Annahmeverzugs gem. § 326 Abs. 2 Satz 1 Alt. 2 BGB die Gegenleistungsgefahr. Er muss also seine Gegenleistung auch dann erbringen, wenn die ihm gebührende Leistung infolge eines Zufalls untergeht oder verschlechtert wird.

32. Nein. Der Gläubiger, der sich im Annahmeverzug befindet, muss zwar einige Nachteile in Kauf nehmen. Der Annahmeverzug bewirkt aber nicht, dass der Schuldner von seiner Pflicht frei wird.

Kapitel 11: Vertragliche Schuldverhältnisses: Kaufrecht

ANTWORTEN

1. Das Kaufrecht ist in den §§ 433 – 479 BGB geregelt.

Die Primärpflicht des Verkäufers besteht darin, dem Käufer die Sache zu übergeben und das Eigentum an der mangelfreien Sache zu verschaffen (§ 433 Abs. 1 BGB).

Der Käufer ist verpflichtet, dem Verkäufer den vereinbarten Kaufpreis zu zahlen und die gekaufte Sache abzunehmen (§ 433 Abs. 2 BGB).

2. Ein Verbrauchsgüterkauf liegt nach der in § 474 Abs. 1 Satz 1 BGB enthaltenen Definition dann vor, wenn ein Verbraucher von einem Unternehmer eine bewegliche Sache kauft. Der Begriff „Verbraucher" ist in § 13 BGB definiert, der Begriff „Unternehmer" in § 14 Abs. 1 BGB.

3. Nein. Der Kaufvertrag ist ein Verpflichtungsgeschäft, in dem sich der Verkäufer lediglich dazu verpflichtet, dem Käufer das Eigentum an der verkauften Sache zu verschaffen.

Zur Erfüllung dieser Verpflichtung ist die Vornahme eines weiteren Rechtsgeschäfts erforderlich, nämlich einer Übereignung. Die Übereignung ist ein Verfügungsgeschäft, durch das das Eigentum unmittelbar vom Veräußerer auf den Erwerber übertragen wird. Die Übereignung von beweglichen Sachen, wie z. B. von Kraftfahrzeugen, ist in den §§ 929 ff. BGB geregelt. Sie erfolgt dadurch, dass der Veräußerer dem Erwerber die Sache übergibt und dass sich beide darüber einig sind, dass das Eigentum auf den Erwerber übergehen soll.

4. Das Gesetz sieht als mögliche Kaufgegenstände Sachen (§ 433 Abs. 1 BGB) sowie Rechte und sonstige Gegenstände (§ 453 Abs. 1 BGB) vor. Sonstige Gegenstände sind alle umlauffähigen Güter, die weder eine Sache noch ein Recht sind, z. B. Elektrizität oder Fernwärme.

5. §§ 446 Satz 1, 446 Satz 3 und 447 BGB.

6. Die Vorschriften über die kaufrechtliche Mängelgewährleistung sind ab dem Zeitpunkt der Übergabe der Sache anwendbar. Bis dahin finden die Vorschriften des allgemeinen Schuldrechts Anwendung.

7. § 433 Abs. 1 Satz 2 BGB verzahnt das kaufrechtliche Gewährleistungsrecht mit dem Allgemeinen Schuldrecht. Nach dieser Vorschrift ist der Verkäufer verpflichtet, dem Käufer die Sache frei von Sach- und Rechtsmängeln zu verschaffen.

   Der Verkäufer erbringt daher seine Leistung weder „wie geschuldet" (vgl. § 281 BGB) noch „vertragsgemäß" (vgl. § 323 BGB), wenn er dem Käufer lediglich eine mangelhafte Sache liefert. Eine Anwendung der §§ 281 und 323 BGB kommt nur in Betracht, wenn der Mangel behebbar ist. Beide Vorschriften setzen nämlich voraus, dass die ordnungsgemäße (also mangelfreie) Leistung noch möglich ist.

   Kann der Mangel dagegen nicht behoben werden und ist der Verkäufer daher nicht in der Lage, die Sache in der (gem. § 433 Abs. 1 Satz 2 BGB) geschuldeten Qualität zu liefern, dann liegt ein Fall der Unmöglichkeit (§ 275 BGB) vor. Man spricht von qualitativer Unmöglichkeit. Der Käufer kann in diesem Fall gem. § 326 Abs. 5 BGB vom Vertrag zurücktreten. Ferner kann er bei Vorliegen von weiteren Voraussetzungen vom Verkäufer gem. § 311a Abs. 2 BGB (anfängliche qualitative Unmöglichkeit) oder gem. §§ 280 Abs. 1 und 3, 283 BGB (nachträgliche qualitative Unmöglichkeit) Schadensersatz statt der Leistung verlangen.

8. Nach § 434 BGB ist die Sache mangelhaft,
   ▶ wenn bei Gefahrübergang die Istbeschaffenheit der Sache von der Sollbeschaffenheit abweicht (vgl. § 434 Abs. 1 BGB);
   ▶ wenn der Verkäufer die Pflicht zur Montage der Kaufsache übernommen hat und die Kaufsache fehlerhaft montiert wird (§ 434 Abs. 2 Satz 1 BGB);
   ▶ wenn bei einer zur Montage bestimmten Sache die Montageanleitung mangelhaft ist (§ 434 Abs. 2 Satz 2 BGB);
   ▶ wenn der Verkäufer eine andere als die verkaufte Sache liefert (§ 434 Abs. 3 BGB);
   ▶ wenn der Verkäufer eine zu geringe Menge liefert (§ 434 Abs. 3 BGB); bei einer „offenen" Mankolieferung liegt aber kein Sachmangel, sondern eine teilweise Nichterfüllung vor.

9. Die Frage nach der vom Verkäufer geschuldeten Beschaffenheit (Sollbeschaffenheit) ist in § 434 Abs. 1 BGB geregelt.

   Nach dieser Vorschrift kommt es in erster Linie darauf an, was die Parteien vereinbart haben. Nach § 434 Abs. 1 Satz 1 BGB ist die Sache nämlich frei von Sachmängeln, wenn sie bei Gefahrübergang die vereinbarte Beschaffenheit aufweist. Beim Kauf einer Perlenkette zu einem Preis in Höhe von zehn Euro kann z. B. angenommen werden, dass die Parteien übereinstimmend davon ausgegangen sind, die Perlen seien nicht echt.

   Nur in dem Fall, dass die Parteien keine Beschaffenheitsvereinbarung getroffen haben, ist für die Bestimmung der Sollbeschaffenheit auf die Eignung für die nach dem Vertrag vorausgesetzte Verwendung abzustellen (§ 434 Abs. 1 Satz 2 Nr. 1 BGB). Die Eignung zur vertraglich vorausgesetzten Verwendung ist also erst in zweiter Linie maßgebend. Als Beispiel sei der Fall angeführt, dass ein Wäschetrockner in einem vom Verkäufer vorher besichtigten Kellerraum aufgestellt werden soll. Wenn der Wäschetrockner in diesem Raum nicht in Betrieb genommen werden kann, weil dort keine Abluftanlage vorhanden ist, dann eignet er sich nicht zu der im Vertrag vorausgesetzten Verwendung.

   Auf die Eignung zur gewöhnlichen Verwendung schließlich darf nur dann zurückgegriffen werden, wenn weder eine Beschaffenheitsvereinbarung getroffen wurde noch im Vertrag eine bestimmte Verwendung vorausgesetzt worden ist. Die Eignung zur gewöhnlichen Verwendung darf also nur subsidiär zur Bestimmung der Sollbeschaffenheit herangezogen werden. Beispiele, in denen sich die Sache nicht zur gewöhnlichen Verwendung eignet, lassen sich leicht finden: Die Gummistiefel sind nicht wasserdicht; die Fischkonserve ist verdorben usw.

10. Gemäß § 434 Abs. 1 Satz 1 BGB muss die Sache „bei Gefahrübergang" frei von Mängeln sein. Grundsätzlich geht die Gefahr gem. § 446 Satz 1 BGB mit der Übergabe auf den Käufer über.

11. In § 435 BGB.

12. Im Gewährleistungsprozess muss der Verkäufer beweisen, dass die von ihm gelieferte Sache mangelfrei ist. Wenn aber der Käufer die Sache als Erfüllung angenommen hat, dann trifft ihn die Beweislast für die Mangelhaftigkeit der Sache (§ 363 BGB).

13. Beim Verbrauchsgüterkauf gilt die für den Käufer günstige Beweislastregel des § 476 BGB. Wenn sich innerhalb von sechs Monaten seit Gefahrübergang ein Mangel zeigt, dann wird vermutet, dass die Sache schon bei Gefahrübergang mangelhaft gewesen ist. Kann der Käufer also nachweisen, dass die ihm gelieferte Sache mangelhaft ist, dann wird zu seinen Gunsten vermutet, dass der Mangel schon bei Gefahrübergang vorgelegen hat.

14. Grundsätzlich kann die Gewährleistung durch eine Vereinbarung zwischen dem Verkäufer und dem Käufer wirksam ausgeschlossen werden. Beim Kauf von Immobilien ist dies sogar üblich. Auf die Vereinbarung eines Haftungsausschlusses kann sich der Verkäufer aber nach § 444 BGB nicht berufen, soweit er den Mangel arglistig verschwiegen oder eine Garantie für die Beschaffenheit der Sache übernommen hat. Ein in AGB enthaltener Haftungsausschluss kann darüber hinaus gem. § 309 Nr. 8b BGB unwirksam sein.

   Beim Verbrauchsgüterkauf ist dagegen ein Ausschluss der Gewährleistungsrechte grundsätzlich nicht möglich, vgl. § 475 Abs. 1 Satz 1 BGB. Nur der Anspruch des Käufers auf Schadensersatz kann nach Maßgabe des § 475 Abs. 3 BGB ausgeschlossen oder beschränkt werden.

15. Gemäß § 434 Abs. 2 Satz 2 BGB ist das Regel mangelhaft.

   Dem Käufer stehen aufgrund dessen die Rechte aus § 437 BGB zu. Dementsprechend kann der Käufer

   ▶ nach § 439 BGB Nacherfüllung verlangen (§ 437 Nr. 1 BGB);

   ▶ nach den §§ 440, 323 und 326 Abs. 5 BGB von dem Vertrag zurücktreten oder nach § 441 BGB den Kaufpreis mindern (§ 437 Nr. 2 BGB);

   ▶ nach den §§ 440, 280, 281, 283 und 311a Schadensersatz oder nach § 284 BGB Aufwendungsersatz verlangen (§ 437 Nr. 3 BGB).

16. Dass der Käufer dem Verkäufer eine zweite Chance zur ordnungsgemäßen Erfüllung des Vertrags geben muss, folgt nicht unmittelbar aus § 437 BGB. Im Hinblick auf das Rücktrittsrecht verweist § 437 Nr. 2 BGB aber u. a. auf § 323 BGB, im Hinblick auf den Schadensersatz u. a. auf § 281 BGB. Eine Anwendung dieser beiden Bestimmungen kommt in Betracht, da der Verkäufer gemäß § 433 Abs. 1 Satz 2 BGB zur Lieferung einer mangelfreien Sache verpflichtet ist. Wird nur eine mangelhafte Sache geliefert, dann hat der Verkäufer weder „wie geschuldet" i. S. des § 281 BGB bzw. noch „vertragsgemäß" i. S. des § 323 BGB geleistet. Wenn der

Sache ein Mangel anhaftet, der behoben werden kann, so kann der Käufer nach §§ 280 Abs. 1 und 3, 281 BGB erst Schadensersatz verlangen, nachdem er dem Verkäufer durch das Setzen einer Frist zur Nacherfüllung die Gelegenheit gegeben hat, die Leistung so, wie sie „geschuldet" ist, nachzuholen. Entsprechendes gilt für das Rücktrittsrecht gem. § 323 BGB. Der Vorrang der Nacherfüllung ergibt sich somit aus der Verweisung auf §§ 281, 323 BGB, deren Voraussetzungen erst vorliegen, nachdem der Verkäufer eine ihm gesetzte Frist zur Nacherfüllung hat verstreichen lassen.

17. Die Nacherfüllung kann durch Mängelbeseitigung (Nachbesserung) oder durch Lieferung einer mangelfreien Sache (Ersatzlieferung) erfolgen. Die Wahl zwischen diesen beiden Arten der Nacherfüllung hat gem. § 439 Abs. 1 BGB der Käufer.

18. Nach § 439 Abs. 3 BGB kann der Verkäufer die vom Käufer gewählte Art der Nacherfüllung unbeschadet der § 275 Abs. 2 und 3 BGB verweigern, wenn sie nur mit unverhältnismäßigen Kosten möglich ist. Das heißt, dass der Verkäufer die vom Käufer gewählte Art der Nacherfüllung verweigern kann, wenn entweder die Voraussetzungen des § 275 Abs. 2 oder 3 BGB (faktische Unmöglichkeit oder persönliche Unzumutbarkeit) vorliegen oder wenn die vom Käufer gewählte Nacherfüllungsart mit unverhältnismäßig hohen Kosten verbunden ist. Die Voraussetzungen des § 439 Abs. 3 BGB sind weniger streng als diejenigen des § 275 Abs. 2 und 3 BGB. Bei der Beurteilung der Frage, ob die vom Käufer gewählte Form der Nacherfüllung nur mit unverhältnismäßig hohen Kosten möglich ist, sind nach § 439 Abs. 3 Satz 2 BGB insbesondere die folgenden Umstände zu berücksichtigen: der Wert der Sache in mangelfreiem Zustand, die Bedeutung des Mangels und die Frage, ob auf die andere Art der Nacherfüllung ohne erhebliche Nachteile für den Käufer zurückgegriffen werden könnte.

19. Nach § 437 Nr. 2 erste Alternative BGB kann der Käufer, wenn die Sache mangelhaft ist, nach §§ 440, 323 und 326 Abs. 5 BGB zurücktreten.

    Auf §§ 440, 323 BGB verweist § 437 Nr. 2 BGB für den Fall, dass der Mangel behoben werden kann, dass also die Nacherfüllung zumindest in einer ihrer beiden Formen möglich ist. In diesem Fall kann der Käufer erst zurücktreten, nachdem der Verkäufer eine ihm vom Käufer gesetzte angemessene Frist zur Nacherfüllung hat verstreichen lassen. In den in §§ 323 Abs. 2 und 440 BGB geregelten Fällen ist die Fristsetzung entbehrlich.

    Die Verweisung in § 437 Nr. 2 zweite Alternative BGB auf § 326 Abs. 5 BGB betrifft den Fall, dass der Mangel nicht behebbar ist. Es liegt dann qualitative Unmöglichkeit vor, die den Käufer gemäß § 326 Abs. 5 BGB zum Rücktritt berechtigt. Eine Fristsetzung ist in diesem Fall nicht erforderlich. Es macht keinen Sinn, dem Verkäufer eine Frist zur Behebung eines nicht behebbaren Mangels zu setzen.

20. § 440 BGB.

21. Fall: K kauft bei V einen Ring zum Preis von 500 €. Beide gehen davon aus, dass der Ring aus purem Gold ist. Aber der Ring ist nur vergoldet. Wenn der Ring tatsächlich aus Gold wäre, hätte er einen Wert von 400 €. So ist der Ring aber nur 300 € wert.

Die Berechnung der Minderung richtet sich nach § 441 Abs. 3 BGB:

Wert der Sache mit Mangel:	300 €
Wert der Sache ohne Mangel:	400 €
Kaufpreis:	500 €

Der Kaufpreis ist im Verhältnis 300/400 = $^3/_4$ herabzusetzen. K muss also für den Ring noch 375 € bezahlen.

V macht also immerhin noch einen Gewinn in Höhe von 75 €. Der Gewinn des V beläuft sich somit sowohl vor als auch nach der Minderung auf 25% des Wertes verkauften Sache (100 sind 25% von 400; ebenso sind 75 25% von 300). Dem V bleibt sein Gewinn also anteilig erhalten.

22. a) §§ 437 Nr. 3, 311a Abs. 2 BGB;

b) §§ 437 Nr. 3, 280 Abs. 1 und 3, 283 BGB;

c) §§ 437 Nr. 3, 280 Abs. 1 und 3, 281 BGB.

23. Der Anspruch verjährt in der Regelverjährungsfrist des § 195 BGB, also in drei Jahren.

24. Die Verjährungsfristen für den kaufrechtlichen Nacherfüllungsanspruch sind in § 438 Abs. 1 BGB geregelt. Die Frist beginnt gem. § 438 Abs. 2 BGB bei Grundstücken mit der Übergabe, im Übrigen mit der Ablieferung der Sache.

25. Die in § 438 Abs. 1 Nr. 2 b) BGB geregelte fünfjährige Verjährungsfrist dient vor allem dem Schutz kleinerer Bauhandwerker. Die Ansprüche gegen die Bauhandwerker, die – von ihren Lieferanten bezogene – mangelhafte Sachen in ein Bauwerk eingebaut haben, verjähren gemäß § 634a Abs. 1 Nr. 2 BGB in fünf Jahren. Daher ist es gerechtfertigt, dass sich diese Bauhandwerker auch fünf Jahre lang an den Verkäufer halten können, der ihnen die mangelhaften Materialien geliefert hat. Der Schutz ist aus zwei Gründen nicht lückenlos. Wenn die vom Bauhandwerker bezogene mangelhafte Sache nicht binnen zwei Jahren seit der Lieferung für ein Bauwerk verwendet worden ist, dann ist der Anspruch des Bauhandwerkers gegen den Verkäufer gemäß § 438 Abs. 1 Nr. 3 BGB verjährt; daran ändert auch eine spätere Verwendung der Sache für ein Bauwerk nichts mehr. Zum anderen beginnen die Fristen des § 438 Abs. 1 Nr. 2 b) BGB und des § 634a Abs. 1 Nr. 2 BGB nicht zum selben Zeitpunkt zu laufen: Die Frist § 438 Abs. 1 Nr. 2 b) BGB beginnt, sobald die mangelhafte Sache dem Bauhandwerker vom Verkäufer geliefert worden ist (§ 438 Abs. 2 BGB); dagegen beginnt die Frist des § 634a Abs. 1 Nr. 2 BGB gemäß § 634a Abs. 2 BGB erst zu laufen, wenn der Besteller die Leistung des Bauhandwerkers abgenommen hat.

Das Beispiel könnte wie folgt aussehen:

Dachdeckermeister U hat beim Großhändler V 100 t Dachplatten bezogen. Die Platten werden am 1. 7. 2008 geliefert. Am 1. 6. 2010 deckt U mit den Dachplatten des V das Dach des Bauherrn B ein. Weil die Platten einen Materialfehler aufweisen, werden sie porös. U muss die Platten daher am 1. 11. 2010 austauschen. Auch wenn zu diesem Zeitpunkt seit der Lieferung der Dachplatten an U bereits mehr als zwei Jahre verstrichen sind, sind die Mängelansprüche des U gegen V wegen § 438 Abs. 1 Nr. 2 b) BGB noch nicht verjährt.

Dass der Schutz des § 438 Abs. 1 Nr. 2 b) BGB nicht lückenlos ist, wird deutlich, wenn man die Daten in dem Fall verändert:

Hat U die Dachplatten nicht schon im Juni, sondern erst im August 2010 dazu verwendet, um das Dach des B einzudecken, dann sind seine Ansprüche gegen V schon nach § 438 Abs. 1 Nr. 3 BGB verjährt. U ist dagegen noch nicht verjährten Gewährleistungsansprüchen des B ausgesetzt.

§ 438 Abs. 1 Nr. 2 b) BGB nützt dem U ferner nichts, wenn sich der Materialfehler an den Dachplatten erst im August 2013 auswirkt. Hier sind seit der Lieferung der Platten an U (am 1. 7. 2008) mehr als fünf Jahre verstrichen; die Ansprüche des U gegen V sind daher gem. § 438 Abs. 1 Nr. 2 b) BGB bereits verjährt. Dagegen sind die Ansprüche des B gegen den U noch nicht verjährt, weil die Verjährung dieses Anspruchs erst später begonnen hat (vgl. § 634a Abs. 2 BGB).

26. Gemäß § 194 Abs. 1 BGB unterliegen nur Ansprüche der Verjährung. Als Anspruch bezeichnet § 194 Abs. 1 BGB das Recht, von einem anderen ein Tun oder Unterlassen zu verlangen.

Rücktritt und Minderung sind keine Ansprüche, sondern Gestaltungsrechte. Sie berechtigen den Käufer dazu, den Vertrag durch eine einseitige Erklärung umzugestalten. Durch die Erklärung des Rücktritts wird der Kaufvertrag in ein Rückgewährschuldverhältnis umgestaltet; durch die Minderung wird der Kaufpreis herabgesetzt. Rücktritt und Minderung verjähren daher nicht.

27. Nein, denn gem. § 438 Abs. 4 BGB gilt für das in § 437 Nr. 2 BGB bezeichnete Rücktrittsrecht § 218 BGB. Der Rücktritt des Käufers ist daher unwirksam, wenn er zu einem Zeitpunkt erfolgt, zu dem sein Nacherfüllungsanspruch bereits verjährt ist, und wenn sich der Verkäufer hierauf beruft (§ 218 Abs. 1 Satz 1 BGB). Der Fall, dass der Mangel nicht behebbar und ein Nacherfüllungsanspruch daher gar nicht entstanden ist, ist in § 218 Abs. 1 Satz 2 BGB geregelt.

Kapitel 12: Vertragliche Schuldverhältnisse: Grundzüge des Dienst- und Werkvertragsrechts

ANTWORTEN

1. Der Werkvertrag ist ein gegenseitiger Vertrag, in dem sich der Werkunternehmer zur Herstellung des versprochenen Werkes und der Besteller zur Entrichtung der vereinbarten Vergütung verpflichtet (§ 631 Abs. 1 BGB). Der Werkvertrag ist in den §§ 631 – 651 BGB geregelt.

2. Der Dienstverpflichtete schuldet die sorgfältige Verrichtung der vereinbarten Tätigkeit, also den Arbeitseinsatz (so z. B. der Arzt, der eine schwere Infektion behandelt, für den Erfolg der Behandlung aber nicht garantieren kann). Der Werkunternehmer ist hingegen zur Herbeiführung eines bestimmten Erfolges verpflichtet; er schuldet also ein Arbeitsergebnis (so z. B. der Schreiner, der mit der Reparatur eines Stuhles beauftragt wurde).

3. Als Werklieferungsverträge werden die in § 651 BGB angesprochenen Verträge bezeichnet. Demnach ist ein Werklieferungsvertrag ist ein Vertrag, der die Lieferung noch herzustellender oder zu erzeugender beweglicher Sachen zum Gegenstand hat. Ein Werklieferungsvertrag ist z.B. gegeben, wenn der Biobauer eine Bäckerei mit Mehl beliefert, das er aus dem von ihm angebauten Getreide gewinnt. Auf den Werklieferungsvertrag finden gem. § 651 Satz 1 BGB die Vorschriften über den Kaufvertrag Anwendung.

4. Die Hauptpflicht des Unternehmers besteht in der Herstellung des vereinbarten Werkes, § 631 Abs. 1 BGB. Er muss dem Besteller das Werk frei von Sach- und Rechtsmängeln verschaffen, § 633 Abs. 1 BGB.

   Die Hauptpflichten des Bestellers sind die Pflicht zur Entrichtung der vereinbarten Vergütung (§ 631 Abs. 1 BGB) sowie die Pflicht zur Abnahme des mangelfreien Werkes (§ 640 Abs. 1 BGB).

5. Unter Abnahme versteht man die körperliche Entgegennahme des Werkes durch den Besteller sowie die damit – meist konkludent – verbundene Erklärung, dass das Werk in der Hauptsache vertragsgemäß ist.

6. ► Bei Abnahme wird der Werklohn fällig, § 641 Abs. 1 BGB.

   ► Mit der Abnahme beginnt die Verjährung der Mängelansprüche, § 634a Abs. 2 BGB.

   ► Der Besteller verliert seine Rechte wegen eines Mangels, wenn er trotz Kenntnis des Mangels das Werk vorbehaltlos abnimmt, § 640 Abs. 2 BGB.

   ► Mit der Abnahme geht die Preisgefahr auf den Besteller über, § 644 Abs. 1 Satz 1 BGB.

7. Der Begriff des Sachmangels ist für das Kaufrecht in § 434 BGB, für das Werkvertragsrecht in § 633 Abs. 1 und 2 BGB geregelt. In § 633 BGB gibt es keine dem § 434 Abs. 1 Satz 3 BGB entsprechende Regelung. Äußerungen des Herstellers über die Eigenschaften des Werkes können daher nicht zur Bestimmung der üblichen Beschaffenheit des Werkes herangezogen werden.

8. In § 634 BGB.

9. Ja, den § 636 BGB.

10. Beim kaufvertraglichen Nacherfüllungsanspruch hat der Käufer die Wahl zwischen Nachbesserung und Ersatzlieferung, § 439 Abs. 1 BGB. Demgegenüber steht beim Werkvertrag das Wahlrecht zwischen den beiden Arten der Nacherfüllung dem Unternehmer zu, § 635 Abs. 1 BGB. Der Unternehmer kann sich aussuchen, ob er den Mangel beseitigt oder ob er ein neues mangelfreies Werk herstellt. Er ist mit dem Herstellungsprozess stärker vertraut als der Besteller und kann besser abschätzen, ob eine Nachbesserung sinnvoll oder eine Neuherstellung erforderlich ist.

11. Der Besteller eines mangelhaften Werkes kann nach § 637 Abs. 1 BGB den Mangel selbst beseitigen und vom Unternehmer Ersatz der hierfür erforderlichen Aufwendungen verlangen. Der Käufer einer mangelhaften Sache hat diese Möglichkeit nicht; im kaufrechtlichen Mängelgewährleistungsrecht gibt es keine dem § 637 Abs. 1 BGB entsprechende Vorschrift.

12. In § 634a BGB.

Kapitel 13: Gesetzliche Schuldverhältnisse

ANTWORTEN

1. Sowohl bei der echten als auch bei der unechten GoA führt jemand ein Geschäft aus. Diese Person wird als Geschäftsführer bezeichnet.

   Bei der echten GoA handelt der Geschäftsführer mit Fremdgeschäftsführungswillen. Er weiß, dass er ein fremdes Geschäft besorgt, und er will das Geschäft auch für denjenigen besorgen, in dessen Rechtssphäre es fällt. Je nachdem, ob der Geschäftsführer die Führung des Geschäfts zu Recht oder zu Unrecht übernommen hat, wird weiter unterschieden zwischen berechtigter und unberechtigter GoA.

   Die unechte GoA ist dadurch gekennzeichnet, dass der Geschäftsführer ein für ihn fremdes Geschäft ohne Fremdgeschäftsführungswillen besorgt, also z. B. ein Buch veräußert, dass ihm nicht gehört. Handelt der Geschäftsführer dabei in der irrtümlichen Annahme, das von ihm besorgte Geschäft sei sein eigenes (er hat vergessen, dass er das Buch lediglich entliehen hat), dann spricht man von irrtümlicher Eigengeschäftsführung. Behandelt der Geschäftsführer das Geschäft trotz Kenntnis von dessen Fremdheit als eigenes (er weiß, dass ihm das Buch, das er veräußert, nicht gehört), dann liegt eine Geschäftsanmaßung vor.

2. Bei objektiv fremden sowie bei „auch-fremden" Geschäften wird der Fremdgeschäftsführungswille vermutet. Objektiv fremde Geschäfte sind von der Rechtsordnung dem Interessenkreis einer Person zugeordnet, die nicht mit dem Geschäftsführer identisch ist. Ein objektiv fremdes Geschäft liegt z. B. vor, wenn A eine dem B gehörende Sache veräußert. Auch fremde Geschäfte liegen im Interesse des Geschäftsführers, kommen aber auch einem anderen zugute. Wenn z. B. der Student M einen Brand in der von ihm gemieteten Wohnung des V löscht, dann liegen die Löscharbeiten sowohl im Interesse des M als auch im Interesse des V.

3. Die Übernahme der Geschäftsführung ist berechtigt, wenn
   - ► sie dem Interesse und dem wirklichen oder mutmaßlichen Willen des Geschäftsherrn entspricht (§ 683 Satz 1 BGB),
   - ► ein entgegenstehender Wille des Geschäftsherrn wegen § 679 BGB unbeachtlich ist (§ 683 Satz 2 BGB) oder
   - ► der Geschäftsherr die zunächst unberechtigte GoA genehmigt und dadurch zur berechtigten macht (§ 684 Satz 2 BGB).

4. Der Geschäftsführer ist gem. § 677 BGB verpflichtet, das Geschäft so auszuführen, wie es das Interesse des Geschäftsherrn mit Rücksicht auf dessen wirklichen oder mutmaßlichen Willen erfordert. Die weiteren Pflichten des Geschäftsführers sind in § 681 BGB geregelt. Von besonderer Bedeutung ist insofern die Pflicht des Geschäftsführers, dem Geschäftsherrn alles herauszugeben, was er aus der Geschäftsführung erlangt hat (§§ 681 Satz 2, 667 BGB).

   Der Geschäftsherr muss dem Geschäftsführer gem. §§ 683 Satz 1, 670 BGB seine Aufwendungen ersetzen.

5. Bei der unberechtigten GoA ist der Geschäftsführer nicht zur Übernahme der Geschäftsführung berechtigt (hierzu oben Frage 3).

6. Der Geschäftsführer muss dem Geschäftsherrn gem. §§ 812 ff. BGB eine etwaige Bereicherung herausgeben und ist ihm ggf. nach §§ 823 ff. BGB zum Schadensersatz verpflichtet. Gegen den Geschäftsführer, der seine fehlende Berechtigung zur Übernahme der Geschäftsführung erkennen konnte, kommt darüber hinaus ein Schadensersatzanspruch aus § 678 BGB in Betracht.

   Der Geschäftsherr muss gem. § 684 Satz 1 BGB dem Geschäftsführer alles, was er aus der Geschäftsführung erlangt hat, nach den Vorschriften über die Herausgabe einer ungerechtfertigten Bereicherung herausgeben.

7. In § 687 BGB, und zwar in Abs. 1 die irrtümliche Eigengeschäftsführung, in Abs. 2 die Geschäftsanmaßung.

8. Die §§ 812 ff. BGB dienen dazu, Vermögensverschiebungen rückgängig zu machen, die materiell nicht gerechtfertigt sind.

9. Ein bereicherungsrechtlicher Anspruch wird gemeinhin als Kondiktion bezeichnet.

10. Man unterscheidet zwischen der Leistungskondiktion und der Bereicherung in sonstiger Weise (Nicht-Leistungskondiktion). Die Leistungskondiktion setzt voraus, dass die Bereicherung auf einer Leistung des Bereicherungsgläubiger beruht.

11. Unter Leistung versteht man die bewusste und zweckgerichtete Mehrung fremden Vermögens. Eine Leistung des A liegt z. B. vor, wenn dieser an B 10 000 € zahlt, weil er annimmt, er sei hierzu vertraglich verpflichtet.

12. ► Bei der condictio indebiti ist ein die Vermögensverschiebung rechtfertigender Grund von vornherein nicht vorhanden gewesen. Anspruchsgrundlage ist § 812 Abs. 1 Satz 1 erste Alternative BGB.

    ► Von einer condictio ob causam finitam spricht man, wenn der rechtliche Grund später weggefallen ist. Der Anspruch beruht auf § 812 Abs. 1 Satz 2 erste Alternative BGB.

    ► Wenn der durch die Leistung bezweckte Erfolg nicht eintritt, ist eine condictio ob rem gegeben. Anspruchsgrundlage ist § 812 Abs. 1 Satz 2 zweite Alternative BGB.

    ► Verstößt der Empfänger der Leistung durch deren Annahme gegen die guten Sitten oder gegen ein gesetzliches Verbot, liegt eine condictio ob turpem vel iniustam causam vor. Der Anspruch beruht auf § 817 Satz 1 BGB.

13. Der Anspruch ist nach § 814 BGB ausgeschlossen, wenn der Leistende zum Zeitpunkt der Leistungserbringung wusste, dass er zu der Leistung nicht verpflichtet war, oder wenn die Leistung einer sittlichen Pflicht oder einer auf den Anstand zu nehmenden Rücksicht entsprach.

14. Die Leistungskondiktion ist vorrangig.

15. Der Nichtberechtigte ist gem. § 816 Abs. 1 Satz 1 BGB verpflichtet, dem Berechtigten das herauszugeben, was er durch die Verfügung erlangt hat.

16. Der Bereicherungsschuldner ist zur Herausgabe des Erlangten verpflichtet (§§ 812 Abs. 1 Satz 1, 816, 817 Satz 1, 822 BGB). Die Herausgabepflicht erstreckt sich gem. § 818 Abs. 1 BGB

auf die gezogenen Nutzungen sowie auf die Gegenstände, die an die Stelle des Erlangten getreten sind (sog. Surrogate). Ist die Herausgabe nicht möglich, so hat der Schuldner Wertersatz zu leisten, § 818 Abs. 2 BGB.

17. Nach § 818 Abs. 3 BGB ist die Pflicht zur Herausgabe und zum Wertersatz ausgeschlossen, soweit der Empfänger nicht mehr bereichert ist.

18. Eine Anwendung der Saldotheorie kommt bei der Rückabwicklung von gegenseitigen Verträgen in Betracht. Sie erlaubt es dem Bereicherungsschuldner, von dem gegen ihn gerichteten Bereicherungsanspruch den Wert der von ihm erbrachten Gegenleistung abzuziehen, wenn der andere Teil sich gemäß § 818 Abs. 3 BGB auf den Wegfall der Bereicherung berufen kann und die Gegenleistung daher nicht herausgeben muss.

Zur Erläuterung sei das folgende Beispiel angeführt: K hat bei dem Juwelier V eine Kette zu einem Preis in Höhe von 1 000 € (tatsächlicher Wert: 800 €) erworben. Später ficht K den Kaufvertrag wegen Irrtums wirksam an. Er hat die Kette allerdings verloren, so dass er entreichert und seine Herausgabepflicht somit nach § 818 Abs. 3 BGB ausgeschlossen ist. Unter Zugrundelegung der Saldotheorie kann K von V gem. § 812 Abs. 1 Satz 1 erste Alternatve BGB lediglich die Rückzahlung von 200 € verlangen. V ist nämlich befugt, von dem gegen ihn gerichteten Bereicherungsanspruch (Kaufpreis i. H. von 1 000 €) den Wert der von ihm erbrachten Gegenleistung (= 800 €) abzuziehen.

19. Die Verschuldenshaftung setzt ein schuldhaftes, also vorsätzliches oder fahrlässiges, Handeln des Schädigers voraus; man spricht daher auch von einer Haftung aus verschuldetem Unrecht. Der Beweis dafür, dass den Schädiger ein Verschulden trifft, obliegt grundsätzlich dem Geschädigten. Die Verschuldenshaftung ist also grundsätzlich eine Haftung für nachgewiesenes Verschulden. Als Beispiele seien die §§ 823 Abs. 1 und 826 BGB angeführt. Es gibt aber auch Fälle, in denen der Schädiger sein fehlendes Verschulden nachweisen muss, um der Haftung zu entgegnen. Diese Fälle werden als Haftung für vermutetes Verschulden bezeichnet. Ein Beispiel ist die Haftung des Geschäftsherrn aus § 831 Abs. 1 BGB.

Die Gefährdungshaftung knüpft hingegen an das Betreiben einer gefährlichen Anlage oder an die Ausübung einer gefährlichen Tätigkeit an. Der Haftpflichtige tut zwar nichts Verbotenes; wenn sich die Gefahr aber realisiert, muss er für den Schaden einstehen. Ein schuldhaftes und rechtswidriges Handeln ist also nicht erforderlich. Tatbestände der Gefährdungshaftung sind z. B. in den §§ 7 StVG, 833 BGB sowie 1 ProdHaftG geregelt.

20. Nein. Aus dem Wortlaut des § 823 Abs. 1 BGB ergibt sich, dass nach dieser Vorschrift nur solche Schäden ersatzfähig sind, die auf einer Verletzung der dort genannten Rechtsgüter (Leben, Körper...), des Eigentums oder eines sonstigen absoluten Rechts beruhen. Das Vermögen als solches ist kein dem Eigentum ähnliches „sonstiges Recht". Nach § 823 Abs. 1 BGB zu ersetzen sind allerdings Vermögensschäden, die Folge der Verletzung eines absoluten Rechtes oder eines Rechtsgutes sind. Das Vermögen ist also immerhin mittelbar durch § 823 Abs. 1 BGB geschützt.

21. Das Prüfungsschema könnte wie folgt aussehen:

1. Tatbestand

▶ Verletzung eines der in § 823 Abs. 1 BGB genannten Rechte oder Rechtsgüter

▶ Adäquat kausale Verursachung der Rechts- bzw. Rechtsgutverletzung durch ein Verhalten des Schädigers (haftungsbegründende Kausalität)

2. Rechtswidrigkeit

3. Verschulden

4. Schaden

5. Adäquater Kausalzusammenhang zwischen Rechts- bzw. Rechtsgutverletzung und Schaden (haftungsausfüllende Kausalität)

22. Eine mit einem weiterfressenden Mangel behaftete Sache ist nicht insgesamt wertlos oder unbrauchbar. Der in der Sache schlummernde Mangel betrifft nämlich lediglich einen abgrenzbaren Teil der Gesamtsache. Er kann sich aber „weiterfressen" und so zu einer Beschädigung oder gar Zerstörung der bis dahin im Übrigen mangelfreien Gesamtsache führen. Die Abgrenzung, wann ein weiterfressender Mangel vorliegt und wann die Sache wegen des Mangels von vornherein insgesamt mangelhaft ist, ist schwierig. Klassisches Beispiel ist der so genannte Schwimmschalterfall, in dem ein geringwertiger schadhafter Schwimmschalter einen Brand verursacht hat, der zur Zerstörung der Maschine geführt hat, in die der Schalter eingebaut war.

23. Wenn ein durch § 823 Abs. 1 BGB geschütztes Rechtsgut oder Recht durch eine Handlung des Schädigers unmittelbar verletzt wird, dann kann ohne weitere Prüfung davon ausgegangen werden, dass die für eine Haftung aus § 823 Abs. 1 BGB erforderliche Rechtswidrigkeit gegeben ist. Die Rechtswidrigkeit entfällt in einem solchen Fall nur dann, wenn ein Rechtfertigungsgrund vorliegt.

24. Bezugspunkte des Verschuldens sind nur der Tatbestand und die Rechtswidrigkeit. Auf den letztlich zu ersetzenden Schaden, der durch die Rechts- bzw. Rechtsgutverletzung herbeigeführt worden ist, muss sich das Verschulden dagegen nicht beziehen.

25. Die Deliktsfähigkeit ist den §§ 827, 828 BGB geregelt.

26. Eine Haftung aus § 823 Abs. 1 BGB setzt in den Fällen eine Verkehrspflichtverletzung voraus, in denen der Täter den Verletzungserfolg nicht durch ein positives Tun unmittelbar herbeigeführt hat. Eine Verkehrspflichtverletzung ist demnach zum einen erforderlich, wenn als Anknüpfungspunkt für die Haftung lediglich ein Unterlassen in Betracht kommt (z. B. Unterlassen der Absicherung einer Gefahrenstelle). Zum anderen haftet derjenige, dessen Tun (z. B die Herstellung von Pkw) nur mittelbar die Verletzung eines Rechtsgutes oder Rechtes bewirkt, nur dann, wenn ihm die Verletzung einer Verkehrspflicht zur Last gelegt werden kann.

27. Im Rahmen eines Anspruchs aus § 823 Abs. 1 BGB muss der Geschädigte grundsätzlich nachweisen, dass der Schädiger schuldhaft, also vorsätzlich oder fahrlässig, gehandelt. Dieser Beweis ist aber dem durch ein fehlerhaftes Produkt Geschädigten meist nicht möglich; er kennt ja die Produktionsabläufe gar nicht. Die Rechtsprechung hilft dem Geschädigten in diesem Fall daher durch eine Beweislastumkehr: Den Hersteller des fehlerhaften Produktes trifft die Beweislast dafür, dass ihm kein Verschuldensvorwurf gemacht werden kann.

28. Ein Konstruktionsfehler liegt vor, wenn ein Produkt nicht so konstruiert ist, dass es die Sicherheit bietet, die nach dem Stand der Technik erwartet werden kann. Ein Konstruktionsfehler führt dazu, dass alle – nach dem fehlerhaften Plan hergestellten – Produkte fehlerhaft sind.

Ein Fabrikationsfehler ist gegeben, wenn der Produktionsablauf nicht nach dem Stand der Technik eingerichtet ist (z. B. Fehlen von Endkontrollen) und daher einzelne Stücke eines – fehlerfrei konstruierten – Produktes Mängel aufweisen.

29. Man kann die die folgenden Fallgruppen unterscheiden:

► Ehrverletzungen;

► Verfälschte Darstellung des Lebensbildes in den Medien;

► Unbefugte Verwendung von Bildern und Namen zu Werbezwecken;

► Weitergabe von Angelegenheiten aus fremder Privat- oder Intimsphäre;

► Eindringen in die Privat- oder Intimsphäre.

30. Die Verletzung des allgemeinen Persönlichkeitsrechts begründet einen Anspruch auf eine Geldentschädigung, wenn es sich um einen schwerwiegenden Eingriff handelt und die Beeinträchtigung nicht in anderer Weise befriedigend aufgefangen werden kann. Anspruchsgrundlage ist § 823 Abs. 1 BGB i.V. mit Art. 1 und 2 Abs. 2 GG.

31. Diese Bezeichnung beruht darauf, dass bei Eingriffen in das Recht am eingerichteten und ausgeübten Gewerbebetrieb und in das allgemeine Persönlichkeitsrecht die Rechtswidrigkeit nicht indiziert wird. Vielmehr muss die Rechtswidrigkeit des Eingriffs im Einzelfall durch eine umfassende Abwägung der betroffenen Interessen festgestellt werden.

32. Ein Schutzgesetz ist jede Rechtsnorm, die zumindest auch dazu dient, den Einzelnen vor der Verletzung seiner Rechte, Rechtsgüter oder sonstigen rechtlich geschützten Interessen zu schützen.

33. Ersatzfähig sind die Schäden, die in den sachlichen und persönlichen Schutzbereich des verletzten Schutzgesetzes fallen.

34. Nein, denn die Tatbestandsvoraussetzungen des § 826 BGB sind sehr eng gefasst. Objektiv verlangt § 826 BGB eine sittenwidrige Schädigung. In subjektiver Hinsicht muss der Schädiger vorsätzlich handeln. Der Vorsatz muss sich nicht nur auf die Umstände beziehen, die die Sittenwidrigkeit begründen, sondern auch auf den eingetretenen Schaden.

35. Verrichtungsgehilfe ist, wer vom Geschäftsherrn in dessen Interesse eine Tätigkeit übertragen bekommen hat und dabei den Weisungen des Geschäftsherrn untersteht.

36. Nein, der Geschäftsherr haftet nur für solche Schäden, die sein Verrichtungsgehilfe „in Ausführung der Verrichtung" angerichtet hat. Das bedeutet, dass ein innerer Zusammenhang zwischen der aufgetragenen Verrichtung und der Schadenszufügung bestehen muss. Für Schäden, die der Verrichtungshilfe lediglich „bei Gelegenheit" der ihm übertragenen Tätigkeit verursacht hat, muss der Geschäftsherr dagegen nicht einstehen.

37. § 831 Abs. 1 BGB ist aus Sicht des Gläubigers insoweit vorteilhafter, als er nicht voraussetzt, dass zwischen dem Geschäftsherrn und dem Geschädigten bereits ein Schuldverhältnis besteht. Dagegen setzt ein Anspruch aus cic i.V. mit § 278 BGB voraus, dass bereits ein vorvertragliches Schuldverhältnis entstanden ist.

Der Anspruch aus cic i.V. mit § 278 BGB ist für den Gläubiger insoweit günstiger, als dem Schuldner fremdes Verschulden – nämlich das seines Erfüllungsgehilfen – zugerechnet wird. Für einen Entlastungsbeweis ist kein Raum. Dagegen begründet § 831 Abs. 1 BGB eine Haftung des Geschäftsherrn für eigenes vermutetes Verschulden. Der Geschäftsherr kann seine Haftung abwenden, indem er den Entlastungsbeweis gem. § 831 Abs. 1 Satz 2 BGB führt.

Schließlich ist § 278 BGB für den Gläubiger insoweit günstiger, als der Begriff „Erfüllungsgehilfe" weiter gefasst ist als der Begriff „Verrichtungsgehilfe". Erfüllungsgehilfe i. S. des § 278 BGB ist jeder, der mit Wissen und Wollen des Schuldners in die Erfüllung von dessen Verbindlichkeit eingeschaltet ist. Dies können auch selbständige Unternehmer sein. Verrichtungsgehilfe ist dagegen nur derjenige, der gegenüber dem Geschäftsherrn weisungsgebunden ist. Für Schädigungen durch Personen, die nicht seinen Weisungen unterstehen, muss der Geschäftsherr nicht einstehen.

Kapitel 14: Verpflichtung zum Schadensersatz

ANTWORTEN

1. Die Zubilligung von Schadensersatzansprüchen dient dazu, den Schaden wieder gutzumachen, den der Geschädigte erlitten hat. Sie verfolgt nicht den Zweck, den Täter zu bestrafen. In Ausnahmefällen erfüllen Schadensersatzansprüche auch eine Genugtuungsfunktion. So kann das Opfer in den in § 253 Abs. 2 BGB geregelten Fällen auch für den Schaden, der nicht Vermögensschaden ist, eine billige Entschädigung in Geld verlangen.

2. Dadurch, dass grundsätzlich nur dem unmittelbar Geschädigten ein Ersatzanspruch zugebilligt wird, soll eine Ausuferung der Ersatzpflicht verhindert werden. Unmittelbar geschädigt ist bei vertraglichen Ansprüchen derjenige, dem gegenüber die verletzte Pflicht bestanden hat. Bei Ansprüchen aus den §§ 823 ff. BGB ist derjenige unmittelbar geschädigt, dessen Eigentum, Körper, Gesundheit usw. verletzt worden ist.

3. Die typische Fallkonstellation bei der Drittschadensliquidation kann wie folgt umschrieben werden: Ein Schaden, der typischerweise beim Ersatzberechtigten eintreten müsste, wird aufgrund eines Rechtsverhältnisses zwischen dem Ersatzberechtigten und einem Dritten auf letzteren verlagert. Man spricht von einer zufälligen Schadensverlagerung.

4. Schaden ist jede unfreiwillige Einbuße an Rechten oder Rechtsgütern. Ob ein Schaden entstanden ist, wird anhand einer vergleichenden Betrachtung festgestellt. Die tatsächlich gegebene Situation wird mit der Lage verglichen, die bestehen würde, wenn das schädigende Ereignis nicht eingetreten wäre.

5. Ein Vermögensschaden liegt vor, wenn der Geschädigte eine in Geld messbare Einbuße erlitten hat. Zur Ermittlung des Schadens und der Schadenshöhe wird die Differenzhypothese herangezogen. Dabei wird der tatsächliche Wert des Vermögens des Geschädigten mit der Vermögenslage verglichen, die bestehen würde, wenn das schädigende Ereignis nicht eingetreten wäre. Aus der Differenz der beiden Vermögenslagen errechnet sich der zu ersetzende Schaden

6. Nach § 253 Abs. 1 BGB kann für einen immateriellen Schaden Geldersatz nur in den gesetzlich bestimmten Fällen verlangt werden, d. h. in den in § 253 Abs. 2 BGB genannten Fällen (Verletzung des Körpers, der Gesundheit usw.). Zu beachten ist, dass § 253 Abs. 1 BGB der Wiedergutmachung eines immateriellen Schadens im Wege der Naturalrestitution (z. B. Widerruf der unwahren Tatsachenbehauptung) nicht entgegensteht.

7. Der Gläubiger ist finanziell so zu stellen, wie er stehen würde, wenn der Schuldner seine vertragliche Verpflichtung ordnungsgemäß erfüllt hätte. Als Beispiel sei der Fall angeführt, dass der Verkäufer den verkauften Gegenstand, den der Käufer mit einem Gewinn in Höhe von 500 € hätte weiterveräußern können, vor der Übergabe fahrlässig zerstört. Das Erfüllungsinteresse des Käufers beläuft sich in diesem Fall auf 500 €.

8. Der Grundsatz der Totalreparation ergibt sich aus § 249 Abs. 1 BGB, dem zufolge der Schadensersatzpflichtige den Zustand herstellen muss, der bestünde, wenn der zum Ersatz verpflichtende Umstand nicht eingetreten wäre. Der Schädiger ist also in vollem Umfang zum Ausgleich aller Schäden verpflichtet, die er adäquat kausal verursacht hat.

9. Es gilt der Grundsatz der Naturalrestitution, der – ebenso wie der Grundsatz der Totalreparation – in § 249 Abs. 1 BGB niedergelegt ist. Im Falle der Verletzung einer Person oder der Beschädigung einer Sache kann der Geschädigte gem. § 249 Abs. 2 Satz 1 BGB als Naturalrestitution statt der Herstellung den hierzu erforderlichen Geldbetrag verlangen.

10. Als Affektionsinteresse bezeichnet man den Liebhaber- oder Erinnerungswert. Das Affektionsinteresse muss der Schädiger nicht ausgleichen.

11. Ein Mitverschulden des Geschädigten bei der Schadensentstehung wird nach § 254 Abs. 1 BGB berücksichtigt. Danach ist im Wege einer Abwägung zu ermitteln, ob und in welchem Umfang der Schädiger ersatzpflichtig ist. Dabei kommt es in erster Linie darauf an, in welchem Umfang das Verhalten des Schädigers und das des Geschädigten den Schaden verursacht haben. Erst in zweiter Linie ist auf den Grad des Verschuldens der Beteiligten abzustellen.

12. Ja, in § 254 BGB ist auf § 278 BGB verwiesen. Die Verweisung ist zwar in § 254 Abs. 2 Satz 2 BGB enthalten, so dass die Annahme nahe liegt, der Geschädigte müsse sich das Verschulden seines Erfüllungsgehilfen nur zurechnen lassen, wenn diesem einer der Fehler unterlaufen ist, die in § 254 Abs. 1 Satz 1 genannt sind. Die Fassung des § 254 Abs. 2 Satz 2 BGB beruht aber auf einem Redaktionsversehen des Gesetzgebers. Richtigerweise ist § 254 Abs. 2 Satz 2 BGB wie ein eigenständiger § 254 Abs. 3 BGB zu lesen. Der Geschädigte muss sich daher auch ein Verschulden seines Erfüllungsgehilfen bei der Schadensentstehung nach § 278 BGB zurechnen lassen.

Kapitel 15: Sonderfragen

1. Ein Vertrag zugunsten Dritter liegt vor, wenn die Parteien vereinbart haben, dass der Schuldner die Leistung nicht an den Gläubiger, sondern an eine von diesem verschiedene dritte Person zu erbringen hat.

2. Bei einem unechten Vertrag zugunsten Dritter ist der Schuldner zwar ermächtigt, mit befreiender Wirkung an einen Dritten zu leisten (vgl. §§ 362 Abs. 2, 185 BGB). Der Dritte kann vom Schuldner die Leistung aber nicht fordern. Dagegen erwirbt der Dritte beim echten Vertrag zugunsten Dritter das Recht, die Leistung vom Schuldner zu fordern (§ 328 Abs. 1 BGB).

3. Der Schuldner, der dem Gläubiger verspricht, an einen Dritten eine Leistung zu erbringen, wird als Versprechender bezeichnet. Der Gläubiger als Adressat dieses Versprechens wird Versprechensempfänger genannt.

4. Es müssen die folgenden Voraussetzungen vorliegen:
   ▶ Leistungsnähe: Die dritte Person muss nach dem Inhalt des Vertrags mit der Leistung des Schuldners in Berührung kommen.
   ▶ Gläubigernähe: Der Gläubiger muss ein berechtigtes Interesse am Schutz des Dritten haben.
   ▶ Leistungsnähe und Gläubigernähe müssen für den Schuldner erkennbar sein.

5. Zur Übertragung einer Forderung ist nach § 398 BGB ein Vertrag erforderlich, in dem sich der bisherige Forderungsinhaber und derjenige, der die Forderung erwerben soll, darüber einigen, dass die Forderung von dem ersteren auf den letzteren übergehen soll. Dieser Vertrag wird als Abtretung oder Zession bezeichnet. Der bisherige Gläubiger wird Zedent genannt, der Erwerber der Forderung Zessionar.

6. Durch die Zession wird ein Recht, nämlich eine Forderung, unmittelbar übertragen. Die Zession ist daher ein Verfügungsgeschäft. Da sie im Schuldrecht geregelt ist, ist sie ein schuldrechtliches Verfügungsgeschäft.

7. Nein, ein gutgläubiger Erwerb von Forderungen ist grundsätzlich ausgeschlossen. Vielmehr muss die abgetretene Forderung tatsächlich bestehen und der Zedent muss Inhaber der Forderung sein.

8. Nein, die Forderung geht in dem Zustand auf den Zessionar über, in dem sie vorher beim Zedenten bestanden hat. Der Schuldner kann dem neuen Gläubiger nach § 404 BGB alle Einwendungen entgegensetzen, die zur Zeit der Abtretung gegen den bisherigen Gläubiger begründet waren.

9. Die Forderungsabtretung vollzieht sich ohne Zutun des Schuldners. Es kann daher vorkommen, dass die gegen ihn gerichtete Forderung abgetreten wird, ohne dass er hiervon auch nur erfährt.

10. Die wichtigsten Schuldnerschutzvorschriften sind die §§ 404, 406 und 407 f. BGB.

Teil 5: Lösungen zu den Übungsfällen

Fall 1: Unsichere Abschlüsse

LÖSUNG

FRAGE 1

Kann V vom A die Zahlung von 200 € verlangen?

V kann von A die Zahlung von 200 € verlangen, wenn zwischen V als Verkäufer und A als Käufer ein Vertrag über den Verkauf der beiden Kisten Rotwein zu einem Preis i. H. von 200 € zustande gekommen ist. Ein Kaufvertrag setzt voraus, dass sich die Parteien durch die Abgabe von übereinstimmenden Willenserklärungen, Angebot und Annahme, geeinigt haben. Die Willenserklärungen müssen auf den Abschluss eines Vertrags mit dem in § 433 BGB umschriebenen Inhalt gerichtet sein.

I. Angebot von Seiten des V, § 145 BGB

Davon, dass V ein Angebot zum Verkauf von zwei Kisten Rotwein abgegeben hat, kann aufgrund der Angaben im Sachverhalt ausgegangen werden. Insbesondere ist auch davon auszugehen, dass das Angebot die erforderliche Bestimmtheit aufweist, also Kaufgegenstand und Kaufpreis angibt.

II. Annahme von Seiten des A, vgl. § 147 BGB

1. Willenserklärung von Seiten des K

K hat eine Erklärung verfasst, in der er sein Einverständnis mit dem vom V abgegebenen Angebot zum Ausdruck bringt. Eine Annahmeerklärung liegt also vor.

2. Wirksamwerden der Willenserklärung, § 130 Abs. 1 Satz 1 BGB

Eine empfangsbedürftige Willenserklärung, die unter Abwesenden abgeben wird, wird gem. § 130 Abs. 1 Satz 1 BGB wirksam, wenn sie zugeht.

a) Abgabe

Willenserklärungen unter Abwesenden sind dann abgegeben, wenn der Erklärende sie in der Weise in den Verkehr gebracht hat, dass unter Zugrundelegung normaler Umstände mit Zugang gerechnet werden kann. Hier hat A das Annahmeschreiben am Samstag, dem 3. 12., zur Post gegeben, so dass davon auszugehen ist, dass es unter normalen Umständen bei V auch ankommt.

b) Zugang

Zugegangen ist die Erklärung dann, wenn sie so in den Bereich des Empfängers gelangt ist, dass dieser unter normalen Verhältnissen die Möglichkeit hat, von ihrem Inhalt Kenntnis zu nehmen. Hier ist die Annahmeerklärung am 5.12. im Geschäftsbriefkasten des V gelandet und damit in seinen Machtbereich gelangt. Die Möglichkeit der Kenntnisnahme hat V unter normalen Umständen aber erst zu dem Zeitpunkt, zu dem der Briefkasten üblicherweise geleert wird. Zu diesem Zeitpunkt ist die Annahmeerklärung dem V zugegangen. In diesem Fall bedeutet dies, dass die Annahmeerklärung des A dem V am Montagmorgen zugegangen ist.

c) Kein Wirksamwerden der Annahmeerklärung gem. § 130 Abs. 1 Satz 2 BGB

Nach § 130 Abs. 1 Satz 2 BGB wird eine Willenserklärung nicht wirksam, wenn vorher oder gleichzeitig ein Widerruf zugeht. Hier hat A – am Sonntag, dem 4.12. – einen Widerruf in den Briefkasten eingeworfen und damit in den Machtbereich des V verbracht. Auch die Möglichkeit der Kenntnisnahme von dem Widerruf hat V unter normalen Umständen am Montagmorgen. Annahmeerklärung und Widerrufserklärung sind also gleichzeitig zugegangen. Daher ist die Annahme des A nicht wirksam geworden; ein Kaufvertrag zwischen V und A ist nicht zustande gekommen.

III. Ergebnis

V kann von A nicht die Bezahlung von 200 € aus § 433 Abs. 2 BGB verlangen.

FRAGE 2

Kann B von V die Lieferung der Auswahl südamerikanischer Rotweine verlangen?

B kann gem. § 433 Abs. 1 BGB von V die Lieferung der Weinauswahl verlangen, wenn zwischen den beiden ein entsprechender Kaufvertrag zustande gekommen ist. Hierzu müssten auf den Abschluss eines derartigen Vertrags gerichtete Willenserklärungen von V und B vorliegen, die inhaltlich übereinstimmen und in Bezug aufeinander abgegeben sind.

I. Angebot von Seiten des V, § 145 BGB

Es muss ein Angebot i. S. des § 145 BGB abgegeben worden sein. Ein Angebot ist eine Willenserklärung, durch die einem anderen der Abschluss eines Vertrags rechtlich bindend in der Weise angeboten wird, dass der andere den Vertragsschluss durch seine bloße Zustimmung herbeiführen kann. V hat laut Sachverhalt dem B vor einigen Wochen ein Angebot über den Kauf einer Auswahl südamerikanischer Rotweine zu einem Gesamtpreis i. H. von 98 € unterbreitet. Ein Angebot seitens des V liegt vor.

II. Annahme durch B

B müsste das Angebot des V angenommen haben. Eine Annahme ist eine Willenserklärung, die auf das Zustandekommen eines Vertrages gerichtet ist und inhaltlich mit dem Angebot übereinstimmt. Mit seinem Schreiben hat B eine Annahmeerklärung abgegeben. Diese ist dem V auch zugegangen.

1. Rechtzeitige Annahme

B müsste das Angebot auch rechtzeitig angenommen haben. Ein Angebot, das nicht nach §§ 147 – 149 BGB rechtzeitig angenommen wird, erlischt gem. § 146 BGB. Hier ist das Angebot des V laut Sachverhalt bis zum 28. 11. befristet gewesen. V hat dem B also eine Frist für die Annahme bestimmt. Die Annahme durch B konnte daher gem. § 148 BGB nur innerhalb der Frist erfolgen.

In dem Fall hätte die Annahme des B dem V spätestens am 28. 11. zugehen müssen. Das Schreiben des B befand sich aber erst am 5. 12. im Machtbereich des V. Die Annahme ist daher nicht – nach dem hier maßgeblichen § 148 BGB – rechtzeitig erfolgt, mit der Folge, dass das Angebot des V gem. § 146 BGB erloschen ist. Ein anderes Ergebnis könnte sich jedoch aus § 149 Satz 2 BGB ergeben.

2. Fiktion der Rechtzeitigkeit gem. § 149 Satz 2 BGB

Die Annahme gilt gem. § 149 Satz 2 BGB als nicht verspätet, wenn V eine ihm gem. § 149 Satz 1 BGB obliegende Anzeige verzögert hat.

Eine Anzeigepflicht nach § 149 Satz 1 BGB setzt voraus, dass die verspätet zugegangene Annahmeerklärung dergestalt abgesendet worden ist, dass sie bei regelmäßiger Beförderung rechtzeitig zugegangen sein würde, und dass der Antragende dies erkennen musste. Hier trug der Briefumschlag laut Sachverhalt den Poststempel vom 15. 11., so dass davon ausgegangen werden kann, dass B das Schreiben spätestens an diesem Tag eingeworfen hat. Bei regelmäßiger Beförderung wäre das Annahmeschreiben am 16. oder 17. 11. im Briefkasten des V gelandet, jedenfalls weit vor dem Ablauf der Annahmefrist am 28. 11. V musste auch erkennen, dass ihm das Schreiben des B bei normalem Verlauf der Dinge innerhalb der gesetzten Annahmefrist zugegangen wäre. Das Schreiben datierte nämlich vom 14. 11. und trug – wie V auch bemerkt hat – den Poststempel vom 15. 11. V ist daher gem. § 149 Satz 1 BGB verpflichtet gewesen, dem B unverzüglich nach dem Empfang der Annahme die Verspätung anzuzeigen.

V ist seiner Verpflichtung aus § 149 Satz 1 BGB nicht nachgekommen. Er hat dem B die Verspätung der Annahme nicht rechtzeitig angezeigt, sondern das Schreiben des B einfach in den Papierkorb geworfen. Die Folge einer nicht rechtzeitigen Absendung der Anzeige ist in § 149 Satz 2 BGB geregelt: Die Annahmeerklärung gilt als nicht verspätet. Durch die Annahmeerklärung des B ist der Vertrag daher zustande gekommen.

III. Ergebnis

B kann von V gem. § 433 Abs. 1 BGB die Lieferung der Auswahl südamerikanischer Rotweine verlangen.

FRAGE 3

Kann V von S die Lieferung von 1 000 l des Qualitätsglühweins verlangen?

Zu prüfen ist ein Anspruch des V gegen S aus § 433 Abs. 1 BGB auf Lieferung von 1 000 l des besagten Qualitätsglühweins. Darauf, dass S als Alleinerbe gem. § 1922 Abs. 1 BGB in vollem Umfang in die Rechtsstellung des C eingerückt ist, wurde schon im Anschluss an die Fragestellung hingewiesen. Voraussetzung für das Entstehen dieses Anspruchs ist, dass zwischen V und S ein wirksamer Kaufvertrag über die Lieferung von 1 000 l Glühwein zustande gekommen ist. Ein Vertrag kommt zustande durch zwei übereinstimmende Willenserklärungen, Angebot und Annahme, §§ 145 ff. BGB.

I. Angebot von Seiten des C (mit Wirkung für S), § 145 BGB

1. Willenserklärung mit dem Inhalt eines Angebots

Ein Angebot ist eine Willenserklärung, in der einem anderen der Abschluss eines Vertrags in der Weise angeboten wird, dass dieser nur noch „ja" sagen muss, um den Vertrag zustande zu bringen. Das Angebot muss daher bereits alle wesentlichen Vertragsbestandteile (essentialia negotii) enthalten. In dem Fall hat C laut Sachverhalt dem V den Kauf von 1 000 l Glühwein einer bestimmten Marke zu einem bestimmten Preis angeboten. Das Schreiben des C ist daher inhaltlich so bestimmt, dass V als Empfänger des Angebots nur noch „ja" sagen muss, um den Vertrag zustande zu bringen. In der in dem Schreiben enthaltenen Erklärung liegt somit ein bindendes Angebot i. S. des § 145 BGB.

2. Wirksamwerden des Angebots

a) Wirksamwerden durch Abgabe und Zugang, § 130 Abs. 1 Satz 1 BGB

Eine empfangsbedürftige Willenserklärung (wie z. B. ein Angebot), wird, wenn sie unter Abwesenden abgegeben wird, nach § 130 Abs. 1 Satz 1 BGB in dem Zeitpunkt wirksam, in dem sie zugeht. Erforderlich sind also Abgabe und Zugang. Abgegeben ist eine empfangsbedürftige Erklärung dann, wenn der Erklärende sie so in den Verkehr gebracht hat, dass unter Zugrundelegung normaler Umstände mit ihrem Zugang gerechnet werden kann. Dies ist hier der Fall: C hat das Schreiben am 3. 12. in den Briefkasten geworfen. Zugegangen ist die Erklärung, sobald sie sich dergestalt im Machtbereich des Empfängers befindet, dass unter Zugrundelegung normaler Umstände die Möglichkeit der Kenntnisnahme besteht. Hier ist das Schreiben dem V am 5. 12. zugegangen.

b) Wirksamwerden trotz des Todes des C, § 130 Abs. 2 BGB

In dem Sachverhalt ist C in dem Zeitraum zwischen Abgabe und Zugang des Angebots verstorben. Dass es auf die Wirksamkeit einer Willenserklärung ohne Einfluss ist, wenn der Erklärende nach der Abgabe stirbt oder geschäftsunfähig wird, ist in § 130 Abs. 2 BGB geregelt. Die Willenserklärung ist also trotz des Todes des C mit dem Zugang bei V wirksam geworden.

II. Annahme von Seiten des V, §§ 147 ff. BGB

1. Fristgerechte Annahmeerklärung

V hat gegenüber S die Annahme des noch von C abgegebenen Angebots erklärt. Da in dem Schreiben des C offenbar keine Annahmefrist bestimmt ist, ist hier im Hinblick auf die Rechtzeitigkeit der Annahme § 147 BGB maßgeblich. C hat sein Angebot gegenüber einem Abwesenden gemacht, indem er es in den Briefkasten geworfen hat. Einschlägig ist daher § 147 Abs. 2 BGB. Nach dieser Vorschrift kann ein gegenüber einem Abwesenden gemachter Antrag nur bis zu dem Zeitpunkt angenommen werden, in welchem der Antragende den Eingang der Antwort unter normalen Umständen erwarten kann. Hier hat V sogleich zum Telefonhörer gegriffen, nachdem ihm der Brief zugegangen ist, und die Annahme gegenüber S am Telefon erklärt. Vorher konnte der Eingang der Antwort nicht erwartet werden. Die Annahme wäre auch noch rechtzeitig gewesen, wenn V sie am 5. oder 6. 12. brieflich erklärt hätte. Vom Sachverhalt her ist davon auszugehen, dass S die Erklärung des V richtig verstanden hat; er empfindet das Verhalten des V nämlich als pietätlos. Die Annahmeerklärung ist dem S daher in jedem Fall zugegangen (also auch wenn man der strengen Vernehmungstheorie folgt, die für den Zugang von mündlichen Erklärungen verlangt, dass der Empfänger sie richtig verstanden hat).

2. Wirksamer Kaufvertrag trotz des Todes des C, § 153 BGB

Schließlich ist die Frage zu beantworten, ob V das Angebot auch noch annehmen konnte, nachdem der Offerent C verstorben war. Hier kommt § 153 BGB zur Anwendung, der § 130 BGB ergänzt. § 153 BGB bestimmt, dass das Zustandekommen des Vertrags nicht dadurch gehindert wird, dass der Antragende vor der Annahme verstirbt oder geschäftsunfähig ist. Ein Angebot ist also auch nach dem Tod oder dem Eintritt der Geschäftsunfähigkeit des Offerenten noch annahmefähig. Etwas anderes gilt nur, wenn ein anderer Wille des Antragenden anzunehmen ist (§ 153 BGB am Ende). Insoweit muss man auf den hypothetischen Willen des Offerenten abstellen und danach fragen, ob ein vernünftiger Antragender etwas dagegen hätte, dass der Vertrag zustande kommt, nachdem er verstorben oder geschäftsunfähig geworden ist. Demnach ist in dem hier zu beurteilenden Fall nicht von einem „anderen Willen" des C auszugehen. Ein anderer Wille des C wäre dagegen z. B. anzunehmen, wenn C vor seinem Tod ein Angebot zur Anfertigung eines Maßanzugs abgegeben hätte.

III. Ergebnis

V kann von S gem. § 433 Abs. 1 BGB die Lieferung von 1 000 l „Wintertraum" verlangen.

FRAGE 4

Kann D von V Übereignung und Übergabe der Jugendstil-Karaffe verlangen?

D könnte gegen V einen Anspruch auf Übergabe und Übereignung der Jugendstil-Karaffe aus § 433 Abs. 1 BGB haben. Voraussetzung hierfür ist, dass zwischen D und V ein wirksamer Kaufvertrag zustande gekommen ist. Ein Kaufvertrag wird durch zwei übereinstimmende Willenserklärungen, nämlich Angebot (§ 145 BGB) und Annahme (vgl. § 147 Abs. 1 Satz 1 BGB), geschlossen.

I. Kaufvertrag zu einem Kaufpreis i. H. von 50 €?

1. Angebot

a) Angebot von Seiten des V?

Ein wirksames Angebot des V könnte in der Ausstellung der Karaffe im Schaufenster und der Auszeichnung mit dem Preis i. H. von 50 € liegen. Dagegen spricht allerdings, dass Anpreisungen in Schaufenstern an eine Vielzahl von Personen gerichtet sind. Wenn derartige Anpreisungen als rechtsverbindliche Angebote zu werten wären, dann könnte jeder, der den Laden betritt, durch sein bloßes Einverständnis einen Vertrag zustande bringen. Für den Geschäftsinhaber würde dies die Gefahr begründen, dass ein und dieselbe Sache mehrfach verkauft wird und er sich daher Schadensersatzansprüchen ausgesetzt sieht. Denkbar ist z. B., dass mehrere Interessenten zum gleichen Zeitpunkt „ja" sagen oder dass die Sache bereits verkauft ist und nur noch zu Werbezwecken im Schaufenster steht. Ferner könnte der Geschäftsinhaber einem Kunden, gegen den er Bedenken hat, den Vertragsschluss nicht verwehren. Aus diesen Gründen ist man sich darüber einig, dass die Anpreisung in einem Schaufenster von ihrem objektiven Erklärungswert her kein Angebot im Rechtssinne ist, sondern eine bloße invitatio ad offerendum. Für jeden, der die mit einem Preis versehene Ware im Schaufenster sieht, ist erkennbar, dass sich der Geschäftsinhaber noch nicht binden möchte, weil eine derartige Bindung mit den soeben dargestellten Nachteilen verbunden wäre. Der Rechtsbindungswille fehlt also bei Anpreisungen im Schaufenster erkennbar. Überträgt man diese Überlegungen auf den hier zu beurteilenden Fall, dann wird klar, dass V kein Angebot zum Verkauf der Karaffe zu einem Preis i. H. von 50 € abgegeben hat.

b) Angebot von Seiten des D

Im vorliegenden Fall hat vielmehr D ein Angebot abgegeben, indem er erklärt hat, er wolle die Karaffe aus dem Schaufenster für 50 € erstehen.

2. Annahme durch V?

Dieses Angebot hat V aber nicht angenommen. Vielmehr hat er dem D erklärt, es liege ein Schreibfehler vor, und die Karaffe koste in Wirklichkeit 500 €. Aus der in § 150 Abs. 2 BGB enthaltenen Regelung kann man entnehmen, dass in einer „Annahme", die nicht vollinhaltlich mit dem Angebot übereinstimmt, keine Annahme im Rechtssinne, sondern eine Ablehnung des Antrags zu sehen ist. V ist nur zum Verkauf zu einem Preis i. H. von 500 € einverstanden. Er hat das Angebot des D also abgelehnt. Diese Ablehnung hat dazu geführt, dass das Angebot des D gem. § 146 erste Alternative BGB erloschen ist.

II. Kaufvertrag zu einem Kaufpreis i. H. von 500 €?

1. Angebot von Seiten des V

Die Erklärung des V, die Karaffe koste in Wirklichkeit 500 €, ist nicht nur eine Ablehnung des Antrags des D. Sie gilt gem. § 150 Abs. 2 BGB zugleich als neues Angebot. V hat dem D also angeboten, die Karaffe für 500 € zu kaufen.

2. Annahme durch D?

D hat lediglich 300 € geboten. Er hat das Angebot des V daher nicht angenommen, sondern abgelehnt (§ 150 Abs. 2 BGB). Damit ist auch kein Kaufvertrag zum Preis i. H. von 500 € zustande gekommen.

III. Kaufvertrag zu einem Kaufpreis i. H. von 300 €?

1. Angebot des D

D hat dem V ein Angebot zum Kauf der Karaffe für einen Preis i. H. von 300 € unterbreitet. Seine Ablehnung des Antrags von V gilt nämlich gem. § 150 Abs. 2 BGB als neuer Antrag.

2. Annahme durch V?

Diesen Antrag hat V abgelehnt. Er ist nur zum Verkauf zu einem Preis i. H. von 400 € bereit.

IV. Kaufvertrag zu einem Kaufpreis i. H. von 400 €?

1. Angebot

a) Angebot von Seiten des V

V hat ein Angebot abgegeben, indem er gegenüber D seine Bereitschaft zum Verkauf der Karaffe für 400 € geäußert hat (§ 150 Abs. 2 BGB). D hat sich nach anfänglichem Zögern mit dem Kauf zu diesem Preis einverstanden erklärt. Es fragt sich aber, ob das Angebot des V zu dem Zeitpunkt, zu dem D es angenommen hat, noch gültig gewesen ist. Gemäß § 146 BGB erlischt ein Angebot, wenn es abgelehnt (§ 146 erste Alternative BGB) oder wenn es nicht rechtzeitig angenommen wird (§ 146 zweite Alternative BGB). Hier ist das Angebot des V durch ausdrückliche Ablehnung seitens des D sogleich erloschen. Als D es angenommen hat, war das Angebot des V mithin nicht mehr gültig.

b) Angebot von Seiten des D

D hat sich dann doch mit dem Preis i. H. von 400 € einverstanden erklärt. Er hat das Angebot des V allerdings erst angenommen, nachdem es schon abgelehnt und daher erloschen war. Durch die Annahme des nicht mehr existenten Angebots konnte D den Vertrag nicht zustande bringen. Sein Einverständnis mit dem Preis i. H. von 400 € kann aber als erneutes Angebot angesehen werden. Für die Auslegung der Erklärung des D als erneutes Angebot spricht auch der Rechtsgedanke des § 150 Abs. 1 BGB. Dort ist bestimmt, dass eine verspätete Annahme eines Antrags als neuer Antrag gilt. § 150 Abs. 1 BGB meint zwar nur den Fall, dass ein Antrag nach Ablauf der Annahmefrist angenommen wird. Der Rechtsgedanke der Vorschrift passt aber auch auf den – hier gegebenen – Fall, dass die Annahme deswegen verspätet ist, weil sie erst erfolgt, nachdem der Antrag bereits abgelehnt ist. Damit liegt ein weiterer Antrag – diesmal von D – zum Kauf der Karaffe für 400 € vor.

2. Annahme durch V?

V hat das Angebot des D abgelehnt, indem er ihm unwirsch erwidert hat, er solle sich zum Teufel scheren und die Karaffe sei nicht mehr verkäuflich. Daher ist auch zu diesem Preis kein Kaufvertrag zustande gekommen.

V. Ergebnis

D hat keinen Anspruch aus § 433 Abs. 1 BGB auf Übergabe und Übereignung der Jugendstil-Karaffe.

Fall 2: Der „Schwarzkauf"

Muss V den Vertrag mit K erfüllen, oder darf er anderweitig über das Grundstück disponieren?

V muss den Vertrag mit K erfüllen und darf nicht anderweitig über das Grundstück disponieren, wenn K gegen ihn einen Anspruch auf Übereignung des Grundstücks aus § 433 Abs. 1 Satz 1 BGB hat. Das setzt einen wirksamen Kaufvertrag über das Grundstück zwischen V und K voraus.

I. Kaufvertrag über 200 000 €

V und K könnten einen wirksamen Kaufvertrag über 200 000 € geschlossen haben.

Die Prüfung sollte mit diesem Vertrag beginnen, weil er notariell beurkundet worden ist. Damit ist er besser beweisbar als der Vertrag zu 400 000 €. Außerdem wird er dem Grundbuchamt zwecks Eintragung des Eigentümerwechsels vorgelegt.

1. Vertragsschluss

V und K haben einen beurkundeten Kaufvertrag über das Grundstück des V zum Preis von 200 000 € nach Maßgabe der §§ 433, 311b Abs. 1 Satz 1 BGB geschlossen.

2. Wirksamkeit gem. § 117 Abs. 1 BGB

Der Wirksamkeit dieses Vertrags könnte allerdings entgegenstehen, dass V und K in Wirklichkeit keinen Preis von 200 000 €, sondern von 400 000 € wollten. Den beurkundeten Vertrag über 200 000 € haben sie nur zu dem Zweck geschlossen, Notarkosten und Steuern zu sparen. Damit haben sie diesen Vertrag nur zum Schein abgeschlossen, ohne seine Wirksamkeit zu wollen. Gemäß § 117 Abs. 1 BGB ist der über 200 000 € geschlossene Kaufvertrag daher nichtig.

II. Kaufvertrag über 400 000 €

V und K könnten jedoch einen wirksamen Kaufvertrag über 400 000 € geschlossen haben.

1. Verdecktes Rechtsgeschäft, § 117 Abs. 2 BGB

Das setzt zunächst voraus, dass der Kaufvertrag über 400 000 € trotz des beurkundeten Kaufvertrages über 200 000 €, den dieselben Parteien über dasselbe Grundstück abgeschlossen haben, wirksam sein kann. § 117 Abs. 2 BGB stellt diesbezüglich klar, dass der Kaufvertrag über 400 000 € nicht allein deshalb unwirksam ist, weil er durch den notariell beurkundeten Kaufvertrag über 200 000 € verdeckt wird. Vielmehr finden nach dieser Vorschrift die für das verdeckte Rechtsgeschäft geltenden Vorschriften Anwendung.

2. Inhaltliche Einigung

Dann müsste zunächst eine inhaltliche Einigung zwischen V und K vorliegen, dass V dem K sein Grundstück für 400 000 € verkaufen und dieser es von V kaufen will. Im Gegensatz zu dem beurkundeten Kaufpreis wollten V und K übereinstimmend einen Kaufpreis i. H. von 400 000 €. Damit liegt eine inhaltliche Einigung vor.

3. Notarielle Beurkundung, § 311b Abs. 1 Satz 1 BGB

§ 311b Abs. 1 Satz 1 BGB setzt eine notarielle Beurkundung dieses Grundstückskaufvertrags voraus. Beurkundet wurde indessen nur ein Kauf über 200 000 €. Über den Preis von 400 000 € haben sich die Parteien bloß mündlich geeinigt. Somit ist der Kaufvertrag über 400 000 € gem. §§ 117 Abs. 2, 311b Abs. 1 Satz 1, 125 Satz 1 BGB nichtig.

III. Ergebnis

Es liegt weder ein wirksamer Kaufvertrag über 200 000 € noch über 400 000 € vor. Daher hat K gegen V keinen Anspruch auf Übereignung des Grundstückes aus § 433 Abs. 1 Satz 1 BGB. V muss den Vertrag nicht erfüllen, sondern kann anderweitig über das Grundstück disponieren.

Kann V die Bezahlung des Grundstücks verlangen?

V kann von K die Bezahlung des Grundstücks verlangen, wenn er einen Zahlungsanspruch aus § 433 Abs. 2 BGB gegen ihn hat.

I. Anspruch entstanden

1. Keine Formnichtigkeit des Vertrags

Mit der Auflassung und der Eintragung ist der Formmangel i. S. des § 311b Abs. 1 Satz 1 BGB (siehe oben) gem. § 311b Abs. 1 Satz 2 BGB geheilt worden. Somit ist der Kaufvertrag über 400 000 € wirksam geworden, und der Zahlungsanspruch des V aus § 433 Abs. 2 BGB ist entstanden.

2. Keine Nichtigkeit gem. § 142 Abs. 1 BGB aufgrund einer Anfechtung des K wegen Eigenschaftsirrtums gem. § 119 Abs. 2 BGB

Der Kaufvertrag könnte gem. § 142 Abs. 1 BGB dadurch rückwirkend vernichtet worden sein, dass K seine auf den Vertragsschluss gerichtete Willenserklärung wegen eines Irrtums über eine verkehrswesentliche Eigenschaft des Grundstücks, nämlich die Unverbaubarkeit des Rheinblicks, gegenüber V angefochten hat. Das setzt eine Anfechtungserklärung und das Vorliegen eines Irrtums i. S. des § 119 Abs. 2 BGB voraus.

a) Anfechtungserklärung, § 143 BGB

K könnte seine auf den Abschluss des Kaufvertrags gerichtete Willenserklärung dadurch angefochten haben, dass er V empört zur Rede stellte und die Zahlung verweigerte, weil er über die Unverbaubarkeit des Rheinblicks getäuscht worden war. K benutzt den Begriff der Anfechtung oder des Anfechtens nicht. Daher kommt es darauf an, ob seine Zahlungsverweigerung wegen der Täuschung gem. §§ 133, 157 BGB nach dem objektiven Empfängerhorizont als Anfechtungserklärung ausgelegt werden kann. K macht mit der auf die Täuschung gestützten, empörten Zahlungsverweigerung seinen Willen zur Vernichtung seiner Willenserklärung hinreichend deutlich. Klar wird auch, dass er den Vertragsschluss wegen der Täuschung und des Irrtums über die Unverbaubarkeit des Rheinblicks vernichten will. Die Zahlungsverweigerung kann folglich als Anfechtungserklärung i. S. des § 143 Abs. 1 BGB ausgelegt werden. Sie ist gem. § 143 Abs. 2 BGB auch gegenüber dem Vertragspartner V und damit gegenüber dem richtigen Anfechtungsgegner erfolgt.

b) Anfechtungsgrund, § 119 Abs. 2 BGB

K müsste sich über eine verkehrswesentliche Eigenschaft i. S. des § 119 Abs. 2 BGB geirrt haben. Indem er aufgrund der falschen Angabe des V glaubte, dass der Rheinblick nicht verbaut werden konnte, während der einschlägige Bebauungsplan eine solche Unverbaubarkeit nicht vorsah, befand sich K bei der Abgabe seiner Willenserklärung zum Abschluss des Kaufvertrags in einem entsprechenden Irrtum.

Ferner müsste es sich bei der Unverbaubarkeit des Rheinblicks um eine verkehrswesentliche Eigenschaft gehandelt haben. Verkehrswesentliche Eigenschaften sind alle wertbildenden Faktoren, die einer Sache dauerhaft anhaften. Der unverbaubare Blick auf den Rhein haftet dem Hausgrundstück wegen der geografischen Lage dauerhaft an. Als besonders positive Eigenschaft beeinflusst dieser Blick auch den Wert des Grundstücks.

Mithin hat sich K über eine verkehrswesentliche Eigenschaft geirrt.

c) Einhaltung der Anfechtungsfrist, § 121 BGB

Indem K den V empört zur Rede stellte und die Zahlung verweigerte, als er von der Täuschung über die Unverbaubarkeit des Rheinblicks erfahren hatte, hat er seine Anfechtungserklärung gem. § 121 Abs. 1 Satz 1 BGB unverzüglich erklärt, nachdem er von dem Anfechtungsgrund Kenntnis erlangt hatte.

d) Kein Ausschluss des Anfechtungsrechts

Das Anfechtungsrecht des K aus §§ 119 Abs. 2, 142 Abs. 1 BGB könnte aber wegen des Vorrangs der §§ 437 ff. BGB ausgeschlossen sein. Greifen nämlich die kaufrechtlichen Mängelgewährleistungsvorschriften der §§ 437 ff. BGB ein, scheidet eine Anfechtung wegen des Irrtums über eine verkehrswesentliche Eigenschaft der Kaufsache aus, weil die Anfechtung dem Käufer – hier also dem K – anderenfalls eine mit § 439 BGB unvereinbare sofortige Lösung vom Kaufvertrag ermöglichen würde. Außerdem könnte die Verjährungsfrist des § 438 BGB unterlaufen werden.

Gemäß § 434 Abs. 1 Satz 1 BGB greift die kaufrechtliche Sachmängelgewährleistung ab Gefahrübergang und damit gem. § 446 Satz 1 BGB ab der Übergabe der verkauften Sache an den Käufer ein. Demnach wäre eine Anfechtung des K nach § 119 Abs. 2 BGB ausgeschlossen, wenn V ihm das Grundstück bereits vorher übergeben, ihm also die tatsächliche Herrschaft über das Grundstück (§ 854 Abs. 1 BGB) verschafft hätte. K erklärt die Anfechtung erst nach seiner Eintragung in das Grundbuch. Auch wenn die Eintragung nicht selbst die tatsächliche Sachherrschaft betrifft, kann davon ausgegangen werden, dass V dem K mit seinem Eigentumserwerb auch die tatsächliche Benutzung des Grundstücks, insbesondere durch die Übergabe der Hausschlüssel, eingeräumt hatte.

e) Zwischenergebnis

Folglich steht dem K kein Anfechtungsrecht gem. §§ 119 Abs. 2, 142 Abs. 1 BGB zu.

3. Keine Nichtigkeit gem. § 142 Abs. 1 BGB aufgrund einer Anfechtung wegen arglistiger Täuschung gem. § 123 Abs. 1, 1. Fall BGB

Der Kaufvertrag könnte gem. § 142 Abs. 1 BGB dadurch rückwirkend vernichtet worden sein, dass K seine auf den Vertragsschluss gerichtete Willenserklärung wegen einer arglistigen Täuschung des V über die Unverbaubarkeit des Rheinblicks diesem gegenüber angefochten hat. Das setzt eine Anfechtungserklärung und eine arglistige Täuschung des V i. S. des § 123 Abs. 1, 1. Fall BGB voraus.

a) Anfechtungserklärung, § 143 BGB

K hat seine auf den Abschluss des Kaufvertrags gerichtete Willenserklärung dadurch angefochten, dass er V empört zur Rede stellte und die Zahlung verweigerte, weil V ihn über die Unverbaubarkeit des Rheinblicks getäuscht hatte (siehe oben).

b) Anfechtungsgrund, § 123 Abs. 1, 1. Fall BGB

K müsste zur Abgabe seiner angefochtenen Willenserklärung zum Abschluss des Grundstückskaufvertrags durch eine arglistige Täuschung des V bestimmt worden sein. In Betracht kommt eine arglistige Täuschung über die Unverbaubarkeit des Rheinblicks.

aa) Täuschungshandlung des V

Zunächst müsste eine Täuschungshandlung des V vorliegen. Dieser hat erklärt, der Blick auf den Rhein sei unverbaubar, obwohl der einschlägige Bebauungsplan das gerade nicht vorsah. Folglich liegt in der Abgabe dieser Erklärung die Täuschungshandlung.

bb) Irrtumserregung bei K

Die Täuschungshandlung des V müsste einen entsprechenden Irrtum bei K hervorgerufen haben. K hat V geglaubt, dass der Rheinblick unverbaubar sei. Mithin hat V den Irrtum des K durch seine Erklärung hervorgerufen.

cc) Willenserklärung des Getäuschten

K hat eine Einigungserklärung zum Kaufvertrag abgegeben.

dd) Kausalität zwischen Täuschungshandlung und Willenserklärung

Die Täuschungshandlung des V müsste für die Abgabe der Willenserklärung des K kausal gewesen sein. K gab seine Einigungserklärung zum Kaufvertrag ab, weil er der Erklärung des V glaubte, der Rheinblick sei unverbaubar. Mithin war die Täuschungshandlung des V für die Einigungserklärung des K kausal.

ee) Widerrechtlichkeit der Täuschung

Die Widerrechtlichkeit der Täuschung ist zwar nicht ausdrücklich im Gesetz vorgesehen, wird dafür aber von der ständigen Rechtsprechung als ungeschriebene Tatbestandsvoraussetzung geprüft. V dürfte mithin keinen Rechtfertigungsgrund für die Täuschung haben. Ein solcher Rechtfertigungsgrund ist hier nicht ersichtlich. Somit war die Täuschung des V widerrechtlich.

ff) Arglist des V

V müsste arglistig getäuscht haben. Arglist bedeutet, dass der Täuschende mit Vorsatz in Bezug auf die Täuschung, die Irrtumserregung und die Abgabe der Willenserklärung gehandelt hat. V wusste genau, dass der Rheinblick nicht unverbaubar war, und er täuschte K darüber, damit dieser ihm das Grundstück zu einem Preis von 400 000 € abkaufte. Er täuschte K also arglistig.

gg) Zwischenergebnis

Der Anfechtungsgrund des § 123 Abs. 1, 1. Fall BGB liegt folglich vor.

c) Einhaltung der Anfechtungsfrist, § 124 BGB

Indem K den V empört zur Rede stellte und die Zahlung verweigerte, als er von der Täuschung über die Unverbaubarkeit des Rheinblicks erfahren hatte, hat er seine Anfechtungserklärung gem. § 123 Abs. 1 Satz 1 BGB innerhalb eines Jahres ab Entdeckung der Täuschung erklärt.

d) Kein Ausschluss des § 123 Abs. 1 BGB durch die Mängelgewährleistungsvorschriften

Wegen der Unterschiedlichkeit der Tatbestände und der zugrunde liegenden Wertungen schließen die kaufrechtlichen Gewährleistungsvorschriften der §§ 437 ff. BGB das Anfechtungsrecht aus § 123 Abs. 1 BGB, anders als dasjenige aus § 119 Abs. 2 BGB, nicht aus.

4. Zwischenergebnis

Legt man die Zahlungsverweigerung des K, die er darauf stützt, dass V ihn über die Unverbaubarkeit des Rheinblicks getäuscht hat, als Anfechtungserklärung aus, kann V von K nicht die Bezahlung des Grundstücks verlangen. Der Zahlungsanspruch aus § 433 Abs. 2 BGB ist dann gem. §§ 142 Abs. 1, 123 Abs. 1, 1. Fall BGB rückwirkend vernichtet worden.

II. Anspruch nicht erloschen

K benutzt bei seiner Zahlungsverweigerung weder die Begriffe der Anfechtung oder des Anfechtens noch diejenigen des Rücktritts oder der Vertragsaufhebung. Daher kann die Zahlungsverweigerung gem. §§ 133, 157 BGB nicht nur als Anfechtung, sondern auch anders ausgelegt werden. In Betracht kommen weitere Rechtsinstitute, die nicht zu einer rückwirkenden (ex tunc), sondern zu einer künftigen Beendigung des Vertrags (ex nunc) und damit zu einem Erlöschen der Zahlungspflicht des K aus § 433 Abs. 2 BGB führen.

1. Rücktritt des K vom Kaufvertrag gem. §§ 437 Nr. 2, 434, 440, 326 Abs. 5, 275 Abs. 1 BGB

Der Anspruch des V könnte wegen eines wirksamen Rücktritts des K gem. §§ 437 Nr. 2, 434, 440, 326 Abs. 5, 275 Abs. 1 BGB erloschen sein.

a) Rücktrittserklärung, § 349 BGB

K müsste den Rücktritt gem. § 349 BGB erklärt haben. Er verweigerte die Zahlung des Kaufpreises, weil der Rheinblick entgegen der Erklärung des V doch verbaut werden konnte. Diese Zahlungsverweigerung kann gem. §§ 133, 157 BGB als Rücktrittserklärung ausgelegt werden (siehe oben).

b) Rücktrittsrecht

Außerdem müssten die Voraussetzungen des gesetzlichen Rücktrittsrechts gem. §§ 437 Nr. 2, 434, 440, 326 Abs. 5, 275 Abs. 1 BGB vorliegen.

aa)   Wirksamer Kaufvertrag

Zwischen V und K besteht ein wirksamer Kaufvertrag (siehe oben).

bb)   Sachmangel gem. § 434 BGB

Die Unverbaubarkeit des Rheinblicks müsste ein Sachmangel i. S. des § 434 BGB sein. Ein Sachmangel liegt gem. § 434 Abs. 1 Satz 1 BGB vor, wenn die Kaufsache bei Gefahrübergang nicht
die vereinbarte Beschaffenheit hat. Eine Beschaffenheitsvereinbarung setzt mindestens voraus,
dass der Verkäufer eine Beschreibung der Beschaffenheit abgegeben hat, auf die sich der Käufer
bei der Abgabe seiner Willenserklärung bezieht. Hier erklärt sich K zum Kauf des Grundstücks
bereit, weil er der Erklärung des V glaubt, die Aussicht auf den Rhein sei unverbaubar. Damit
liegt eine Vereinbarung über die Beschaffenheit „Unverbaubarkeit der Aussicht auf den Rhein"
vor, die laut Bebauungsplan jedoch nicht besteht. Mithin liegt ein Sachmangel i. S. des § 434
Abs. 1 Satz 1 BGB vor.

cc)   Bei Gefahrübergang

Dieser Sachmangel müsste gem. § 434 Abs. 1 Satz 1 BGB bei Gefahrübergang vorgelegen haben.
Die Gefahr geht gem. § 446 Satz 1 BGB grundsätzlich mit der Übergabe der Sache an den Käufer
auf diesen über. Das ist mit der Eintragung des K im Grundbuch geschehen (siehe oben).

dd)   Entbehrlichkeit der Nachfristsetzung

K hat V nicht die grundsätzlich erforderliche Frist zur Nacherfüllung gesetzt (§ 323 Abs. 1 BGB).
V kann jedoch den Bebauungsplan nicht ändern und daher den Mangel nicht beseitigen, so
dass die Nacherfüllung wegen Unmöglichkeit gem. § 275 Abs. 1 BGB ausgeschlossen ist. Wegen
der Unmöglichkeit der Nacherfüllung folgt das Rücktrittsrecht nicht aus § 323 Abs. 1 BGB, sondern aus § 326 Abs. 5 BGB. K ist somit auch ohne Fristsetzung zum Rücktritt berechtigt.

ee)   Kein Ausschluss des Rücktrittsrechts, § 442 Abs. 1 BGB

Der Rücktritt des K dürfte auch nicht ausgeschlossen sein.

K wusste nichts vom Bebauungsplan. Somit ist der Rücktritt nicht gem. § 442 Abs. 1 Satz 1 BGB
wegen Kenntnis des Mangels ausgeschlossen.

K hatte auch keinen Anlass, die Angaben des V im Bebauungsplan zu überprüfen, so dass die
fehlende Einsichtnahme in den Bebauungsplan keine grobe Fahrlässigkeit i. S. des § 442 Abs. 1
Satz 2 BGB begründet. Im Übrigen hat V den K bewusst über die Unverbaubarkeit des Rheinblicks getäuscht (siehe oben) und damit die Mangelfreiheit arglistig vorgespiegelt. Ein solches
arglistiges Vorspiegeln der Mangelfreiheit steht wertungsmäßig dem arglistigen Verschweigen
eines Mangels gleich und rechtfertigt deshalb die entsprechende Anwendung des § 442 Abs. 1
Satz 2, letzter Halbsatz BGB.

ff)   Zwischenergebnis

K steht ein Rücktrittsrecht gem. §§ 437 Nr. 2, 434 Abs. 1 Satz 1, 440, 326 Abs. 5, 275 Abs. 1 BGB
zu.

c) Zwischenergebnis

Legt man die Zahlungsverweigerung des K, die er darauf stützt, dass V ihn über die Unverbaubarkeit des Rheinblicks getäuscht hat, als Rücktrittserklärung aus, kann V von K nicht die Bezahlung des Grundstücks verlangen. Der Zahlungsanspruch aus § 433 Abs. 2 BGB ist dann gem. §§ 437 Nr. 2, 434 Abs. 1 Satz 1, 440, 326 Abs. 5, 275 Abs. 1 BGB nachträglich erloschen.

2. Schadensersatzanspruch des K gegen V aus §§ 280 Abs. 1, 241 Abs. 2, 311 Abs. 2 BGB, gerichtet auf Aufhebung des Kaufvertrags

K könnte gegen V einen Schadensersatzanspruch aus §§ 280 Abs. 1, 241 Abs. 2, 311 Abs. 2 BGB wegen eines Verschuldens des V bei den Vertragsverhandlungen haben, der gem. § 249 Abs. 1 BGB auf die Aufhebung des Grundstückskaufvertrages mit V gerichtet ist.

a) Schuldverhältnis

Dann müsste zunächst ein Schuldverhältnis zwischen V und K bestanden haben. Der Schadensersatzanspruch könnte sich daraus ergeben, dass V den K vor Abschluss des Grundstückskaufvertrags über die Unverbaubarkeit des Rheinblicks getäuscht hat. Das gem. § 280 Abs. 1 BGB erforderliche maßgebliche Schuldverhältnis ist damit das vorvertragliche Schuldverhältnis zwischen V und K, das gem. § 311 Abs. 2 Nr. 2 BGB durch die Anbahnung des Grundstückskaufvertrags entstanden ist.

b) Pflichtverletzung des V

V müsste eine Pflicht aus diesem Schuldverhältnis verletzt haben. § 241 Abs. 2 BGB verpflichtet die Vertragsparteien dazu, auf die Rechte, Rechtsgüter und Interessen des anderen Teils Rücksicht zu nehmen. Vorliegend hat V seinen Vertragspartner K über den für ihn erkennbar wesentlichen Umstand vorsätzlich getäuscht, die Aussicht auf den Rhein sei unverbaubar (siehe oben). Folglich hat V eine Pflichtverletzung begangen.

c) Vertretenmüssen des V

Diese Pflichtverletzung müsste V zu vertreten haben. Gemäß § 276 Abs. 1 Satz 1 BGB hat der Schuldner Vorsatz und Fahrlässigkeit zu vertreten. V wusste, dass er K über einen für ihn wesentlichen Umstand täuschte, und er wollte das auch (siehe oben). Somit handelte V vorsätzlich.

d) Rechtsfolge, § 249 Abs. 1 BGB

Der Schaden, den V durch die Pflichtverletzung, nämlich die Täuschung des K, verursacht hat, ist der Abschluss des Grundstückskaufvertrags durch K. Aus diesem Vertrag resultiert die Belastung des K mit der Zahlungspflicht aus § 433 Abs. 2 BGB. Der ohne die Pflichtverletzung bestehende Zustand wird gem. § 249 Abs. 1 BGB also dadurch wiederhergestellt, dass K durch die Aufhebung des Kaufvertrags von seiner Zahlungspflicht befreit wird.

e) Kein Ausschluss des Anspruchs aus §§ 280 Abs. 1, 241 Abs. 2, 311 Abs. 2 BGB durch das Anfechtungsrecht nach § 123 Abs. 1, 1. Fall BGB

Nach ständiger Rechtsprechung kommt den Anfechtungsvorschriften gegenüber der Schadensersatzhaftung wegen eines Verschuldens bei Vertragsverhandlungen aus §§ 280 Abs. 1, 241 Abs. 2, 311 Abs. 2 BGB kein Vorrang zu. Beide Möglichkeiten stehen dem Betroffenen vielmehr nebeneinander zu, sofern die jeweiligen Tatbestandsvoraussetzungen erfüllt sind. Der arglistig getäuschte K kann daher neben der Anfechtungsmöglichkeit über den Schadensersatzanspruch wegen Verschuldens bei Vertragsverhandlungen von V verlangen, im Wege der Naturalrestitution von der eingegangenen Zahlungsverbindlichkeit durch die Aufhebung des Kaufvertrags befreit zu werden.

f) Zwischenergebnis

Folglich hat K gegen V einen Anspruch auf Schadensersatz aus §§ 280 Abs. 1, 241 Abs. 2, 311 Abs. 2 BGB, der gem. § 249 Abs. 1 BGB auf die Aufhebung des Grundstückskaufvertrags gerichtet ist.

III. Ergebnis

Der Anspruch des V gegen K auf Kaufpreiszahlung aus § 433 Abs. 2 BGB ist, je nach Auslegung der Erklärung des K gegenüber V, entweder durch eine Anfechtung des K wegen arglistiger Täuschung des V gem. §§ 142 Abs. 1, 123 Abs. 1, 1. Fall BGB rückwirkend vernichtet worden. Oder er ist aufgrund eines Rücktritts des K vom Kaufvertrag gem. §§ 437 Nr. 2, 434 Abs. 1 Satz 1, 440, 326 Abs. 5, 275 Abs. 1 BGB oder durch einen Anspruch auf Schadensersatz aus §§ 280 Abs. 1, 241 Abs. 2, 311 Abs. 2 BGB, der gem. § 249 Abs. 1 BGB auf die Aufhebung des Grundstückskaufvertrags gerichtet ist, nachträglich erloschen. V kann mithin von K nicht die Zahlung des Kaufpreises verlangen.

Fall 3: Der Weißherbst

LÖSUNG

FRAGE 1

Kann V von K verlangen, dass K den ersatzweise angelieferten Weißwein zum Preis von 7,50 € pro Flasche abnimmt?

V könnte gegen K einen Anspruch auf Bezahlung und Abnahme des angelieferten Weißweins aus § 433 Abs. 2 BGB haben.

I. Kaufvertrag über 100 Flaschen Weißherbst zum Preis von 7,50 € pro Flasche

Ein Anspruch des V gegen K auf Zahlung des ersatzweise gelieferten Weißweins hat zwei Voraussetzungen: Zunächst muss ein wirksamer Kaufvertrag über den ursprünglich bestellten Weißherbst zustande gekommen sein, der dann im Gefolge der Anfechtung des K dazu führt, dass V die Abnahme und Bezahlung des Weißweins verlangen kann, weil er den Irrtum des für K handelnden S berücksichtigt hat. Deshalb empfiehlt sich dieser „historische" Prüfungsaufbau, der mit dem ursprünglichen Anspruch auf Bezahlung und Abnahme des Weißherbstes beginnt. Dann lässt sich auch die zweite Frage nach den Kosten des Rücktransportes leichter lösen. Theoretisch wäre es auch möglich, mit dem „Angebot" des V auf Rücknahme des Weißherbstes und ersatzweise Lieferung des Weißweins zu beginnen. Dann müsste der ursprüngliche Vertragsschluss inzident geprüft werden.

Ein wirksamer Kaufvertrag i. S. des § 433 BGB setzt eine wirksame Einigung zwischen V und K voraus.

1. Einigung zwischen K und V über Weißherbst

Ein Anspruch des V gegen K auf Zahlung des ersatzweise angelieferten Weißweins könnte sich daraus ergeben, dass V und K zunächst einen wirksamen Kaufvertrag über 100 Flaschen Weißherbst geschlossen haben, der dann im Gefolge der Anfechtung des K dazu führt, dass sich der Vertragsgegenstand in 100 Flaschen Weißwein geändert hat, weil V den Irrtum des für K handelnden S berücksichtigt hat. Das setzt als Erstes eine Einigung zwischen den Vertragsparteien V und K über den Kauf von 100 Flaschen Weißherbst voraus, die durch zwei übereinstimmende Willenserklärungen, Angebot und Annahme, zustande kommt, §§ 145 ff. BGB.

a) Angebot des V in Form der Anzeige in der Zeitung

V könnte ein Angebot durch die Anzeige in der Zeitung abgegeben haben. Allerdings fehlt es hierbei am erforderlichen Rechtsbindungswillen des V, so dass seine Zeitungsanzeige kein Angebot, sondern lediglich eine Aufforderung zur Angebotsabgabe (invitatio ad offerendum) ist.

b) Angebot des K

K selbst hat kein Angebot gem. §§ 145, 133, 157 BGB abgegeben. Stattdessen hat S telefonisch 100 Flaschen Weißherbst zu 7,50 € je Flasche bei V bestellt. In Betracht kommt daher die Abgabe eines Angebots durch S mit Wirkung für und gegen K, wenn die Voraussetzungen der Stellvertretung nach §§ 164 ff. BGB vorliegen.

aa) Eigene Willenserklärung des S

In Abgrenzung zur Botenschaft ist für die Stellvertretung eine eigene Willenserklärung des Vertreters erforderlich. Das setzt einen eigenen Entscheidungsspielraum des Handelnden voraus. S konnte selbständig entscheiden, welchen Wein er wann und wo kaufte. Daher gab er gegenüber V eine eigene Willenserklärung ab und überbrachte nicht nur eine Willenserklärung des K.

bb) In fremdem Namen

S handelte nicht ausdrücklich im Namen des K. Aus dem Umstand, dass die Lieferung und die Rechnung an K erfolgen sollen, lässt sich jedoch gem. § 164 Abs. 1 Satz 2, 2. Fall BGB schließen, dass S nicht im eigenen, sondern im Namen des K gehandelt hat.

cc) Mit Vertretungsmacht

In der Äußerung des K, der S solle für ihn bestellen, wenn er ein interessantes Angebot sehe, liegt die Erteilung einer rechtsgeschäftlichen Vollmacht an S gem. § 167 Abs. 1 BGB.

dd) Inhaltliches Angebot i. S. des § 433 BGB

Das Angebot des S bezieht sich inhaltlich auf den Kauf von 100 Flaschen Weißherbst zu 7,50 € je Flasche und bezeichnet damit den Kaufgegenstand und den Kaufpreis.

ee) Zwischenergebnis

Mithin liegen die Voraussetzungen der Stellvertretung (§ 164 Abs. 1 BGB) vor. S hat somit wirksam für K ein Angebot über den Kauf von 100 Flaschen Weißherbst zu 7,50 € je Flasche abgegeben.

c) Annahme des V, §§ 147, 164 Abs. 3, 133, 157 BGB

Die Annahme dieses Angebots durch V erfolgte wohl schon am Telefon gegenüber dem S als Stellvertreter des K, § 164 Abs. 3 BGB. Anderenfalls nahm V das Angebot durch das Zusenden der Ware an.

d) Zwischenergebnis

Demnach liegt zunächst eine wirksame Einigung zwischen V und K, vertreten durch den S, über den Kauf von 100 Flaschen Weißherbst zu 7,50 € je Flasche i. S. des § 433 BGB vor.

2. Keine Nichtigkeit gem. § 142 Abs. 1 BGB aufgrund einer Anfechtung des K wegen eines Irrtums gem. §§ 119, 166 Abs. 1 BGB

Der Kaufvertrag zwischen V und K könnte gem. § 142 Abs. 1 BGB dadurch rückwirkend vernichtet worden sein, dass K seine auf den Vertragsschluss gerichtete Willenserklärung wegen eines Irrtums des S, es handele sich bei dem Weißherbst um einen Weißwein, gegenüber V angefochten hat. Das setzt eine Anfechtungserklärung und das Vorliegen eines Irrtums i. S. des § 119 BGB voraus, der gem. § 166 Abs. 1 BGB dem Stellvertreter S unterlaufen sein muss.

a) Anfechtungserklärung, § 143 BGB

K ist aufgrund der Vertretererklärung des S Vertragspartner des V geworden, so dass er und nicht etwa S die Anfechtung erklären muss. Diese Anfechtungserklärung könnte darin zu sehen sein, dass K den V benachrichtigte, er habe Weißwein kaufen wollen und werde daher den Weißherbst nicht bezahlen. K benutzt zwar den Begriff der Anfechtung oder des Anfechtens nicht. Nach dem objektiven Empfängerhorizont macht er mit der Zahlungsverweigerung gem. §§ 133, 157 BGB jedoch seinen Willen zur Vernichtung seiner Willenserklärung hinreichend deutlich, und es wird auch klar, dass er den Vertragsschluss wegen des Irrtums über Rosé- und Weißwein vernichten will. Die Zahlungsverweigerung kann folglich als Anfechtungserklärung i. S. des § 143 Abs. 1 BGB ausgelegt werden. Sie ist gem. § 143 Abs. 2 BGB auch gegenüber dem Vertragspartner V und damit gegenüber dem richtigen Anfechtungsgegner erfolgt.

b) Anfechtungsgrund, § 119 BGB

Als Anfechtungsgrund kommt der Irrtum darüber in Betracht, dass es sich bei dem bestellten Weißherbst nicht um Weiß-, sondern um Roséwein handelt.

aa) Person des Irrenden

Ist wie im vorliegenden Fall eine Willenserklärung irrtumsbehaftet, die ein Stellvertreter abgegeben hat, muss zunächst geklärt werden, auf wen hinsichtlich des Irrtums abzustellen ist, ob es also auf den Irrtum des durch die Willenserklärung gebundenen Vertretenen K oder des Stellvertreters S ankommt, der die Willenserklärung abgegeben hat. Dazu regelt § 166 Abs. 1 BGB, dass es bei Willensmängeln im Rahmen der Stellvertretung nicht auf die Person des Vertretenen, sondern auf die Person des Vertreters ankommt. Der Irrtum müsste also dem S unterlaufen sein. S meinte irrtümlich, Weißherbst sei ein leckerer Weißwein. Ob K demselben Irrtum unterlag, ist demnach unerheblich.

bb) Inhaltsirrtum des S, § 119 Abs. 1, 1. Fall BGB

Der Irrtum des S, dass ein Weißherbst ein Weißwein sei, könnte ein Inhaltsirrtum gem. § 119 Abs. 1, 1. Fall BGB oder ein Eigenschaftsirrtum gem. § 119 Abs. 2 BGB sein. Würde es sich um einen Eigenschaftsirrtum handeln, käme wegen des Vorrangs der kaufrechtlichen Mängelgewährleistungsvorschriften (§§ 437 ff. BGB) ein Ausschluss des Anfechtungsrechts in Betracht. Handelt es sich nämlich bei der irrtümlich angenommenen verkehrswesentlichen Eigenschaft zugleich um einen Sachmangel i. S. des § 434 BGB, kann der Käufer nach Gefahrübergang nicht mehr wegen § 119 Abs. 2 BGB anfechten, weil er sich sonst entgegen § 439 BGB sofort vom Kaufvertrag lösen und außerdem die Verjährungsfrist des § 438 BGB unterlaufen könnte. Bei einem Inhaltsirrtum besteht diese Konkurrenzsituation dagegen nicht.

Der entscheidende Unterschied zwischen Inhalts- und Eigenschaftsirrtum besteht darin, ob die Eigenschaft des Weißherbstes, über die S sich geirrt hat, dass es sich nämlich um einen Rosé- und nicht um einen Weißwein handelt, notwendiger Bestandteil der Willenserklärung ist oder ob sie die Willenserklärung lediglich ergänzt. Im erstgenannten Fall (notwendiger Bestandteil der Willenserklärung) greift § 119 Abs. 1 BGB ein, während im zweitgenannten Fall (bloße Ergänzung der Willenserklärung) § 119 Abs. 2 BGB einschlägig ist. Im vorliegenden Fall handelt es sich bei der bestellten Ware „Wein" um eine Gattungsschuld, die erst durch die Angabe der Eigenschaft „Weißherbst" hinreichend bestimmt wird; ohne diese Angabe hätte die Bestellung gar keinen hinreichend konkreten Inhalt. Deshalb befand sich S nicht nur über eine (zusätzliche) Eigenschaft des Weins, sondern über den Inhalt der Erklärung selbst im Irrtum, nämlich über die Bedeutung des Begriffs „Weißherbst" als Rosé- statt als Weißwein. Folglich liegt ein Inhaltsirrtum des S gem. § 119 Abs. 1, 1. Fall BGB vor, und ein Ausschluss der Anfechtung kommt nicht in Betracht.

cc) Kausalität zwischen Irrtum und Abgabe der Willenserklärung, § 119 Abs. 1 BGB a. E.

Hätte S gewusst, dass es sich bei dem Weißherbst um einen Roséwein handelt, hätte er ihn nicht bestellt. Folglich ist sein Irrtum kausal für die Abgabe seiner Willenserklärung.

dd) Zwischenergebnis

Ein Anfechtungsgrund liegt in der Form eines Inhaltsirrtums des Stellvertreters S gem. § 119 Abs. 1, 1. Fall, 166 Abs. 1 BGB vor.

c) Anfechtungsfrist, § 121 Abs. 1 BGB

Als K den Irrtum des S entdeckte, hat er umgehend gegenüber V die Zahlung verweigert. Damit hat er die Anfechtungserklärung rechtzeitig gem. § 121 Abs. 1 BGB erklärt.

d) Zwischenergebnis

Die wirksame Anfechtung des K führt gem. § 142 Abs. 1 BGB zur rückwirkenden Vernichtung seiner Willenserklärung und damit des Kaufvertrags über den Weißherbst.

3. Zwischenergebnis

K hat gegen V keine Ansprüche aus dem ursprünglichen Kaufvertrag über 100 Flaschen Weißherbst zum Preis von 7,50 € pro Flasche.

II. Anspruch des V auf Zahlung der 100 Flaschen Weißwein zum Preis von je 7,50 € wegen Berücksichtigung des Irrtums, § 242 BGB

Nachdem K den Irrtum in Bezug auf den Weißherbst erkannt hat, will V ihm genau dasjenige gewähren, was K ursprünglich haben wollte, nämlich die Lieferung eines Weißweins. Deshalb ist zu prüfen, ob K sich trotz seiner Anfechtung an dem festhalten lassen muss, was er ohne den Irrtum des S gewollt hätte. Eine solche Korrektur der §§ 119 ff., 142 Abs. 1 BGB könnte sich aus § 242 BGB („Treu und Glauben") ergeben.

1. Sinn der Irrtumsanfechtung

Die Irrtumsanfechtung (§§ 119, 120 BGB) gibt demjenigen, der eine Willenserklärung abgegeben hat, die Möglichkeit, sich von dieser Willenserklärung wieder zu lösen, wenn sie gem. §§ 133, 157 BGB einen anderen Inhalt hatte als denjenigen, den der Erklärende wollte, wenn also der innere Wille als Bestandteil der Willenserklärung ganz fehlte oder mit dem objektiven Inhalt der Erklärung nicht übereinstimmt. Nur in diesen Fällen darf der Erklärende das Vertrauen des Anfechtungsgegners enttäuschen, damit er vor unbeabsichtigten Nachteilen seiner Erklärung geschützt wird. Dagegen bezwecken die §§ 119, 120 BGB nicht, dass der Irrtum dem Anfechtenden zum Vorteil gereicht. Das Anfechtungsrecht soll nur den Irrtum korrigieren, den Anfechtenden aber nicht besser stellen, als er ohne den Irrtum stünde.

Hätte sich im vorliegenden Fall der S nicht geirrt, dann hätte er für den K 100 Flaschen Weißwein gekauft. Diese Vertragsgestaltung bietet V dem K jetzt an. Auch daran will K jedoch nicht mehr festhalten. Wäre das möglich, stünde er besser, als er ohne den Irrtum des S gestanden hätte. Damit würde jedoch der Schutzzweck der Irrtumsanfechtung überschritten, die den Anfechtenden nur schützen, ihm aber kein „Reurecht" gewähren will. Deshalb ist eine Korrektur des Ergebnisses erforderlich.

2. Korrektur des Ergebnisses

Demzufolge ist das Ergebnis dahingehend zu korrigieren, dass der Anfechtende sich nach Treu und Glauben gem. § 242 BGB an dem festhalten lassen muss, was er ohne den Irrtum erklärt hätte. Zwar lässt sich nicht eindeutig klären, welchen Wein S als Stellvertreter für K erworben hätte, wenn sich S über die Bedeutung des Wortes „Weißherbst" nicht geirrt hätte. V bietet aber einen gleichwertigen Weißwein zum selben Preis an, so dass V nach Treu und Glauben (§ 242 BGB) von K verlangen kann, diesen Wein abzunehmen und zu bezahlen.

III. Ergebnis

V hat gegen K somit einen Anspruch auf Zahlung des ersatzweise gelieferten Weißweins i. H. von 7,50 € je Flasche aus § 242 BGB.

FRAGE 2

Kann V von K verlangen, dass K ihm die Kosten für den Rücktransport des Rosé i. H. von 50 € ersetzt?

I. Anspruch des V gegen K aus § 122 Abs. 1 BGB

V könnte gegen K einen Anspruch auf Ersatz der Transportkosten für den Rücktransport des Rosé i. H. von 50 € aus § 122 Abs. 1 BGB haben.

1. Kosten des Rücktransports als Vertrauensschaden

Nach § 122 Abs. 1 BGB kann der Erklärungsgegner nur den Ersatz desjenigen Schadens verlangen, der ihm dadurch entstanden ist, dass er auf die Gültigkeit der angefochtenen Erklärung vertraut hat. Das ist das sog. negative Interesse. Die Kosten des Rücktransports i. H. von 50 € müssten dem V also dadurch entstanden sein, dass er auf die Gültigkeit des Vertragsschlusses über 100 Flaschen Weißherbst vertraut hat. Der Rücktransport erfolgt indessen erst nach der Anfechtungserklärung durch K. Zu diesem Zeitpunkt konnte V nicht mehr auf den Bestand des Vertrags vertrauen. Mit dieser Begründung hat V also keinen Anspruch aus § 122 Abs. 1 BGB gegen K auf den Ersatz der Kosten des Rücktransports.

Für eine Erstattungsfähigkeit der Kosten des Rücktransports spricht aber, dass sich der Weißherbst nur deshalb bei K und nicht mehr bei V befindet, weil V ihm diesen Wein im Vertrauen auf die Wirksamkeit des Kaufvertrags geliefert hatte. Hat der Ersatzberechtigte im Vertrauen auf die Wirksamkeit der Erklärung bereits Leistungen an den Erklärenden erbracht, so kann er das Geleistete nach § 122 Abs. 1 BGB zurückfordern. V hat demnach aus § 122 Abs. 1 BGB einen Anspruch gegen K auf die Rückgabe des Weißherbstes, den er ihm im Vertrauen auf die Wirksamkeit des angefochtenen Kaufvertrags geliefert hatte. Die Kosten dieser Rückgabe muss der Anfechtende (K) ebenso tragen wie andere Kosten des Vertragsschlusses und der Vertragsdurchführung, die dem Erklärungsgegner (V) im Vertrauen auf die Gültigkeit des Vertrags entstanden sind.

2. Zwischenergebnis

V hat also gegen K einen Anspruch auf Erstattung der Kosten für den Rücktransport des Weißherbstes i. H. von 50 € aus § 122 Abs. 1 BGB.

II. Anspruch des V gegen K aus § 985 i. V. mit § 269 BGB

V könnte gegen K einen Anspruch auf Ersatz der Transportkosten für den Rücktransport des Rosé i. H. von 50 € aus § 985 i. V. mit § 269 BGB haben.

1. Besitz des K

Der Herausgabeanspruch aus § 985 BGB setzt zunächst voraus, dass K Besitzer des Weines ist. V hat K den Weißherbst geliefert. Der Wein befindet sich daher im unmittelbaren Besitz des K, nämlich in seiner tatsächlichen Sachherrschaft i. S. des § 854 Abs. 1 BGB.

2. Eigentum des V

Weiterhin müsste V Eigentümer des Weines sein. Ursprünglich gehörte der Wein dem V. Er könnte sein Eigentum am Rosé jedoch im Wege der Eigentumsübertragung gem. § 929 Satz 1 BGB an K verloren haben. In der Lieferung des Weines, die zur Übergabe an K geführt hat (siehe oben), liegt auch das Angebot zur Einigung über den Eigentumsübergang, zumal der Sachverhalt keinen Eigentumsvorbehalt erwähnt. K nimmt den Wein zunächst auch an, so dass von einer Annahme des Übereignungsangebots und damit von einer wirksamen Einigung i. S. von § 929 Satz 1 BGB ausgegangen werden kann. Die nach der Lieferung erfolgte Anfechtung bezieht sich nach dem Trennungs- und Abstraktionsgrundsatz nur auf die Einigungserklärung zum Abschluss des Kaufvertrags, nicht aber auf die Annahme des Übereignungsangebots. Mithin hat V das Eigentum am Rosé gem. § 929 Satz 1 BGB an K verloren.

3. Zwischenergebnis

V hat gegen K keinen Anspruch auf Ersatz der Transportkosten für den Rücktransport des Rosé i. H. von 50 € aus § 985 i. V. mit § 269 BGB.

III. Anspruch des V gegen K aus § 812 Abs. 1 Satz 1, 1. Fall i. V. mit § 269 BGB

V könnte gegen K einen Anspruch auf Ersatz der Transportkosten für den Rücktransport des Rosé i. H. von 50 € aus § 812 Abs. 1 Satz 1, 1. Fall i. V. mit § 269 BGB haben.

1. Voraussetzungen des § 812 Abs. 1 Satz 1, 1. Fall BGB

Dann müssten zunächst die Voraussetzungen der Leistungskondiktion in Bezug auf den angelieferten Weißherbst vorliegen, § 812 Abs. 1 Satz 1, 1. Fall BGB.

a) Etwas erlangt

K hat den Besitz und das Eigentum an den angelieferten 100 Flaschen Weißherbst erlangt (siehe oben).

b) Durch Leistung des V

V lieferte K den Wein, um seine Verpflichtung aus dem Kaufvertrag gem. § 433 Abs. 1 Satz 1 BGB zu erfüllen. Damit hat er das Vermögen des K bewusst und zweckgerichtet, also durch eine Leistung, um den Besitz und das Eigentum an dem Weißherbst vermehrt.

c) Ohne rechtlichen Grund

Die aus § 433 Abs. 1 Satz 1 BGB resultierende Pflicht des V zur Lieferung des Weins ist durch die Anfechtung des K gem. § 142 Abs. 1 BGB rückwirkend vernichtet worden. Sie ist daher ohne rechtlichen Grund erfolgt.

HINWEIS

Da ursprünglich ein Vertrag geschlossen wurde, ist die Anwendung des § 812 Abs. 1 Satz 2, 1. Fall BGB ebenfalls möglich.

d) Zwischenergebnis

V hat gegen K einen Anspruch auf Rückgabe des Rosé aus § 812 Abs. 1 Satz 1, 1. Fall BGB.

2. Leistungsort für Rückgabe

Aus diesem Rückgabeanspruch folgt der Anspruch auf die Erstattung der Kosten des Rücktransports, wenn die Rückgabe bei V zu erfolgen hat. Gemäß § 269 Abs. 1 BGB ist der Leistungsort mangels besonderer Bestimmungen, an denen es hier fehlt, indessen der Wohnsitz des Schuldners. Der Leistungsort für die Rückgabe ist also der Wohnsitz des K, so dass V den Wein dort auf seine Kosten abholen muss.

3. Zwischenergebnis

V hat keinen Anspruch gegen K auf Ersatz der Transportkosten für den Rücktransport des Rosé i. H. von 50 € aus § 812 Abs. 1 Satz 1, 1. Fall i.V. mit § 269 BGB.

IV. Ergebnis

V hat gegen K einen Anspruch auf Ersatz der Transportkosten für den Rücktransport aus § 122 Abs. 1 BGB.

Fall 4: Seltsame Geschäftspraktiken

LÖSUNG

FRAGE 1

Ist zwischen V und D ein wirksamer Vertrag über den Kauf der Skulptur zu einem Preis i. H. von 20 000 € zustande gekommen?

Ein Vertrag zwischen D und V könnte dadurch zustande gekommen sein, dass D mit S einen Kaufvertrag geschlossen und S die V dabei wirksam vertreten hat (vgl. § 164 Abs. 1 und 3 BGB).

I. Einigung zwischen S und D

S und D haben sich über den Kauf der Skulptur zu einem Preis i. H. von 20 000 € geeinigt. Dies ergibt sich eindeutig aus dem Sachverhalt, dem zufolge S die Skulptur zu dem geforderten Preis gekauft hat.

II. Wirksame Vertretung des V durch S

Ein Kaufvertrag zwischen D und V ist zustande gekommen, wenn S die V bei Abschluss des Vertrags wirksam vertreten hat. Dass die Wirkungen der von und gegenüber einem Vertreter abgegebenen Willenserklärungen den Vertretenen treffen, ergibt sich aus § 164 Abs. 1 (Aktivvertretung) und Abs. 3 (Passivvertretung) BGB. Zu prüfen ist daher, ob die – in § 164 Abs. 1 BGB geregelten – Voraussetzungen einer wirksamen Stellvertretung vorliegen.

1. Eigene Willenserklärung des S

S hat eine eigene Willenserklärung abgegeben.

2. Handeln im Namen der V

S hat ausdrücklich im Namen der V gehandelt (im Übrigen ist es gem. § 164 Abs. 1 Satz 2 BGB ausreichend, wenn sich das Handeln in fremdem Namen aus den Umständen ergibt).

3. Vertretungsmacht

S hat innerhalb der ihm zustehenden Vertretungsmacht gehandelt, die ihm gem. § 167 Abs. 1 erste Alternative BGB in Form einer Innenvollmacht erteilt worden ist. Insbesondere hat sich S an die Begrenzung des Umfangs der Vollmacht gehalten und die Grenze von 25 000 € nicht überschritten.

III. Ergebnis

Zwischen D und V ist ein wirksamer Vertrag über den Kauf des Bildes zu einem Preis i. H. von 20 000 € zustande gekommen.

FRAGE 2

Gesetzt den Fall, ein Kaufvertrag zwischen D und V ist zustande gekommen: Wurde der Vertrag wirklich angefochten?

Zu prüfen ist, ob der Vertrag (genauer: die von S in ihrem Namen abgegebene Willenserklärung) wirksam angefochten worden ist.

I. Anfechtungserklärung

Eine Anfechtungserklärung i. S. des § 143 Abs. 1 BGB von Seiten der V ist darin zu sehen, dass V gegenüber D erklärt, sie fühle sich wegen des Verhaltens des D an den Vertrag nicht gebunden. Dadurch hat V zum Ausdruck gebracht, dass sie wegen der von D verübten Drohung an dem Vertrag nicht festgehalten werden möchte. Dies reicht für eine Anfechtungserklärung aus; das Wort „anfechten" muss nicht verwendet werden. Die Anfechtung wurde auch – wie von § 143 Abs. 2 BGB gefordert – gegenüber dem Vertragspartner D erklärt.

II. Anfechtungsgrund

1. Person, bei der ein Willensmangel vorliegen muss, § 166 Abs. 1 BGB

Da der Vertrag in Stellvertretung für die V geschlossen worden ist, ist zunächst § 166 Abs. 1 BGB anzusprechen. Danach ist auf die Person des Vertreters abzustellen, soweit die Folgen einer Willenserklärung durch Willensmängel beeinflusst werden. V kann also den zwischen S und D geschlossenen Vertrag dann anfechten, wenn bei S ein Willensmangel vorgelegen hat. Hier kommt in Betracht, dass S durch eine von D verübte widerrechtliche Drohung zur Abgabe seiner zum Vertragsschluss führenden Willenserklärung bestimmt worden ist.

2. Vorliegen einer widerrechtlichen Drohung i. S. des § 123 Abs. 1 BGB

a) Drohung

D hat gegenüber S angedeutet, er werde ihn wegen einer Straftat anzeigen, wenn er die Skulptur nicht kaufen werde. Er hat dem S dadurch ein künftiges Übel in Aussicht gestellt, auf das er Einfluss zu haben vorgab. Eine Drohung liegt daher vor.

b) Widerrechtlichkeit

Die Drohung muss widerrechtlich gewesen sein. Anders als bei der Täuschung kann bei der Drohung nicht ohne weiteres von deren Rechtswidrigkeit ausgegangen werden. Hier ist das Mittel, mit dem D droht, die Anzeige einer Straftat (Hehlerei), für sich nicht widerrechtlich. Ebenso ist der von D verfolgte Zweck, den S zum Vertragsschluss zu bewegen, für sich genommen nicht rechtswidrig. Die Widerrechtlichkeit der Drohung ergibt sich aber aus der so genannten Zweck-Mittel-Relation: Die vor zwei Jahren begangene Hehlerei hat mit dem Kauf der Skulptur nichts zu tun, so dass der Einsatz dieses Mittels zur Erreichung dieses Zwecks rechtswidrig gewesen ist. Darüber hinaus ist die Drohung auch deswegen widerrechtlich, weil D durch seine Drohung den Abschluss eines Vertrags mit V erzwingt, die sich ja überhaupt nichts hat zuschulden kommen lassen.

c) Kausalität

Durch diese Drohung wurde S auch zu der von D intendierten Willenserklärung bestimmt: Er hat die Skulptur – wie von D geplant – auf die Drohung hin gekauft. Die Drohung ist also kausal geworden für die von S abgegebene Willenserklärung.

III. Anfechtungsfrist

Schließlich ist die Anfechtung innerhalb der in § 124 Abs. 1 BGB geregelten Frist von einem Jahr erklärt worden.

IV. Ergebnis

V hat den Kaufvertrag wirksam wegen arglistiger Täuschung angefochten.

FRAGE 3

Kann V von D die Übereignung und Übergabe des Bildes verlangen?

HINWEIS

Bei der Beantwortung dieser Frage ist davon auszugehen, dass zwischen V und D ein wirksamer Kaufvertrag zustande gekommen ist.

Als Grundlage für einen Anspruch der V gegen D auf Übereignung und Übergabe des Bildes kommt § 433 Abs. 1 BGB in Betracht.

I. Anspruch entstanden

Da ein Kaufvertrag zwischen D und V besteht, ist davon auszugehen, dass der Anspruch der V gegen den D entstanden ist.

II. Anspruch untergegangen

Zu prüfen ist, ob der Anspruch gem. § 142 Abs. 1 BGB untergegangen ist, weil D seine Erklärung wirksam angefochten hat.

1. Anfechtungserklärung

D hat gegenüber V telefonisch die Anfechtung erklärt (vgl. § 143 Abs. 1 und 2 BGB), indem er zum Ausdruck gebracht hat, dass er das Bild nicht liefern werde, weil S falsche Angaben über den Maler des Bildes gemacht habe.

2. Anfechtungsgrund, § 123 Abs. 1 BGB (arglistige Täuschung)

a) Arglistige Täuschung

S hat gegenüber D behauptet, das Bild stamme von einem unbekannten Dilettanten. Dadurch hat S einen Irrtum bei D über den Urheber des Bildes hervorgerufen. Ferner ist davon auszugehen, dass S vorsätzlich, also arglistig, gehandelt hat.

HINWEIS

Anders als bei einer Drohung ist bei der Täuschung die Widerrechtlichkeit nicht gesondert anzusprechen, weil der Gesetzgeber davon ausgegangen ist, dass eine Täuschung stets rechtswidrig ist. Freilich kann eine Täuschung ausnahmsweise einmal rechtmäßig sein, nämlich bei einer falschen Antwort auf eine unzulässige Frage (z. B. Frage nach der Schwangerschaft im Bewerbungsgespräch).

b) Dritter i. S. des § 123 II

Der Einwand der V, sie habe von dem Schwindel seitens des S nicht gewusst, spielt nach der in § 123 Abs. 2 BGB enthaltenen Regelung nur dann eine Rolle, wenn S als „Dritter" i. S. dieser Vorschrift anzusehen ist. Dritter ist nicht, wer auf Seiten des Empfängers der Willenserklärung steht und maßgeblich am Zustandekommen des Vertrags mitgewirkt hat. Der Vertreter (hier S) ist anerkanntermaßen nicht „Dritter" i. S. des § 123 Abs. 2 BGB. Der Einwand der V verfängt also nicht.

3. Anfechtungsfrist

D hat die in § 124 Abs. 1 BGB geregelte Jahresfrist (die gem. § 123 Abs. 2 BGB mit der Entdeckung der Täuschung begonnen hat) eingehalten.

Es liegen somit die Voraussetzungen einer wirksamen Anfechtung vor; der Anspruch ist also untergegangen.

III. Ergebnis

V kann von D nicht aus § 433 Abs. 1 BGB Übereignung und Übergabe des Bildes verlangen.

Fall 5: Der minderjährige Fußballfan

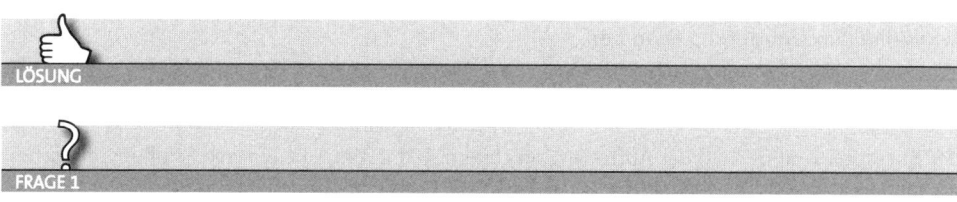

LÖSUNG

FRAGE 1

Hat U einen Anspruch auf Zahlung der 100 € gegen A?

U könnte gegen A einen Anspruch auf Zahlung des Kaufpreises i. H. von 100 € aus §§ 433 Abs. 2, 398 BGB haben.

I. Anspruch entstanden

A und U haben keinen Kaufvertrag über das Trikot miteinander geschlossen. U könnte aber durch eine Abtretung gem. §§ 398 ff. BGB einen Anspruch aus § 433 Abs. 2 BGB von N erworben haben. Dann müsste die Abtretung von N an U wirksam erfolgt sein.

1. Abtretungsvertrag

U und N müssten sich wirksam über den Übergang der Kaufpreisforderung geeinigt haben, §§ 398, 145, 147 BGB. Das ist am Mittwoch geschehen. Wirksamkeitshindernisse sind nicht ersichtlich.

2. Kein Ausschluss der Abtretung

Ein Ausschluss gem. §§ 399, 400 BGB kommt nicht in Betracht.

3. Bestehen der Forderung

N müsste zur Abtretung auch berechtigt gewesen sein. Das setzt voraus, dass die abgetretene Kaufpreisforderung des N gegen A entstanden und nicht vor der Abtretung an U wieder erloschen ist.

Inhaltlich haben sich A und N über den Kauf des Trikots mit dem Schriftzug von Gerd Müller zum Preis von 100 € gem. §§ 433, 145, 147 BGB geeinigt.

Diese Einigung dürfte nicht wegen der Minderjährigkeit des A unwirksam sein. Gemäß §§ 2, 106 BGB ist A beschränkt geschäftsfähig und bedarf zu einer wirksamen Willenserklärung gem. §§ 107, 1626, 1629 Abs. 1 Satz 1 BGB der Einwilligung der Eltern als seiner gesetzlichen Vertreter. Problematisch könnte sein, dass der Vater V allein dem Kauf des Trikots zugestimmt hat, während gem. § 1629 Abs. 1 Satz 2 BGB die Eltern ihr Kind gemeinschaftlich zu vertreten haben. Bei lebensnaher Betrachtung kann jedoch davon ausgegangen werden, dass der Vater bezüglich des Hobbies Fußball, das er mit seinem Sohn teilt, mit der (nötigenfalls stillschweigenden) Zustimmung der Mutter gehandelt hat und seine Einwilligung daher genügte. Ein wirksamer Kaufvertrag zwischen A und N liegt somit vor.

N trat die aus dem Kaufvertrag entstandene Kaufpreisforderung bereits am Mittwoch an U und damit vor dem Freitag ab, an dem A die 100 € an N zahlte. Somit kommt auch kein Erlöschen der Forderung vor der Abtretung in Betracht.

4. Zwischenergebnis

U hat von N gem. § 398 BGB einen Kaufpreisanspruch i. H. von 100 € aus § 433 Abs. 2 BGB gegen A wirksam durch Abtretung erworben.

II. Anspruch nicht erloschen

Der Anspruch könnte nach der Abtretung an U gem. § 362 Abs. 1 BGB durch Erfüllung erloschen sein, indem A dem N am Freitag die 100 € bezahlte. Das setzt voraus, dass A mit dieser Zahlung die geschuldete Leistung an den richtigen Gläubiger erbracht hat.

1. Bewirken der geschuldeten Leistung

Aus dem mit N geschlossenen Kaufvertrag über das Trikot (siehe oben) war A aus § 433 Abs. 2 BGB dazu verpflichtet, dem N den Kaufpreis i. H. von 100 € zu zahlen. Das könnte er durch die Übergabe und Übereignung der 100 € an N gem. § 929 Satz 1 BGB getan haben.

a) Übergabe der 100 €

A hat dem N die 100 € übergeben und ihm damit gem. § 854 Abs. 1 BGB die tatsächliche Sachherrschaft über dieses Geld übertragen. Dabei handelt es sich um einen Realakt, so dass die §§ 104 ff. BGB nicht anwendbar sind und es auf die Minderjährigkeit des A nicht ankommt.

b) Einigung über den Eigentumsübergang

A und N müssten sich gem. §§ 929 Satz 1, 145, 147 BGB über den Eigentumsübergang an den 100 € geeinigt haben. Inhaltlich liegt eine solche Einigung vor. Wegen der Minderjährigkeit des A (§§ 2, 106 BGB) könnte sie aber unwirksam sein.

aa) Fehlende Einwilligung des V

Die Einigung i. S. des § 929 Satz 1 BGB könnte wegen der fehlenden Einwilligung des V unwirksam sein. V hatte beschlossen, das Trikot erst am Ende des Schuljahres zu bezahlen und es A auch erst dann zu geben. Damit fehlt es an der gem. § 107 BGB grundsätzlich erforderlichen Einwilligung des gesetzlichen Vertreters (§§ 1626, 1629 Abs. 1 Satz 1 BGB). Die Willenserklärung des A wäre gem. § 108 Abs. 1 BGB schwebend unwirksam.

bb) Lediglich rechtlicher Vorteil

Die Einigungserklärung des A wäre jedoch auch ohne die Einwilligung seines gesetzlichen Vertreters gem. § 107 BGB wirksam, wenn sie für ihn lediglich rechtlich vorteilhaft wäre. Diese Erklärung führt indessen gem. § 929 Satz 1 BGB dazu, dass A sein Eigentum an den 100 € verliert. Damit ist sie für ihn rechtlich nachteilig.

cc) Bewirken der Leistung mit eigenen Mitteln, § 110 BGB

Die Einigungserklärung des A könnte ohne die Einwilligung des V auch gem. § 110 BGB wirksam sein, indem er den vollständigen Kaufpreis für das Trikot mit seinen eigenen Ersparnissen bezahlte. Dann müssten ihm die Ersparnisse speziell zu diesem Zweck oder zur freien Verfügung überlassen worden sein. Im vorliegenden Fall hat V jedoch ausdrücklich bestimmt, dass er den Kaufpreis erst nach Schuljahresende begleichen und A das Trikot auch erst zu diesem Zeitpunkt erhalten werde. Damit durfte A seine Ersparnisse nicht zur Bezahlung des Trikots verwenden. Die Voraussetzungen des § 110 BGB sind nicht erfüllt.

dd) Gespräche des V mit N und U

Eine Genehmigung der Zahlung des A und damit seiner Einigungserklärung i. S. des § 929 Satz 1 BGB könnte aber darin liegen, dass V von N ein neues Trikot verlangte und außerdem den U darauf hinwies, A habe dem N bereits die 100 € gezahlt. Indem V von N nur ein neues Trikot, nicht aber das Geld zurückverlangt, und indem er sich gegenüber U auf die Wirksamkeit der

Zahlung des A an N beruft, genehmigt er die Übereignung der 100 € an N gem. §§ 108 Abs. 1, 182, 184, 1626, 1629 Abs. 1 BGB. Gem. § 184 BGB ist die dingliche Einigung nach § 929 Satz 1 BGB als von Anfang an wirksam anzusehen.

ee) Zwischenergebnis

A und N haben sich wirksam über den Eigentumsübergang an den 100 € von A auf N gem. § 929 Satz 1 BGB geeinigt.

c) Zwischenergebnis

A hat N den im Kaufvertrag vereinbarten Kaufpreis für das Trikot i. H. von 100 € gezahlt und damit die geschuldete Leistung erbracht.

2. Richtiger Gläubiger

Diese Leistung müsste A auch an den richtigen Gläubiger bewirkt haben.

a) Gläubigerschaft des U

A hat die 100 € am Freitag an N gezahlt. Bereits am Mittwoch hatte N die zugrunde liegende Kaufpreisforderung aus § 433 Abs. 2 BGB jedoch gem. § 398 BGB an U abgetreten (siehe oben). Somit hat A an den falschen Gläubiger gezahlt.

b) Schuldnerschutz des § 407 Abs. 1 BGB

Der Anspruch des neuen Gläubigers U wäre aber trotzdem aufgrund der Leistung an den alten Gläubiger N erloschen, wenn die Voraussetzungen der Schuldnerschutzvorschrift des § 407 Abs. 1 BGB vorlägen. Dann hätte A bei der Zahlung an N keine Kenntnis von der Abtretung der Kaufpreisforderung an U haben dürfen. Als A am Freitag dem N die 100 € zahlte, wusste er nichts davon, das N die zugrunde liegende Kaufpreisforderung am Mittwoch an U abgetreten hatte. Somit muss U diese Zahlung des A an N gem. § 407 Abs. 1 BGB gegen sich gelten lassen.

3. Zwischenergebnis

Der Anspruch des U gegen A auf Zahlung von 100 € aus §§ 433 Abs. 2, 398 BGB ist nach der Abtretung an U gem. §§ 362 Abs. 1, 407 Abs. 1 BGB durch Erfüllung erloschen, indem A dem N am Freitag die 100 € bezahlte.

III. Ergebnis

U hat gegen A keinen Anspruch auf Zahlung von 100 € aus §§ 433 Abs. 2, 398 BGB.

FRAGE 2

Kann A von N ein neues Trikot verlangen?

A könnte gegen N einen Anspruch auf Lieferung eines neuen Trikots aus § 433 Abs. 1 Satz 1 BGB haben.

I. Anspruch entstanden

A und N haben einen wirksamen Kaufvertrag gem. § 433 BGB über das Trikot geschlossen (siehe oben).

II. Anspruch nicht erloschen

Der Anspruch könnte jedoch gem. § 362 Abs. 1 BGB durch Erfüllung erloschen sein, indem N dem A am Freitag das Trikot übergab. Das setzt voraus, dass N mit der Übergabe des Trikots die geschuldete Leistung an A erbracht hat und dass trotz der Minderjährigkeit des A auch die Erfüllungswirkung des § 362 Abs. 1 BGB eingetreten ist.

1. Leistungsbewirkung an den Gläubiger

Zunächst müsste N die geschuldete Leistung an A erbracht haben. Aufgrund des mit A geschlossenen Kaufvertrags (siehe oben) schuldete N dem A gem. § 433 Abs. 1 Satz 1 BGB die Übergabe und die Übereignung des Trikots.

a) Übergabe des Trikots

A hat das Trikot von N erhalten und mitgenommen. Damit hat er gem. § 854 Abs. 1 BGB die tatsächliche Sachherrschaft über das Trikot erhalten. Es handelt sich um einen Realakt, so dass die §§ 104 ff. BGB nicht anwendbar sind und es auf die Minderjährigkeit des A nicht ankommt.

b) Einigung über den Eigentumsübergang

A und N müssten sich gem. §§ 929 Satz 1, 145, 147 BGB über den Eigentumsübergang am Trikot geeinigt haben. Inhaltlich liegt eine solche Einigung vor. Wegen der Minderjährigkeit des A (§§ 2, 106 BGB) und der fehlenden Einwilligung des V (siehe oben) könnte sie aber unwirksam sein.

Auf die Einwilligung des V kommt es indessen gem. § 107 BGB nicht an, wenn A durch die Übereignung des Trikots lediglich einen rechtlichen Vorteil erlangt hat. Vergleicht man die Lage des A vor und nach der Einigungserklärung zur Übereignung des Trikots nach § 929 Satz 1 BGB, erlangt er durch diese Willenserklärung das Eigentum an dem Trikot, das er vorher nicht hatte. Bei isolierter Betrachtung ist das Geschäft also lediglich rechtlich vorteilhaft. Für eine solche isolierte Betrachtung, die das Schicksal der Forderung aus dem Verpflichtungsgeschäft nicht einbezieht, spricht der Trennungs- und Abstraktionsgrundsatz.

2. Eintritt der Erfüllungswirkung gem. § 362 Abs. 1 BGB

Ein rechtlicher Nachteil der Übereignungserklärung des A könnte allerdings daraus folgen, dass N mit der Eigentumsübertragung seine Leistungspflicht aus § 433 Abs. 1 Satz 1 BGB erfüllen will. Tritt die Erfüllungswirkung des § 362 Abs. 1 BGB ein, hat das zur Folge, dass der Anspruch des A gegen N aus dem Kaufvertrag erlischt. Dann wäre die Einigungserklärung des A zur Übereignung des Trikots nach § 929 Satz 1 BGB nicht mehr lediglich rechtlich vorteilhaft, und ihre Wirksamkeit hinge, ebenso wie der Eintritt der Erfüllungswirkung, gem. §§ 108 Abs. 1, 182, 184, 1626, 1629 Abs. 1 BGB von der Genehmigung des gesetzlichen Vertreters ab.

Der herrschenden Auffassung zufolge ist in solchen Fällen zwischen dem Eigentumserwerb auf der einen und der Erfüllung auf der anderen Seite zu unterscheiden. Danach erwirbt der Minderjährige wegen des damit verbundenen rechtlichen Vorteils jedenfalls das Eigentum an der geleisteten Sache. Dagegen tritt die Erfüllungswirkung mangels der sog. „Empfangszuständigkeit" des Minderjährigen nur dann ein, wenn die Leistung an den gesetzlichen Vertreter oder mit seiner Zustimmung an den Minderjährigen bewirkt wird. V genehmigt im vorliegenden Fall die Erfüllung gerade nicht, indem er von N ein neues Trikot mit der Begründung verlangt, N hätte nicht an einen Minderjährigen leisten dürfen. Damit tritt keine Erfüllungswirkung ein.

3. Zwischenergebnis

Mit der herrschenden Auffassung erwirbt A wegen der rechtlichen Vorteilhaftigkeit dieses Geschäfts zwar gem. § 929 Satz 1 BGB Eigentum an dem Trikot. Mangels Empfangszuständigkeit und mangels Genehmigung des V tritt dagegen keine Erfüllungswirkung gem. § 362 Abs. 1 BGB ein. Damit ist der Anspruch des A gegen N auf Lieferung des Trikots aus § 433 Abs. 1 Satz 1 BGB nicht erloschen.

HINWEIS:

Die genaue Kenntnis dieser Problematik wird nicht erwartet. Gesehen werden sollte nur, dass die Übereignung des Trikots an den minderjährigen A lediglich rechtlich vorteilhaft ist und dass wegen des Trennungs- und Abstraktionsgrundsatzes nicht zugleich auf den Kaufvertrag abgestellt werden darf. Im Übrigen muss die Entscheidung nicht der herrschenden Auffassung folgen, zumal eine „Empfangszuständigkeit" im Gesetz nicht vorgesehen ist.

III. Anspruch durchsetzbar

A und N haben eine Zug-um-Zug-Leistung vereinbart. A kann also erst dann die Übergabe und Übereignung des Trikots verlangen, wenn er selbst den Kaufpreis zahlt, vgl. § 320 BGB. A hat jedoch bereits an N geleistet, so dass der Anspruch auch fällig ist.

IV. Ergebnis

A kann von N gem. § 433 Abs. 1 Satz 1 BGB ein neues Trikot verlangen.

Fall 6: Der jugendliche Pfadfinder

W könnte gegen K einen Anspruch auf Schadensersatz statt der Leistung i.H. von 250 € aus § 280 Abs. 1, 3 i.V. mit § 281 Abs. 1 Satz 1, 1. Fall BGB haben.

I. Schuldverhältnis zwischen W und K

Der Schadensersatzanspruch setzt gem. § 280 Abs. 1 BGB zunächst ein Schuldverhältnis zwischen W und K voraus. In Betracht kommt hier ein Werklieferungsvertrag gem. § 651 BGB über die Lieferung einer noch herzustellenden „Spezial-Ausrüstung".

HINWEIS

Die Prüfung eines Kaufvertrags (§ 433 BGB) oder eines Werkvertrags (§ 631 BGB) anstelle des Werklieferungsvertrags (§ 651 BGB) ist nicht negativ zu bewerten.

Dann müssten W und K einen solchen Werklieferungsvertrag wirksam abgeschlossen haben. Das geschieht durch zwei übereinstimmende, mit Bezug aufeinander abgegebene Willenserklärungen, nämlich Angebot und Annahme, §§ 145 ff. BGB.

1. Inhaltliche Einigung

Inhaltlich haben sich W und K durch zwei Willenserklärungen auf den Abschluss eines Vertrags geeinigt, der die Lieferung einer von K zu liefernden „Spezial-Ausrüstung" zum Inhalt hat, die K noch mit neuen Haken und Seilen ausstatten muss und die 200 € kosten soll. Die Einigung bezieht sich auf die zu liefernde Sache, den Preis und die Vertragsparteien und damit auf die wesentlichen Bestandteile („essentialia negotii") eines Werklieferungsvertrags.

2. Keine Unwirksamkeit der Willenserklärung des W wegen seiner Minderjährigkeit gem. §§ 107, 108 BGB

W ist 16 Jahre alt und somit gem. §§ 2, 106 BGB nur beschränkt geschäftsfähig. Deshalb bedarf er zu einer wirksamen Willenserklärung gem. §§ 107, 1626 Abs. 1, 1629 Abs. 1 Satz 1, 2 BGB der Einwilligung der Eltern als seiner gesetzlichen Vertreter. W hat seine Eltern nicht gefragt, ob er sich diese Ausrüstung kaufen dürfe, so dass ihre gem. § 107 BGB grundsätzlich erforderliche Einwilligung fehlt.

a) Lediglich rechtlich vorteilhaftes Geschäft, § 107 BGB

Die Willenserklärung des W zum Abschluss des Werklieferungsvertrags über die Kletterausrüstung wäre gem. § 107 BGB auch ohne die Einwilligung der Eltern wirksam, wenn W durch sie lediglich einen rechtlichen Vorteil erlangen würde. Der Werklieferungsvertrag verpflichtet W indessen gem. §§ 651 Satz 1, 433 Abs. 2 BGB dazu, den Preis von 200 € für die Ausrüstung an K zu zahlen. Wegen dieser Verpflichtung ist die Willenserklärung des W nicht lediglich rechtlich vorteilhaft, und die Einwilligung seiner Eltern ist nicht nach § 107 BGB entbehrlich.

b) Bewirken der Leistung mit eigenen Mitteln, § 110 BGB

Die Willenserklärung des W zum Abschluss des Werklieferungsvertrags wäre gem. § 110 BGB ohne Zustimmung seiner Eltern jedoch dann wirksam, wenn er die vertragsmäßige Leistung mit Mitteln bewirkt hätte, die ihm von seinen Eltern zur freien Verfügung überlassen worden wären. Das Taschengeld des W, von dem er den Kaufpreis gespart hatte, war nicht zweckgebunden. Indem W sofort zahlte, hat er die Leistung gem. § 362 Abs. 1 BGB bewirkt. Damit ist der Vertrag nach § 110 BGB ex tunc wirksam.

3. Zwischenergebnis

Zwischen W und K besteht ein Schuldverhältnis in der Form eines Werklieferungsvertrags gem. § 651 BGB.

II. Nichtleistung des K nach Fälligkeit trotz Möglichkeit

§ 281 Abs. 1 Satz 1, 1. Fall BGB setzt weiter voraus, dass der Schuldner die fällige und noch mögliche Leistung nicht erbringt. W und K hatten als Liefertermin für die Kletterausrüstung den 10. 8. vereinbart, so dass die Leistung des K gem. § 271 BGB zu diesem Zeitpunkt fällig war. K hat die Ausrüstung am 10. 8. nicht geliefert, weil er zu ihrer Herstellung noch nicht gekommen war. Damit hat K nach Eintritt der Fälligkeit nicht geleistet, und die Leistung war auch noch möglich.

III. Fristsetzung

Ferner müsste W dem K gem. § 281 Abs. 1 Satz 1 BGB erfolglos eine angemessene Frist zur Leistung gesetzt haben. Das hat er nicht getan.

Die Fristsetzung könnte aber gem. § 281 Abs. 2, 2. Fall BGB entbehrlich sein. Dann müssten besondere Umstände vorliegen, welche die sofortige Geltendmachung des Anspruchs auf Schadensersatz unter Abwägung der beiderseitigen Interessen rechtfertigen. W hat ein Interesse daran, die Kletterausrüstung für eine am 12. 8. beginnende zweiwöchige Urlaubsreise zu erhalten, die ohne diese Ausrüstung nicht durchgeführt werden kann. Darauf hat W den K bei der Vereinbarung des Liefertermins auch hingewiesen. Eine Verschiebung des Urlaubs um eine Woche ist ihm nicht zuzumuten. Das Interesse des K besteht darin, wegen seiner Arbeitsbelastung erst eine Woche später als zum vereinbarten Termin zu liefern. Dazu muss er die Ausrüstung bloß noch mit neuen Haken und Seilen ausstatten, so dass sein Interesse erheblich weniger schwer wiegt als dasjenige des W, seinen Urlaub mit der geschuldeten Kletterausrüstung pünktlich antreten zu können. Nach Abwägung dieser beiden Interessen liegen folglich besondere Umstände vor, die gem. § 281 Abs. 2, 2. Fall BGB eine Fristsetzung entbehrlich machen.

IV. Vertretenmüssen

Ferner müsste K die Nichtleistung zu vertreten haben; das wird gem. § 280 Abs. 1 Satz 2 BGB vermutet, wenn keine anderen Anhaltspunkte vorliegen. Hier begründet K seine Nichtlieferung zum vereinbarten Zeitpunkt damit, er sei noch nicht dazu gekommen, die Ausrüstung fertigzustellen. Folglich hat K seine Arbeitsabläufe falsch geplant und die Nichtlieferung damit mindestens fahrlässig i. S. von § 276 Abs. 2 BGB verursacht. Mithin hat er die Nichtleistung zu vertreten.

V. Schaden

Zuletzt müsste W ein Nichterfüllungsschaden aufgrund der Nichtleistung entstanden sein, § 280 Abs. 1 Satz 1 BGB. W musste aufgrund der bevorstehenden Reise eine gleichwertige Ausrüstung von einem anderen Händler kaufen. Diese war 50 € teurer als bei K. Daraus folgt ein Schaden des W aus der Nichterfüllung i. H. von 50 €.

HINWEIS

Die Geltendmachung dieses Schadensersatzanspruchs führt gem. § 281 Abs. 5 BGB außerdem dazu, dass ein Anspruch des W gegen K auf Rückgewähr der bereits an K gezahlten 200 € gem. §§ 346 ff. BGB entsteht. Dieser Rückgewähranspruch ist jedoch kein Schadensersatzanspruch, so dass er nach der Fallfrage nicht zu prüfen ist.

VI. Ergebnis

W hat gegen K einen Anspruch auf Schadensersatz statt der Leistung i. H. von 50 € aus §§ 280 Abs. 1, Abs. 3 i. V. mit § 281 Abs. 1 Satz 1, 1. Fall BGB.

Fall 7: Die günstige Gelegenheit

LÖSUNG

M könnte gegen V einen Anspruch aus § 433 Abs. 1 BGB auf Übereignung und Übergabe des Hundes haben. Voraussetzung hierfür ist ein wirksamer Kaufvertrag zwischen M und V.

I. Einigung

V und M haben sich über den Kauf des betreffenden Hundes zu einem Preis von 200 € geeinigt.

II. Rechtshindernde Einwendung

Eine rechtshindernde Einwendung könnte sich aus § 108 Abs. 1 BGB ergeben. § 108 Abs. 1 BGB setzt voraus, dass ein beschränkt geschäftsfähiger Minderjähriger einen Vertrag ohne die erforderliche Einwilligung seiner gesetzlichen Vertreter geschlossen hat.

1. Vertragsschluss durch einen beschränkt geschäftsfähigen Minderjährigen

M ist bei Abschluss des Vertrags minderjährig (§ 2 BGB). Als Minderjähriger, der älter als sieben Jahre ist, ist M nach Maßgabe der §§ 107 – 113 BGB beschränkt geschäftsfähig (§ 106 BGB).

2. Ohne erforderliche Einwilligung, § 107 BGB

M bedurfte zum Abschluss des Vertrags der Einwilligung seiner gesetzlichen Vertreter. Dies sind nach §§ 1626 Abs. 1, 1629 BGB seine Eltern. Die Einwilligung war erforderlich, weil das Geschäft für den M nicht lediglich rechtlich vorteilhaft gewesen ist; M wurde nämlich zur Zahlung des Kaufpreises gem. § 433 Abs. 2 BGB verpflichtet. Die Tatsache, dass das Geschäft für M wirtschaftlich sehr günstig gewesen ist (Kauf eines Hundes im Wert von mindesten 500 € zu einem Preis von 200 €), spielt bei der Beurteilung der Frage, ob ein Geschäft rechtlich lediglich vorteilhaft ist, keine Rolle. Ansonsten wäre die Rechtssicherheit gefährdet.

3. Zwischenergebnis

Folge des Vertragsschlusses ohne die erforderliche Einwilligung ist, dass zwischen M und V zunächst nur ein schwebend unwirksamer Vertrag zustande gekommen ist, der von der Genehmigung der Eltern abhängt (§ 108 Abs. 1 BGB).

4. Genehmigung

Zu prüfen ist daher, ob die Genehmigung (§ 184 BGB) durch die Eltern erteilt worden ist.

a) Genehmigung gegenüber M?

Die Eltern haben die Genehmigung gegenüber ihrem minderjährigen Sohn M verweigert.

Dass die Eltern sich sowohl gegenüber dem Geschäftspartner V als auch gegenüber ihrem minderjährigen Sohn M erklären konnten, ergibt sich aus § 182 Abs. 1 BGB. Dass die Erklärung auch dem Minderjährigen gegenüber wirksam abgegeben werden kann, kann aus § 108 Abs. 2 Satz 1 BGB gefolgert werden.

b) Genehmigung gegegnüber V?

Die Verweigerung der Genehmigung ist aber gem. § 108 Abs. 2 Satz 1 2. Halbsatz BGB dadurch unwirksam geworden, dass V die Eltern des M gem. § 108 Abs. 2 Satz 1 1. Halbsatz BGB zur Erklärung über die Genehmigung aufgefordert hat. Der Vertrag ist daher in den Schwebezustand zurückversetzt und wieder genehmigungsfähig geworden.

c) Wirksamkeit der Genehmigung

Zu prüfen ist, ob die Genehmigung gegenüber V wirksam erteilt worden ist (vgl. § 108 Abs. 2 Satz 1 1. Halbsatz BGB).

aa) Erteilung

Die Eltern haben die Genehmigung gegenüber dem V am 14. 6. telefonisch erteilt.

bb) Frist

Fraglich ist, ob die Genehmigung innerhalb der Zweiwochenfrist des § 108 Abs. 2 Satz 2 BGB und damit fristgemäß erteilt worden ist. Zur Beantwortung dieser Frage muss die Frist unter Anwendung der §§ 187 ff. BGB berechnet werden.

Für den Fristbeginn ist hier ein „Ereignis", nämlich der „Empfang der Aufforderung" i. S. des § 108 Abs. 2 BGB, maßgebend. Folglich ist der Fristbeginn nach § 187 Abs. 1 BGB zu bestimmen. Der Tag, an dem die Eltern den Anruf des V erhielten (Montag, der 30. 5.), wird also nicht mitgerechnet. Die Frist beginnt somit am Dienstag, dem 1. 6., um 00.00 Uhr.

Die Frist endet – wenn sich der Beginn der Frist nach § 187 Abs. 1 BGB richtet – gem. § 188 Abs. 2 BGB mit dem Ablauf des Tages der Woche, der seiner Benennung nach dem Tag entspricht, in den das Ereignis gefallen ist. Die Frist würde somit am Montag, dem 13. 6. 2011, um 24.00 Uhr enden.

Montag, der 13. 6., ist aber ein gesetzlicher Feiertag, nämlich Pfingstmontag. Daher ist § 193 BGB anwendbar, so dass die Frist erst mit Ablauf des auf den Feiertag folgenden Werktags geendet ist. Dies ist Dienstag, der 14. 6., gewesen. Die Frist endete somit am Dienstag, dem 14. 6., um 24.00 Uhr.

Da die Eltern die Genehmigung am noch am letzten Tag der Frist erteilt haben, erfolgte die Erklärung fristgemäß.

III. Ergebnis

M kann von V Übereignung und Übergabe des Hundes aus § 433 Abs. 1 BGB verlangen.

Fall 8: Streit unter Freundinnen

LÖSUNG

Zu prüfen ist ein Anspruch des D gegen V auf Zahlung von 75 € aus § 433 Abs. 2 BGB

I. Anspruch entstanden

Es fragt sich zunächst, ob ein derartiger Anspruch entstanden ist. In dem hier zu beurteilenden Fall haben sich möglicherweise D und S über den Kauf der Brosche zu einem Preis i. H. von 75 €

geeinigt. Diese Einigung kann nur dann einen Vertrag zwischen D und V zustande gebracht haben, wenn S die V bei Vertragsschluss wirksam vertreten hat (vgl. § 164 Abs. 1 und 3 BGB).

1. Einigung zwischen S und D

Dass sich S und D über den Kauf der Brosche zu einem Preis i. H. von 75 € geeinigt haben, geht aus dem Sachverhalt eindeutig hervor und muss daher nicht näher ausgeführt werden.

2. Voraussetzungen einer wirksamen Stellvertretung der V durch S (§ 164 Abs. 1 BGB)

a) Eigene Willenserklärung

S ist gegenüber dem D nicht nur als Botin aufgetreten, die lediglich eine fremde Willenserklärung übermittelt, sondern als Vertreterin mit eigenem Entscheidungsspielraum.

b) In fremdem Namen

Indem S ausspricht, sie suche etwas ganz Besonderes für ihre Freundin, macht sie deutlich, dass sie (auch bei diesem Kauf) im Namen ihrer Freundin V handelt.

c) Handeln der S innerhalb der ihr zustehenden Vertretungsmacht

aa) Erteilung

Die V hat der S durch die Erklärung, S sei bevollmächtigt, für sie Schmuck bis zu einem Preis von höchstens 100 € pro Schmuckstück zu kaufen, Vollmacht (vgl. § 166 Abs. 2 BGB) erteilt. Die Erklärung ist gegenüber dem D, also gegenüber demjenigen, dem gegenüber die Vertretung erfolgen sollte, abgegeben worden. Der S wurde somit Vollmacht in Form einer Außenvollmacht i. S. des § 167 Abs. 1 zweite Alternative BGB erteilt. Vom Umfang her deckte diese Vollmacht – die auf den 100 € pro Einzelstück beschränkt war – den Kauf der Brosche zu einem Preis i. H. von 75 €.

bb) Erlöschen gem. §§ 168 Sätze 2 und 3, 167 Abs. 2 erste Alternative BGB

V hat aber laut Sachverhalt die Vollmacht durch Erklärung gegenüber der S widerrufen. Dass eine Vollmacht widerruflich ist, regelt § 168 Satz 2 BGB. Auf welche Art und Weise der Widerruf zu erfolgen hat, ergibt sich aus der Verweisung auf § 167 Abs. 1 in § 168 Satz 3 BGB. Dementsprechend kann eine Vollmacht widerrufen werden durch Erklärung, und zwar sowohl durch Erklärung gegenüber dem Stellvertreter als auch durch Erklärung gegenüber dem Dritten, dem gegenüber die Vertretung erfolgen soll. Daher kann z. B. eine Außenvollmacht durch internen Widerruf gegenüber dem Stellvertreter zum Erlöschen gebracht werden. Hier hat die V die Vollmacht durch Erklärung gegenüber S, also gem. §§ 168 Satz 3, 167 Abs. 1 zweite Alternative BGB, wirksam widerrufen. Da der Widerruf vor Abschluss des fraglichen Geschäfts am 18. 6. erfolgt ist, hatte S zu diesem Zeitpunkt keine Vollmacht mehr.

cc) Fortbestehen der Vollmacht der S gegenüber dem gutgläubigen D, §§ 170, 173 BGB

Sofern die in §§ 170, 173 BGB geregelten Voraussetzungen vorliegen, muss sich die V allerdings so behandeln lassen, wie wenn sie die Vollmacht der S nicht widerrufen hätte.

(1) Die Vollmacht der S wurde durch Erklärung gegenüber D, also als Außenvollmacht erteilt (vgl. § 170 BGB).

(2) Das – durch den internen Widerruf bewirkte – Erlöschen der Vollmacht wurde dem D nicht angezeigt (vgl. § 170 BGB).

(3) Dem D war das Erlöschen der Vollmacht nicht bekannt und er konnte es laut Sachverhalt auch nicht kennen. Die Anwendung des § 170 BGB ist daher nicht durch § 173 BGB ausgeschlossen.

Da die V so zu behandeln ist, wie wenn die Vollmacht nicht erlöschen wäre, liegen die Voraussetzungen einer wirksamen Stellvertretung vor, so dass als Zwischenergebnis festzuhalten ist, dass der Anspruch des D gegen die V auf Zahlung von 75 € aus § 433 Abs. 2 BGB entstanden ist.

II. Anspruch erloschen

Es fragt sich, ob der Anspruch des D durch eine wirksame Anfechtung seitens der V zu Fall gebracht worden ist. Eine wirksame Anfechtung hat gem. § 142 Abs. 1 BGB zur Folge, dass das anfechtbare Rechtsgeschäft als von Anfang an nichtig anzusehen ist. Eine wirksame Anfechtung hätte also den Wegfall des Kaufvertrags und somit des Anspruchs aus § 433 Abs. 2 BGB zur Folge. Zu prüfen sind daher die Voraussetzungen der §§ 142 f., 119 ff. BGB

1. Anfechtungsgrund, § 119 Abs. 1 zweite Alternative BGB

a) Person, bei der ein Willensmangel vorliegen muss, § 166 Abs. 1 BGB

V kann den Vertrag mit D dann anfechten, wenn bei ihrer Vertreterin S ein Willensmangel vorgelegen hat, als sie die zum Abschluss des Kaufvertrags führende Willenserklärung abgegeben hat. Das meint § 166 Abs. 1 BGB, dem zufolge die Person des Vertreters maßgeblich ist, soweit es darum geht, dass die rechtlichen Folgen einer Willenserklärung von einem Willensmangel beeinflusst sind. Hier kommt als Willensmangel ein Erklärungsirrtum in Betracht: V kann den Kaufvertrag anfechten, wenn ihre Vertreterin S „eine Erklärung dieses Inhalts überhaupt nicht abgeben wollte" (§ 119 Abs. 1 zweite Alternative BGB).

b) Erklärungsirrtum seitens der S

S hat hier infolge eines Versprechers einen Preis i. H. von 75 € anstelle von 57 € angeboten. Versprechen und Verschreiben sind klassische Fälle des Erklärungsirrtums. Es ist davon auszugehen, dass die S bei Kenntnis der Sachlage und bei verständiger Würdigung des Falls – der von S genannte Preis lag über dem von ihr gewollten – den Kaufvertrag nicht geschlossen hätte.

2. Anfechtungserklärung, § 143 Abs. 1 BGB

V hat gegenüber dem D erklärt, dass der Vertrag infolge des Versprechers der S für sie hinfällig sei. Dadurch hat sie zum Ausdruck gebracht, dass sie aufgrund eines Willensmangels, der ihrer Vertreterin unterlaufen ist, nicht an dem Vertrag festgehalten werden will. Dies reicht für eine wirksame Anfechtungserklärung aus. Auch wenn S die anfechtbare Willenserklärung abgegeben hat, ist nicht sie, sondern V zur Anfechtung berechtigt; nur die V treffen ja auch die Folgen der von S in wirksamer Stellvertretung abgegeben Willenserklärung. Anfechtungsgegner ist gem. § 143 Abs. 2 BGB bei einem Vertrag der andere Teil, in unserem Fall also D, der Vertragspartner der V.

3. Anfechtungsfrist, § 121 Abs. 1 BGB

Die Anfechtung ist unverzüglich nach Kenntnis der V vom Anfechtungsgrund erfolgt. Laut Sachverhalt hat V von dem Versprecher erst ein paar Minuten vor dem Anruf bei D erfahren. Die Anfechtung ist somit auch fristgerecht erfolgt.

Der Anspruch ist also gem. § 142 Abs. 1 BGB aufgrund der Anfechtung durch V untergegangen.

III. Ergebnis

D kann von V nicht die Bezahlung von 75 € aus § 433 Abs. 2 BGB verlangen.

Fall 9: Die vierte Druckerpatrone

LÖSUNG

Lösung des Ausgangsfalls:

B könnte gegen V einen Anspruch auf Zahlung des Kaufpreises für die vierte Druckerpatrone aus § 433 Abs. 2 BGB haben. Dieser Anspruch setzt voraus, dass B und V einen wirksamen Kaufvertrag i. S. des § 433 BGB (auch) über die vierte Druckerpatrone geschlossen haben. Dazu sind zwei übereinstimmende, mit Bezug aufeinander abgegebene Willenserklärungen erforderlich, nämlich Angebot und Annahme, §§ 145 ff. BGB.

I. Angebot des V, vertreten durch S

Das Angebot zum Kauf von vier Druckerpatronen könnte V gemacht haben. Zwar hat V persönlich keine Erklärung abgegeben. Die Erklärung des S könnte ihm aber gem. § 164 Abs. 1 BGB zuzurechnen sein. Aus dieser Erklärung geht nämlich hervor, dass S nicht selbst Vertragspartei werden, sondern den Kaufvertrag für V abschließen wollte. Das Angebot des S wirkt für und gegen V, wenn die Voraussetzungen der §§ 164 ff. BGB vorliegen.

1. Eigene Willenserklärung des S

Dies setzt zunächst eine eigene wirksame Willenserklärung des S voraus.

a) Abgrenzung zur Botenschaft

Während der Bote nur eine fremde Willenserklärung überbringt, ist für die Stellvertretung eine eigene Willenserklärung des Vertreters erforderlich. Das setzt einen eigenen Entscheidungsspielraum des Handelnden voraus. Auch wenn V dem S vor dem Einkauf jeweils eine Liste der benötigten Gegenstände übergab, so ließ er S die konkreten Bürobedarfsartikel immer selbst aussuchen. Folglich hat S keine genau bestimmte Willenserklärung des V überbracht, sondern eine eigene Willenserklärung abgegeben.

b) Keine Unwirksamkeit aufgrund der Minderjährigkeit des S

Die Unwirksamkeit der Willenserklärung könnte sich daraus ergeben, dass S als 17-Jähriger gem. §§ 2, 106 BGB in der Geschäftsfähigkeit beschränkt war und seine Willenserklärungen zu ihrer Wirksamkeit daher gem. § 107 BGB grundsätzlich der Einwilligung des gesetzlichen Vertreters bedurften. Geht es jedoch um die Wirksamkeit der von einem Stellvertreter abgegebenen Willenserklärung, so wird diese gem. § 165 BGB nicht dadurch beeinträchtigt, dass der Vertreter in seiner Geschäftsfähigkeit beschränkt ist. Die als Stellvertreter abgegebene Willenserklärung des S ist damit wirksam.

2. In fremdem Namen

S müsste gem. § 164 Abs. 1 Satz 1 BGB im Namen des V gehandelt haben (Offenkundigkeitsprinzip). Er wies B zwar nicht ausdrücklich darauf hin, dass er das Kaufangebot im Namen des V abgab. Aus dem Umstand, dass er alle vier Druckerpatronen und damit auch die für sich gekaufte Patrone auf die Rechnung des Vaters setzen ließ, konnte B jedoch gem. § 164 Abs. 1 Satz 2, 2. Fall BGB schließen, dass S nicht im eigenen, sondern im Namen des V handelte.

3. Mit Vertretungsmacht

S müsste gem. § 164 Abs. 1 Satz 1 BGB ferner innerhalb der ihm zustehenden Vertretungsmacht gehandelt haben, als er das Angebot zum Kauf der vierten Druckerpatrone abgab.

a) Rechtsgeschäftlich erteilte Vertretungsmacht, § 167 BGB

Eine Vertretungsmacht des S in Bezug auf den Kauf der vierten Druckerpatrone könnte sich daraus ergeben, dass V ihm dazu gem. § 167 BGB Vollmacht erteilt hatte. Die danach erforderliche Erklärung gegenüber dem zu Bevollmächtigenden oder dem Dritten, der Vertragspartner werden soll, könnte sich als konkludente Vollmachterteilung gegenüber S daraus ergeben, dass V ihn wieder einmal zum Geschäft des B geschickt hatte, um Druckerpatronen für ihn zu kaufen. Diese Vollmachterteilung bezog sich aber nur auf drei Druckerpatronen und gerade nicht auf die vierte Patrone, die S für sich selbst verwenden wollte. Daher scheidet eine Vollmachterteilung gem. § 167 BGB zum Kauf der vierten Druckerpatrone aus.

b) Duldungsvollmacht

S könnte das Angebot zum Kauf der vierten Druckerpatrone im Rahmen einer Duldungsvollmacht abgegeben haben. Eine Duldungsvollmacht liegt vor, wenn der Vertretene weiß, dass jemand als sein Vertreter auftritt, und wenn er das duldet, wobei der Geschäftspartner nach Treu und Glauben und unter Rücksicht auf die Verkehrssitte auf eine Bevollmächtigung schließen darf. Demnach könnte sich eine Duldungsvollmacht des S daraus ergeben, dass V ihn regelmäßig zu B schickte, um Bürobedarf für ihn einzukaufen. Gegen eine Duldungsvollmacht spricht indessen, dass S sich zuvor stets korrekt verhalten und nichts gekauft hatte, was über die Einkaufsliste des V hinausging. V hatte damit zu keiner Zeit Kenntnis von einem Fehlverhalten seines Sohnes und konnte ein solches also auch nicht dulden. Somit scheidet eine Duldungsvollmacht in Bezug auf die vierte Druckerpatrone aus.

c) Anscheinsvollmacht

Teilweise wird angenommen, dass eine Vertretungsmacht in der Form einer Anscheinsvollmacht begründet werden kann. Eine derartige Anscheinsvollmacht soll bestehen, wenn jemand ohne Bevollmächtigung als Vertreter eines anderen auftritt, der das Verhalten des Vertretenen zwar nicht kennt, es bei pflichtgemäßer Sorgfalt aber hätte kennen können, und wenn zudem der Geschäftspartner nach den Umständen und den unter den Parteien herrschenden Verkehrsauffassungen auf eine Bevollmächtigung (Kenntnis und Billigung des Vertretenen) schließen durfte. Gegen eine solche Anscheinsvollmacht spricht hier, dass S sich in der Vergangenheit stets korrekt verhalten hat. Daher bestehen keine Anhaltspunkte dafür, dass V hätte erkennen können, S werde seine Vertretungsmacht dieses Mal überschreiten. Mangels eines Sorgfaltsverstoßes des V scheidet folglich auch eine Vertretungsmacht in Form einer Anscheinsvollmacht aus.

d) Zwischenergebnis

S handelte in Bezug auf den Kauf der vierten Druckerpatrone ohne Vertretungsmacht.

4. Schwebende Unwirksamkeit des Kaufvertrags in Bezug auf die vierte Druckerpatrone

Die fehlende Vertretungsmacht des S in Bezug auf das Angebot zum Kauf auch der vierten Druckerpatrone, welches B angenommen hatte, führt gem. § 177 Abs. 1 BGB dazu, dass der Kaufvertrag schwebend unwirksam ist. Der Kaufvertrag bezog sich auf drei Druckerpatronen für V und eine für S, so dass sich die schwebende Unwirksamkeit wegen der Teilbarkeit des Vertrags entgegen der Auslegungsregel des § 139 BGB nur auf den Kauf der vierten Patrone bezog. Dessen Wirksamkeit hing im Weiteren gem. § 177 Abs. 1 BGB von der Genehmigung des V ab. Eine Verweigerung der Genehmigung macht das Rechtsgeschäft endgültig unwirksam. Indem V die Zahlung des Kaufpreises für die vierte Druckerpatrone verweigerte, hat er die Genehmigung für diesen Teil des Kaufvertrags endgültig abgelehnt.

5. Zwischenergebnis

Bezüglich der vierten Druckerpatrone liegt kein wirksames Angebot des V, vertreten durch S, zum Abschluss eines Kaufvertrags vor.

II. Zwischenergebnis

Mangels eines wirksamen Angebots des V ist kein Kaufvertrag mit B über die vierte Druckerpatrone zustande gekommen.

III. Ergebnis

B hat keinen Anspruch gegen V auf Kaufpreiszahlung für die vierte Druckerpatrone aus § 433 Abs. 2 BGB.

Lösung der Abwandlung:

I. Anspruch des B gegen V auf Zahlung des Kaufpreises für die vierte Druckerpatrone aus § 433 Abs. 2 BGB

B könnte gegen V einen Anspruch auf Zahlung des Kaufpreises für die vierte Druckerpatrone aus § 433 Abs. 2 BGB haben. Dann müssten B und V einen wirksamen Kaufvertrag (auch) über die vierte Druckerpatrone geschlossen haben.

1. Abschluss eines Kaufvertrags über die vierte Druckerpatrone

V, vertreten durch S, und B müssten zwei übereinstimmende Willenserklärungen mit Bezug aufeinander abgegeben haben, nämlich Angebot und Annahme, §§ 145 ff., 164 ff. BGB. Anders als im Ausgangsfall hat S die Druckerpatrone jedoch auf seine eigene Rechnung setzen lassen und damit deutlich gemacht, dass er nicht gem. § 164 Abs. 1, 3 BGB als Stellvertreter des V, sondern im eigenen Namen kaufen wollte.

2. Zwischenergebnis

Daher scheidet ein kaufvertraglicher Anspruch gegen V aus.

II. Anspruch des B gegen S auf Zahlung des Kaufpreises für die vierte Druckerpatrone aus § 433 Abs. 2 BGB

B könnte einen Anspruch gegen S auf Zahlung des Kaufpreises für die vierte Druckerpatrone aus § 433 Abs. 2 BGB haben. Dann müssten B und S einen entsprechenden Kaufvertrag geschlossen haben. Dazu sind zwei übereinstimmende, mit Bezug aufeinander abgegebene Willenserklärungen, Angebot und Annahme, erforderlich, §§ 145 ff. BGB.

1. Angebot des S

S könnte dem B das Angebot zum Abschluss eines Kaufvertrags über die vierte Druckerpatrone gemacht haben, indem er sie im Geschäft des B aussuchte und an der Kasse zur Bezahlung auf eigene Rechnung vorlegte. Dieses Angebot enthielt die Druckerpatrone als Kaufgegenstand, den Kaufpreis und die Vertragsparteien und damit alle notwendigen Vertragsbestandteile, die essentialia negotii.

Die Willenserklärung des S könnte aber wegen seiner Minderjährigkeit gem. §§ 107, 108 BGB unwirksam sein. Als 17-Jähriger war S gem. §§ 2, 106 BGB in der Geschäftsfähigkeit beschränkt, so dass seine Willenserklärungen zu ihrer Wirksamkeit gem. § 107 BGB grundsätzlich der Einwilligung seiner Eltern als seiner gesetzlichen Vertreter (§§ 1626 Abs. 1, 1629 Abs. 1 Satz 1, 2 BGB) bedurften. Eine solche Einwilligung liegt nicht vor.

a) Lediglich rechtlich vorteilhaftes Geschäft, § 107 BGB

Die Einigungserklärung des S wäre auch ohne die Einwilligung seiner Eltern gem. § 107 BGB wirksam, wenn sie für ihn lediglich rechtlich vorteilhaft wäre. Seine Willenserklärung war auf den Abschluss eines Kaufvertrags über eine Druckerpatrone gerichtet, der ihn gem. § 433 Abs. 2

BGB zur Zahlung des Kaufpreises für diese Patrone verpflichtete. Die Verpflichtung zur Kaufpreiszahlung ist ein rechtlicher Nachteil, so dass das Erfordernis einer Einwilligung des gesetzlichen Vertreters nicht entfällt.

b) Bewirken der Leistung mit eigenen Mitteln, § 110 BGB

S hat die vertragsmäßige Leistung, also den Kaufpreis, noch nicht bewirkt. Daher ist der Kaufvertrag über die vierte Druckerpatrone auch nicht gem. § 110 BGB als wirksam anzusehen.

c) Genehmigung der Eltern, §§ 108 Abs. 1, 1626 Abs. 1, 1629 Abs. 1 Satz 1, 2 BGB

B hat das Angebot des S zum Kauf der vierten Druckerpatrone durch die Ausgabe der Patrone gegen Rechnungstellung an S angenommen, so dass die Wirksamkeit des Vertrags gem. §§ 108 Abs. 1, 1626 Abs. 1, 1629 Abs. 1 Satz 1, 2 BGB von der Genehmigung der Eltern des S abhängt. Eine solche Genehmigung liegt nicht vor. Vielmehr hat der Vater V die Kaufpreiszahlung verweigert und damit die Genehmigung sogar konkludent abgelehnt.

2. Zwischenergebnis

Das Angebot ist endgültig unwirksam. Daher ist kein Kaufvertrag zustande gekommen.

III. Ergebnis

B hat keinen Anspruch gegen S auf Kaufpreiszahlung aus § 433 Abs. 2 BGB.

Fall 10: Die schmerzhafte Pediküre

LÖSUNG

I. Anspruch der K gegen S auf Ersatz der Behandlungskosten i. H. von 100 € aus §§ 280 Abs. 1, 241 Abs. 2 BGB

Wegen der Verletzung der linken großen Zehe könnte K gegen S einen Anspruch auf Ersatz der Behandlungskosten i. H. von 100 € aus §§ 280 Abs. 1, 241 Abs. 2 BGB haben.

1. Voraussetzungen des § 280 Abs. 1 BGB

Dafür müssten die Voraussetzungen des § 280 Abs. 1 Satz 1 BGB vorliegen.

a) Schuldverhältnis zwischen S und K

Zunächst müsste zwischen K und S ein Schuldverhältnis bestehen. K und S haben sich darüber geeinigt, dass S für die K gegen Entgelt eine Pediküre durchführen soll. Dabei handelt es sich um einen Werkvertrag i. S. von § 631 BGB. Zwischen K und S besteht also ein Schuldverhältnis.

b) Pflichtverletzung der S

Indem S die K an der linken großen Zehe verletzte, könnte sie eine Pflicht aus dem Schuldverhältnis verletzt haben. Ein Schuldverhältnis wie der Werkvertrag zwischen K und S kann die Parteien gem. § 241 Abs. 2 BGB dazu verpflichten, Rücksicht auf die Rechte, Rechtsgüter und Interessen des anderen Teils zu nehmen. K hat bei S eine Pediküre bestellt, die K nicht nur gem. § 631 BGB zu deren Durchführung verpflichtet, sondern gem. § 241 Abs. 2 BGB auch dazu, besondere Rücksicht auf die Rechtsgüter der K und insbesondere auf ihre Gesundheit zu nehmen. Diese Rücksichtnahmepflicht hat S dadurch verletzt, dass sie K bei der Pediküre an der linken großen Zehe verletzte.

c) Vertretenmüssen, § 280 Abs. 1 Satz 2 BGB

S müsste diese Pflichtverletzung auch zu vertreten haben; das wird gem. § 280 Abs. 1 Satz 2 BGB mangels anderer Anhaltspunkte vermutet. Hier hat S die K aufgrund einer leichten Unachtsamkeit verletzt. Damit hat sie die im Verkehr erforderliche Sorgfalt außer Acht gelassen und somit gem. § 276 Abs. 2 BGB fahrlässig gehandelt. S hat die Pflichtverletzung daher grundsätzlich zu vertreten.

d) Vertraglicher Haftungsausschluss

Die Haftung der S für die fahrlässige Körperverletzung der S könnte aber durch § 4 der im Salon ausgehängten Vertragsbedingungen ausgeschlossen sein. Diese Bedingungen sind von S und K nicht ausdrücklich und individuell vereinbart worden, so dass die Wirkung des in § 4 geregelten Haftungsausschlusses davon abhängt, ob es sich bei diesen Vertragsbedingungen um allgemeine Geschäftsbedingungen handelt, die wirksam in den Werkvertrag einbezogen wurden und einer Inhaltskontrolle standhalten.

aa) Allgemeine Geschäftsbedingungen i. S. des § 305 Abs. 1 Satz 1 BGB

Zunächst müsste es sich bei den Vertragsbedingungen der S also um Allgemeine Geschäftsbedingungen (AGB) handeln. § 305 Abs. 1 Satz 1 BGB definiert AGB als alle für eine Vielzahl von Verträgen vorformulierten Vertragsbedingungen, die eine Vertragspartei (Verwender) der anderen Vertragspartei bei Abschluss des Vertrags stellt.

Die Vertragsbedingungen der S waren zunächst schriftlich vorformuliert. S betrieb ihren Schönheitssalon schon seit mehreren Jahren mit diesen Vertragsbedingungen, so dass sie nicht nur für eine Vielzahl von Verträgen geplant, sondern auch bereits verwendet worden waren. Schließlich stellte S die Vertragsbedingungen, indem sie das Schild im Laden aufgehängt hatte und damit ihre Einbeziehung in den Vertrag verlangte, ohne dass die andere Vertragspartei – hier die K – auf ihren Inhalt Einfluss nehmen konnte. Folglich handelt es sich bei den Vertragsbedingungen der S um AGB i. S. des § 305 Abs. 1 Satz 1 BGB.

bb) Wirksame Einbeziehung

Ferner müssten die AGB gem. § 305 Abs. 2 BGB wirksam in den Werkvertrag zwischen S und K einbezogen worden sein. Als erste Einbeziehungsvoraussetzung hat S ihre AGB deutlich sichtbar im Empfangsbereich ihres Salons neben dem Counter aufgehängt und damit gem. § 305 Abs. 2 Nr. 1, 2. Fall BGB bei Vertragsschluss konkludent darauf hingewiesen, dass sie Vertragsbestandteil werden sollten. Des Weiteren hatte K wegen des deutlich sichtbar aufgehängten großen Schildes nicht nur die Möglichkeit, gem. § 305 Abs. 2 Nr. 2 BGB in zumutbarer Weise Kenntnis von den AGB zu nehmen, sondern sie hatte diese Bedingungen sogar gelesen. Als dritte Voraussetzung müsste K gem. § 305 Abs. 2 letzter Halbsatz BGB mit der Geltung der AGB einverstanden gewesen sein. Indem K die Klausel las und dann bei S eine Pediküre bestellte, hat sie konkludent ihr Einverständnis erklärt.

cc) Inhaltskontrolle

Schließlich muss § 4 der AGB der S einer Inhaltskontrolle nach den §§ 309, 308 und 307 BGB standhalten, um wirksam die Haftung der S für die fahrlässige Körperverletzung der K auszuschließen. Diesbezüglich kommt das absolute Klauselverbot des § 309 Nr. 7a BGB in Betracht. Danach ist ein Ausschluss der Haftung für Schäden aus der Verletzung des Körpers oder der Gesundheit unwirksam, die auf einer fahrlässigen Pflichtverletzung des Verwenders beruhen. S schädigt K an ihrer Gesundheit, indem sie bei der Pediküre fahrlässig in ihre linke große Zehe schneidet. § 4 der AGB soll jede Haftung für Schäden, die Kundinnen und Kunden im Salon der S entstehen, und damit auch die Haftung für eine fahrlässige Körperverletzung ausschließen. Somit unterfällt § 4 der AGB dem Anwendungsbereich des § 309 Nr. 7a BGB und ist damit unwirksam. Gem. § 306 BGB bleibt der Werkvertrag über die Pediküre im Übrigen wirksam (Abs. 1), und die Haftung der S richtet sich nach den gesetzlichen Vorschriften (Abs. 2).

dd) Zwischenergebnis

Wegen der Unwirksamkeit des in § 4 AGB geregelten Haftungsausschlusses gem. § 309 Nr. 7a BGB hat S ihre Pflichtverletzung gem. §§ 280 Abs. 1 Satz 2, 276 Abs. 2 BGB zu vertreten.

e) Schaden

Durch die Behandlungskosten ist K ein Schaden i. H. von 100 € entstanden. Dieser ist gem. § 249 Abs. 2 Satz 1 BGB zu ersetzen.

2. Zwischenergebnis

K hat gegen S einen Anspruch auf Ersatz der Behandlungskosten i. H. von 100 € aus §§ 280 Abs. 1, 241 Abs. 2 BGB.

II. Anspruch der K gegen S auf Ersatz der Behandlungskosten i. H. von 100 € aus § 823 Abs. 1 BGB

Wegen der Verletzung der linken großen Zehe könnte K gegen S einen Anspruch auf Ersatz der Behandlungskosten i. H. von 100 € aus § 823 Abs. 1 BGB haben.

1. Voraussetzungen des § 823 Abs. 1 BGB

Dafür müssten die Voraussetzungen des § 823 Abs. 1 BGB vorliegen.

a) Rechtsgutsverletzung

S müsste zunächst ein Rechtsgut der K gem. § 823 Abs. 1 BGB verletzt haben. Die Verletzung der linken großen Zehe ist eine Verletzung des Körpers und der Gesundheit der K.

b) Verletzungshandlung und haftungsbegründende Kausalität

Diese Verletzung des Körpers und der Gesundheit der K hat S durch einen Schnitt in den linken großen Zeh und damit durch eine eigene Handlung adäquat kausal verursacht.

c) Rechtswidrigkeit

Mangels Rechtfertigungsgründen war die Körper- und Gesundheitsverletzung durch S auch rechtswidrig.

d) Verschulden

S hat K aufgrund einer leichten Unachtsamkeit verletzt und damit gem. § 276 Abs. 2 BGB fahrlässig gehandelt (siehe oben). Der in § 4 der AGB geregelte Haftungsausschluss ist unwirksam (siehe oben) und kann daher auch die deliktische Haftung der S nicht ausschließen.

HINWEIS

Wirksame vertragliche Haftungsausschlüsse erfassen nicht nur die vertragliche, sondern auch die deliktische Haftung. Ohne einen solchen, von den Parteien bei der Vereinbarung des Haftungsausschlusses gewollten Gleichlauf der vertraglichen und deliktischen Haftung würde die Vereinbarung eines Haftungsausschlusses ausgehöhlt. Darauf muss hier jedoch nicht eingegangen werden, weil der Haftungsausschluss wegen Verstoßes gegen das absolute Klauselverbot des § 309 Nr. 7a BGB ohnehin unwirksam ist.

e) Schaden

Der Schaden der K liegt gem. § 249 Abs. 2 Satz 1 BGB in den Behandlungskosten i. H. von 100 €.

f) Haftungsausfüllende Kausalität

Die Behandlungskosten sind infolge der Körper- und Gesundheitsverletzung der K entstanden, so dass auch die haftungsausfüllende Kausalität zwischen Rechtsgutsverletzung und Schaden vorliegt.

2. Zwischenergebnis

K hat somit gegen S einen Anspruch auf Ersatz der Behandlungskosten i. H. von 100 € aus § 823 Abs. 1 BGB.

III. Anspruch der K gegen S auf Ersatz der Behandlungskosten i. H. von 100 € aus § 823 Abs. 2 BGB i. V. mit § 229 StGB

HINWEIS

Da Studierende der Wirtschaftswissenschaften regelmäßig keine Ausbildung im Strafrecht erhalten, ist es positiv zu werten, wenn sie diesen Anspruch sehen und korrekt prüfen.

Wegen der Verletzung der linken großen Zehe könnte K gegen S einen Anspruch auf Ersatz der Behandlungskosten i. H. von 100 € aus § 823 Abs. 2 BGB i. V. mit § 229 StGB haben.

1. Voraussetzungen des § 823 Abs. 2 BGB i. V. mit § 229 StGB

Dafür müssten die Voraussetzungen des § 823 Abs. 2 BGB i. V. mit § 229 StGB vorliegen.

a) § 229 StGB als Schutzgesetz

Zunächst müsste es sich bei § 229 StGB um ein Schutzgesetz i. S. des § 823 Abs. 2 BGB handeln. Als Rechtsnorm ist § 229 StGB ein Gesetz i. S. des Art. 2 EGBGB. Die darin geregelte Strafbarkeit der fahrlässigen Körperverletzung dient auch dem Individualschutz der Betroffenen. § 229 StGB ist daher ein Schutzgesetz.

b) Verstoß der S gegen § 229 StGB

Indem S die K durch einen Schnitt in die linke große Zehe verletzte, müsste sie ferner eine fahrlässige Körperverletzung gem. § 229 StGB begangen haben.

aa) Erfüllung des objektiven Tatbestands

Der objektive Tatbestand des § 229 StGB setzt voraus, dass der Täter die Körperverletzung einer anderen Person verursacht hat. Durch den Schnitt in die linke große Zehe hat S die K in ihrer Gesundheit verletzt und damit bei ihr eine Körperverletzung verursacht (siehe oben).

bb) Rechtswidrigkeit

Mangels Rechtfertigungsgründen war die Körperverletzung durch S rechtswidrig.

cc) Verschulden

§ 229 StGB setzt voraus, dass der Täter fahrlässig gehandelt hat. S hat die K fahrlässig verletzt (siehe oben).

c) Schaden

Der Schaden der K liegt gem. § 249 Abs. 2 Satz 1 BGB in den Behandlungskosten i. H. von 100 €.

2. Zwischenergebnis

K hat somit gegen S einen Anspruch auf Ersatz der Behandlungskosten i. H. von 100 € aus § 823 Abs. 2 BGB i.V. mit § 229 StGB.

IV. Ergebnis

K hat gegen S Ansprüche auf Ersatz der Behandlungskosten i. H. von 100 € aus §§ 280 Abs. 1, 241 Abs. 2 BGB, aus § 823 Abs. 1 BGB und aus § 823 Abs. 2 BGB i.V. mit § 229 StGB.

Fall 11: Der Armbruch im Delikatessengeschäft

LÖSUNG

FRAGE 1

Welche Ansprüche hat F gegen D?

Ansprüche der F gegen D auf Ersatz der Behandlungskosten i. H. von 500 €.

I. Anspruch aus §§ 280 Abs. 1, 241 Abs. 2, 311 Abs. 2 Nr. 2 BGB

F könnte gegen D einen Anspruch auf Ersatz der Behandlungskosten i. H. von 500 € aus §§ 280 Abs. 1, 241 Abs. 2, 311 Abs. 2 Nr. 2 BGB haben.

1. Voraussetzungen des § 280 Abs. 1 BGB

Dafür müssten die Voraussetzungen des § 280 Abs. 1 Satz 1 BGB vorliegen.

a) Schuldverhältnis zwischen F und D

Zunächst müsste zwischen F und D ein Schuldverhältnis bestehen. F und D haben keinen Vertrag geschlossen. Es könnte aber ein vorvertragliches Schuldverhältnis gem. § 311 Abs. 2 Nr. 2 BGB bestehen. Dann müsste sich dadurch, dass F im Delikatessengeschäft für ein Menü einkaufen wollte, ein Vertrag mit D angebahnt haben, und diese Vertragsanbahnung müsste dem D im Hinblick auf eine etwaige rechtsgeschäftliche Beziehung die Möglichkeit zur Einwirkung auf die Rechte, Rechtsgüter und Interessen der F gewährt haben. F wollte mit D einen Kaufvertrag über die ausgewählten Lebensmittel schließen, und durch das Betreten seines Geschäfts vertraute sie sich ihm u. a. dahingehend an, nicht an ihrer Gesundheit verletzt zu werden. Damit ist ein Schuldverhältnis gem. § 311 Abs. 2 Nr. 2 BGB entstanden.

b)   Pflichtverletzung des D

D könnte dadurch eine Pflicht aus dem vorvertraglichen Schuldverhältnis verletzt haben, dass F auf den Weintrauben ausrutschte und sich beim Sturz den rechten Arm brach. Ein vorvertragliches Schuldverhältnis wie dasjenige zwischen F und D kann die Parteien gem. § 241 Abs. 2 BGB dazu verpflichten, Rücksicht auf die Rechte, Rechtsgüter und Interessen des anderen Teils zu nehmen. D hatte die Pflicht, sein Geschäft so zu betreiben, dass sich Kunden wie die F nicht aufgrund ungereinigter Böden verletzen konnten. Diese Verkehrssicherungspflicht, eine Schutzpflicht i. S. des § 241 Abs. 2 BGB, hat D verletzt.

c)   Vertretenmüssen, §§ 280 Abs. 1 Satz 2, 278 BGB

D müsste diese Pflichtverletzung auch zu vertreten haben; das wird gem. § 280 Abs. 1 Satz 2 BGB mangels anderer Anhaltspunkte vermutet. Hier hat es jedoch nicht D versäumt, den Boden zu kontrollieren und ihn von den Weintrauben zu reinigen, sondern seine für die Obstabteilung zuständige Verkäuferin V. Dem zufolge hätte D die Pflichtverletzung dann zu vertreten, wenn er sich ein Verschulden der V gem. § 278 BGB zurechnen lassen müsste.

Dies setzt zunächst voraus, dass V Erfüllungsgehilfin des D ist. Dann müsste sie mit Wissen und Wollen des D in seinem Pflichtenkreis tätig geworden sein. D hatte V damit betraut, in regelmäßigen Abständen die Sauberkeit ihrer Abteilung zu überprüfen. Damit hatte er sie bewusst und gewollt zur Erfüllung seiner gegenüber den Kunden bestehenden Verkehrssicherungspflicht eingesetzt.

Außerdem müsste die Erfüllungsgehilfin V ein Verschulden in Bezug auf die Pflichtverletzung treffen. V hatte stressbedingt vergessen, den Boden zu kontrollieren und zu reinigen. Damit hat sie die im Verkehr erforderliche Sorgfalt außer Acht gelassen und somit fahrlässig i. S. des § 276 Abs. 2 BGB gehandelt.

Diese Fahrlässigkeit seiner Erfüllungsgehilfin V ist dem D zuzurechnen. Er hat die Pflichtverletzung also gem. §§ 280 Abs. 1 Satz 2, 278 BGB zu vertreten.

d)   Schaden der F

Durch die Behandlungskosten ist F ein Schaden i. H. von 500 € entstanden. Dieser ist gem. § 249 Abs. 2 Satz 1 BGB zu ersetzen.

2.   Zwischenergebnis

F hat gegen D einen Anspruch auf Ersatz der Behandlungskosten i. H. von 500 € aus §§ 280 Abs. 1, 241 Abs. 2, 311 Abs. 2 Nr. 2 BGB.

II.   Anspruch aus § 823 Abs. 1 BGB

F könnte gegen D einen Anspruch auf Ersatz der Behandlungskosten i. H. von 500 € aus § 823 Abs. 1 BGB haben.

1.   Voraussetzungen des § 823 Abs. 1 BGB

Dafür müssten die Voraussetzungen des § 823 Abs. 1 BGB vorliegen.

a) Rechtsgutsverletzung

Indem sich F beim Sturz den rechten Arm brach, wurden ihr Körper und ihre Gesundheit und damit Rechtsgüter i. S. des § 823 Abs. 1 BGB verletzt.

b) Verletzungshandlung

Des Weiteren müsste eine Verletzungshandlung des D vorliegen. Wer ein Ladengeschäft für den Verkehr von Menschen eröffnet, muss dafür sorgen, dass diese nicht geschädigt werden. D trifft eine Verkehrssicherungspflicht, dafür zu sorgen, dass der Boden seines Delikatessengeschäfts sauber und sicher ist (siehe oben). Diese Pflicht könnte er aber auf V übertragen haben, indem er sie mit der regelmäßigen Kontrolle und Reinigung des Bodens beauftragte. Aufgrund dessen oblag die Verkehrssicherungspflicht nicht mehr dem D, sondern der V. Insoweit hat D daher keine Verletzungshandlung begangen.

Eine Verletzungshandlung könnte allenfalls darin liegen, dass D nicht hinreichend überwachte, ob V die ihr übertragene Kontroll- und Reinigungspflicht erfüllte. Dafür liegen jedoch keine Anhaltspunkte vor.

2. Zwischenergebnis

F hat gegen D keinen Anspruch auf Ersatz der Behandlungskosten i. H. von 500 € aus § 823 Abs. 1 BGB.

III. Anspruch aus § 831 Abs. 1 BGB

F könnte gegen D einen Anspruch auf Ersatz der Behandlungskosten i. H. von 500 € aus § 831 Abs. 1 BGB haben.

1. Voraussetzungen des § 831 Abs. 1 BGB

Dafür müssten die Voraussetzungen des § 831 Abs. 1 BGB vorliegen.

a) V als Verrichtungsgehilfin des D

Der Anspruch aus § 831 Abs. 1 BGB gegen D setzt zunächst voraus, dass V, die den Boden nicht gereinigt hatte, Verrichtungsgehilfin des D war. Verrichtungsgehilfe ist, wem vom Geschäftsherrn in dessen Interesse eine Tätigkeit übertragen ist und wer von den Weisungen des Geschäftsherrn abhängig ist. D hatte V in seinem Interesse damit betraut, in regelmäßigen Abständen die Sauberkeit ihrer Abteilung zu überprüfen. Als Verkäuferin und damit Arbeitnehmerin des D war sie auch von den Weisungen des D abhängig (vgl. § 106 Satz 1 GewO). Damit war V Verrichtungsgehilfin des D.

b) Widerrechtliche Schadenszufügung durch V

Weitere Voraussetzung eines Anspruchs aus § 831 Abs. 1 BGB ist, dass der Verrichtungsgehilfe dem Anspruchsteller widerrechtlich einen Schaden zugefügt hat. V müsste also zu Lasten der F eine rechtswidrige unerlaubte Handlung begangen haben. In Betracht kommt eine Körper- und Gesundheitsverletzung i. S. des § 823 Abs. 1 BGB.

aa) Rechtsgutsverletzung

Durch den Armbruch wurden der Körper und die Gesundheit der F verletzt (siehe oben).

bb) Verletzungshandlung der V

Die Verletzungshandlung der V könnte darin bestehen, dass sie den Boden nicht kontrolliert und gereinigt hatte. Dabei handelt es sich nicht um ein aktives Tun, sondern ein Unterlassen. Dieses Unterlassen der V steht einem Tun dann gleich, wenn die V eine Rechtspflicht zum Handeln traf. Diese Pflicht lag in der Verkehrssicherungspflicht, den Boden ihrer Abteilung sauber zu halten, die D auf sie übertragen hatte (siehe oben). Das Unterlassen der Kontrolle und Reinigung steht damit einem Handeln gleich, so dass eine Verletzungshandlung der V vorliegt.

cc) Haftungsbegründende Kausalität

Das Unterlassen der V als Verletzungshandlung war kausal für die Verletzung der F, wenn die erforderliche Handlung nicht hinzugedacht werden kann, ohne dass der Erfolg entfiele. Hätte V den Boden der Obstabteilung ordnungsgemäß kontrolliert und gereinigt, wäre F nicht auf den Weintrauben ausgerutscht und hätte sich nicht den rechten Arm gebrochen. Folglich war die Verletzungshandlung der V kausal für die Verletzung der F.

dd) Rechtswidrigkeit

In Ermangelung von Rechtfertigungsgründen war die Verletzungshandlung der V rechtswidrig.

c) Schadenszufügung in Ausführung der Verrichtung

V müsste F in Ausführung der Verrichtung geschädigt haben. Sie war von D mit der Kontrolle und Reinigung des Bodens der Obstabteilung betraut worden, so dass ihr Unterlassen im Rahmen ihres Aufgabenbereichs und damit in Ausführung der Verrichtung erfolgte.

d) Schaden

Der Schaden der F liegt gem. § 249 Abs. 2 Satz 1 BGB in den Behandlungskosten i. H. von 500 €.

e) Haftungsausfüllende Kausalität

Die Behandlungskosten sind infolge der Körper- und Gesundheitsverletzung der F entstanden, so dass auch die haftungsausfüllende Kausalität zwischen Rechtsgutsverletzung und Schaden vorliegt.

f) Keine Exkulpation des D gem. § 831 Abs. 1 Satz 2 BGB

Das Vorliegen eines Auswahl- oder Überwachungsverschuldens, das den D treffen muss, wird gem. § 831 Abs. 1 Satz 2 BGB vermutet. D könnte sich aber exkulpieren, wenn er vorbringen kann, dass er bei der Auswahl und Überwachung der V die erforderliche Sorgfalt angewendet hat. Dafür spricht, dass V bisher stets zuverlässig war. D kann sich also exkulpieren.

2. Zwischenergebnis

F hat gegen D keinen Anspruch auf Ersatz der Behandlungskosten i. H. von 500 € aus § 831 Abs. 1 BGB.

IV. Ergebnis

F hat gegen D einen Anspruch auf Ersatz der Behandlungskosten i. H. von 500 € aus §§ 280 Abs. 1, 241 Abs. 2, 311 Abs. 2 Nr. 2 BGB, aber nicht aus § 823 Abs. 1 BGB und auch nicht aus § 831 Abs. 1 BGB.

FRAGE 2

Welche Ansprüche hat F gegen V?

Ansprüche der F gegen V auf Ersatz der Behandlungskosten i. H. von 500 €.

I. Anspruch aus § 823 Abs. 1 BGB

F könnte gegen V einen Anspruch auf Ersatz der Behandlungskosten i. H. von 500 € aus § 823 Abs. 1 BGB haben. Dafür müssten die Voraussetzungen des § 823 Abs. 1 BGB vorliegen.

V hat den Körper und die Gesundheit der F rechtswidrig und fahrlässig dadurch verletzt, dass sie ihrer Pflicht, den Boden der Obstabteilung regelmäßig zu kontrollieren und zu reinigen, stressbedingt nicht nachgekommen ist, so dass der F infolge des dadurch verursachten Armbruchs ein Schaden in Gestalt der Behandlungskosten i. H. von 500 € entstanden ist (siehe oben).

F hat deshalb gegen V einen Anspruch auf Ersatz der Behandlungskosten i. H. von 500 € aus § 823 Abs. 1 BGB.

II. Anspruch aus § 823 Abs. 2 BGB i.V. mit § 229 StGB

F könnte gegen V einen Anspruch auf Ersatz der Behandlungskosten i. H. von 500 € aus § 823 Abs. 2 BGB i.V. mit § 229 StGB haben.

Indem V ihrer Pflicht, den Boden der Obstabteilung regelmäßig zu kontrollieren und zu reinigen, stressbedingt nicht nachgekommen ist, hat sie eine fahrlässige Körperverletzung zu Lasten der F begangen und einen Schaden in Gestalt der Behandlungskosten i. H. von 500 € verursacht (vgl. oben).

F hat deshalb gegen V einen Anspruch auf Ersatz der Behandlungskosten i. H. von 500 € aus § 823 Abs. 2 BGB i.V. mit § 229 StGB.

HINWEIS

Da Studierende der Wirtschaftswissenschaften regelmäßig keine Ausbildung im Strafrecht erhalten, ist es positiv zu werten, wenn sie diesen Anspruch sehen und korrekt prüfen. Vgl. zur Prüfung dieses Anspruchs Fall 10 unter III 1.

III. Ergebnis

F hat gegen V einen Anspruch auf Ersatz der Behandlungskosten i. H. von 500 € aus § 823 Abs. 1 BGB und aus § 823 Abs. 2 BGB i.V. mit § 229 StGB.

Fall 12: Das ungeschriebene Buch

LÖSUNG

I.   Anspruch auf Übergabe und Übereignung des Buches aus § 433 Abs. 1 Satz 1 BGB

B könnte gegen H einen Anspruch auf Übergabe und Übereignung des Buches aus § 433 Abs. 1 Satz 1 BGB haben.

1. Kaufvertrag

Der Anspruch setzt voraus, dass B und H einen Kaufvertrag über das Buch geschlossen haben. Das geschieht durch zwei übereinstimmende, mit Bezug aufeinander abgegebene Willenserklärungen, nämlich Angebot und Annahme, §§ 145 ff. BGB. H hat dem B telefonisch den Kauf des Buches „Luzides Intervall" zum Preis von 50 € angeboten, und B war einverstanden. Damit haben sie sich über die Kaufsache und den Kaufpreis, also über die wesentlichen Vertragsbestandteile („essentialia negotii") geeinigt und folglich einen Kaufvertrag i. S. des § 433 BGB geschlossen.

2. Keine Befreiung von der Leistung wegen Unmöglichkeit der Lieferung

Der aus dem Kaufvertrag resultierende Anspruch des B gegen den H auf Lieferung des Buches (§ 433 Abs. 1 Satz 1 BGB) könnte jedoch dadurch ausgeschlossen sein, dass das verkaufte Buch noch gar nicht geschrieben worden war. Es könnte sich um einen Fall der Unmöglichkeit handeln, der gem. § 275 Abs. 1 BGB zur Befreiung von der Leistungspflicht führt. Dann müsste die Lieferung des Buches für den Schuldner H oder für jedermann unmöglich sein. Das Buch wurde noch gar nicht geschrieben, so dass weder H noch sonst jemand dem B das Buch beschaffen und somit die vertraglich versprochene Leistung erbringen kann. Die Leistung ist (derzeit) also objektiv unmöglich i. S. von § 275 Abs. 1, 2. Fall BGB. Der Anspruch des B auf Lieferung des Buches ist daher ausgeschlossen.

3. Zwischenergebnis

B hat gegen H keinen Anspruch auf Übergabe und Übereignung des Buches aus § 433 Abs. 1 Satz 1 BGB.

II. Anspruch auf Schadensersatz i. H. von 20 € aus § 311a Abs. 2 Satz 1, 1. Fall BGB

B könnte gegen H einen Anspruch auf Schadensersatz statt der Leistung i. H. von 20 € aus § 311a Abs. 2 Satz 1, 1. Fall BGB haben.

1. Wirksamer Vertrag

Dieser Schadensersatzanspruch setzt zunächst einen wirksamen Vertrag voraus. B und H haben einen Kaufvertrag über das Buch geschlossen (siehe oben), der nach § 311a Abs. 1 BGB wirksam ist.

2. Vorliegen eines Leistungshindernisses i. S. des § 275 Abs. 1 – 3 BGB bei Vertragsschluss

Des Weiteren müsste ein Leistungshindernis i. S. des § 275 Abs. 1 – 3 BGB bei Abschluss des Kaufvertrags vorgelegen haben. Das Leistungshindernis bestand darin, dass A das Buch noch gar nicht geschrieben hatte, als H es dem B verkaufte, und damit in einer objektiven Unmöglichkeit gem. § 275 Abs. 1, 2. Fall BGB (siehe oben) bei Abschluss des Kaufvertrags zwischen B und H.

3. Kenntnis oder fahrlässige Unkenntnis des H vom Leistungshindernis

H müsste die Unmöglichkeit entweder gekannt haben, oder er müsste seine Unkenntnis zu vertreten haben; das wird gem. § 311a Abs. 2 Satz 2 BGB vermutet. Hier wusste H von vornherein, dass A das Buch noch gar nicht geschrieben hatte, und kannte damit bei Vertragsschluss die Unmöglichkeit.

4. Schaden

Dem B müsste dadurch, dass er das Buch nicht mehr an C liefern konnte, ein Schaden entstanden sein. Gemäß §§ 249 Abs. 1, 252 BGB umfasst der zu ersetzende Schaden auch den entgangenen Gewinn. Indem B das Buch nicht an C weiterliefern kann, entgeht ihm ein Gewinn i. H. von 20 €. Der Schaden des B besteht demnach i. H. von 20 €. Auch dieses positive Interesse wird von § 311a Abs. 2 BGB ersetzt.

5. Zwischenergebnis

B hat gegen H einen Anspruch auf Schadensersatz i. H. von 20 € aus § 311a Abs. 2 Satz 1, 1. Fall BGB.

HINWEIS

Eine denkbare Anfechtung gem. § 123 BGB ist schon deshalb nicht zu prüfen, weil es an einer Anfechtungserklärung fehlt. Dagegen wäre noch ein Schadensersatzanspruch aus § 823 Abs. 2 BGB i.V. mit § 263 StGB denkbar. Die Prüfung des recht komplexen § 263 StGB (Betrug) kann aber von Studierenden der Wirtschaftswissenschaften nicht erwartet werden.

III. Ergebnis

B hat gegen H keinen Anspruch auf Übergabe und Übereignung des Buches aus § 433 Abs. 1 Satz 1 BGB, aber einen Anspruch auf Schadensersatz i.H. von 20 € aus § 311a Abs. 2 Satz 1, 1. Fall BGB.

Fall 13: Moselwein

LÖSUNG

FRAGE 1

Welche Ansprüche hat A gegen W?

A könnte gegen W einen Anspruch auf Übergabe und Übereignung von je fünf neuen Kisten Neefer Frauenberg, Zeller Schwarze Katz und Bullayer Brautrock aus § 433 Abs. 1 Satz 1 BGB haben.

I. Anspruch entstanden

Der Anspruch setzt voraus, dass A und W einen wirksamen Kaufvertrag über die 15 Kisten Wein geschlossen haben. A und W haben sich über die Lieferung und Bezahlung von je fünf Kisten Neefer Frauenberg, Zeller Schwarze Katz und Bullayer Brautrock geeinigt, so dass zwischen ihnen ein wirksamer Kaufvertrag i. S. der §§ 433, 145, 147 BGB zustande gekommen ist.

II. Anspruch nicht erloschen

Der Anspruch des A könnte aber erloschen sein.

1. Erfüllung gem. § 362 Abs. 1 BGB

Der Anspruch könnte durch Erfüllung gem. § 362 Abs. 1 BGB erloschen sein. Dann müsste W durch den Anlieferungsversuch in Düsseldorf die geschuldete Leistung bewirkt haben. Gemäß

§ 433 Abs. 1 Satz 1 BGB schuldet er die Lieferung und Übereignung der 15 Kisten Wein. Er müsste also gem. § 929 Satz 1 BGB dem A die Weinkisten übergeben und sich mit ihm über den Eigentumsübergang an den Kisten geeinigt haben. Nach dem mehrfachen vergeblichen Klingeln bei A hat W die Kisten jedoch wieder mitgenommen, so dass es bereits an der erforderlichen Übergabe (§ 854 Abs. 1BGB) fehlt. Damit ist der Leistungserfolg nicht eingetreten, und der Anspruch des A aus § 433 Abs. 1 Satz 1 BGB ist nicht durch Erfüllung gem. § 362 Abs. 1 BGB erloschen.

2.　Nachträgliche Unmöglichkeit der Leistung gem. § 275 Abs. 1 BGB

Die völlige Zerstörung der 15 Weinkisten bei dem Unfall könnte aber dazu geführt haben, dass der Anspruch des A auf Lieferung des Weines gem. § 275 Abs. 1 BGB wegen Unmöglichkeit erloschen ist. Dann müsste sich die Pflicht des W auf Übergabe und Übereignung im Zeitpunkt des Unfalls auf diese 15 Kisten beschränkt haben. Wenn es sich nicht um eine Stück-, sondern um eine Gattungsschuld handelte, müsste also eine Konkretisierung gem. § 243 Abs. 2 BGB eingetreten sein.

a)　Vorliegen einer Gattungsschuld

Während eine Stückschuld immer dann vorliegt, wenn sich das Schuldverhältnis auf eine genau bestimmte, individualisierte Sache bezieht, handelt es sich um eine Gattungsschuld, wenn es sich auf eine Sache bezieht, die nur nach allgemeinen Merkmalen, den sog. Gattungsmerkmalen, bestimmbar ist. Den Parteien kommt es dabei gerade nicht darauf an, dass eine ganz bestimmte Sache an den Gläubiger geleistet wird.

W schuldet dem A je fünf Kisten Neefer Frauenberg, Zeller Schwarze Katz und Bullayer Brautrock aus seinem Lager, ohne dass es dabei auf die konkreten 15 Kisten ankommt. Das allgemeine Merkmal besteht darin, dass es sich um Kisten mit diesen Weinen handelt, die aus dem Lager des W stammen. Mithin liegt eine – auf das Lager des W beschränkte – Gattungsschuld vor.

b)　Konkretisierung gem. § 243 Abs. 2 BGB

Im Falle der hier vorliegenden Gattungsschuld setzt eine Unmöglichkeit i. S. des § 275 Abs. 1 BGB weiter voraus, dass bezüglich der zerstörten Kisten Konkretisierung gem. § 243 Abs. 2 BGB eingetreten war. Andernfalls wäre § 276 Abs. 1 BGB einschlägig mit der Folge, dass W solange liefern müsste, bis kein Wein der gekauften Sorten mehr in seinem Lager vorhanden wäre.

Gemäß § 243 Abs. 2 BGB muss der Schuldner das seinerseits zur Leistung Erforderliche getan haben. Worin dieses „seinerseits Erforderliche" besteht, hängt von der Art der Schuld ab.

W und A hatten vereinbart, dass W dem A die Weinkisten nach Düsseldorf liefern sollte. Mithin lag eine Bringschuld vor. Bei einer Bringschuld tritt die Konkretisierung dann ein, wenn der Schuldner die Ware ausgesondert und sie dem Schuldner in einer den Annahmeverzug begründenden Weise angeboten hat.

W hat die Weinkisten ausgesondert, indem er sie aus seinem Lager für A in seinen Lieferwagen verladen hat. Außerdem ist er mit der Ware nach Düsseldorf gefahren und hat sie zur verabredeten Zeit bei A tatsächlich angeboten (§ 294 BGB). W hat mithin das seinerseits zur Leistung

Erforderliche i. S. des § 243 Abs. 2 BGB getan, so dass sich seine Lieferpflicht auf die angelieferten 15 Kisten konkretisiert hat.

c) Unmöglichkeit

Alle Weinkisten, auf die sich die Lieferpflicht des W konkretisiert hatte, wurden bei dem Unfall nach Vertragsschluss völlig zerstört, so dass niemand die zerstörten Flaschen nachliefern konnte. Damit liegt eine objektive nachträgliche Unmöglichkeit i. S. des § 275 Abs. 1 BGB vor.

d) Zwischenergebnis

W ist gem. § 275 Abs. 1 BGB von seiner Pflicht zur Übergabe und Übereignung der 15 Kisten Wein frei geworden.

III. Ergebnis

A hat gegen W keinen Anspruch auf Übergabe und Übereignung von je fünf neuen Kisten Neefer Frauenberg, Zeller Schwarze Katz und Bullayer Brautrock aus § 433 Abs. 1 Satz 1 BGB.

FRAGE 2

Welche Ansprüche hat W gegen A?

W könnte gegen A einen Anspruch auf Zahlung des Kaufpreises für die angebotenen 15 Weinkisten aus § 433 Abs. 2 BGB haben.

I. Anspruch entstanden

Zwischen W und A besteht ein wirksamer Kaufvertrag über die 15 Weinkisten gem. §§ 433, 145, 147 BGB (siehe oben). Der Anspruch ist also entstanden.

II. Anspruch nicht gem. § 326 Abs. 1 Satz 1 BGB erloschen

Der Anspruch könnte aber wegen der vollständigen Zerstörung aller 15 Weinkisten gem. § 326 Abs. 1 Satz 1 BGB erloschen sein.

1. Gegenseitiger Vertrag

Das setzt zunächst einen gegenseitigen Vertrag voraus. Der zwischen W und A geschlossene Kaufvertrag ist ein gegenseitiger Vertrag.

2. Nachträgliche Unmöglichkeit der Leistung des Schuldners gem. § 275 Abs. 1 BGB

Des Weiteren müsste die im Gegenseitigkeitsverhältnis stehende Leistungspflicht des Schuldners nach § 275 Abs. 1 bis 3 BGB entfallen sein. Aufgrund der Zerstörung der 15 Weinkisten ist W gem. § 275 Abs. 1 BGB von seiner Lieferpflicht aus § 433 Abs. 1 Satz 1 BGB, die im Gegenseitigkeitsverhältnis zu seinem Zahlungsanspruch aus § 433 Abs. 2 BGB steht, frei geworden (siehe oben).

3. Kein Vertretenmüssen des Gläubigers gem. § 326 Abs. 2 Satz 1, 1. Fall BGB

A dürfte diese Unmöglichkeit nicht zu vertreten haben, § 326 Abs. 2 Satz 1, 1. Fall BGB. A hat die Weinkisten weder selbst zerstört noch ihre Zerstörung als Fahrer des entgegenkommenden Fahrzeugs verursacht.

4. Kein Annahmeverzug gem. § 326 Abs. 2 Satz 1, 2. Fall BGB

Der Zahlungsanspruch des W aus § 433 Abs. 2 BGB ist entgegen der Grundregel des § 326 Abs. 1 Satz 1 BGB ferner dann nicht erloschen, wenn sich A als Gläubiger des Lieferanspruchs aus § 433 Abs. 1 Satz 1 BGB zu dem Zeitpunkt, als die Unmöglichkeit i. S. des § 275 Abs. 1 BGB eintrat, im Annahmeverzug befand und wenn W die Unmöglichkeit nicht zu vertreten hatte, § 326 Abs. 2 Satz 1, 2. Fall BGB.

HINWEIS

Statt des § 326 Abs. 2 Satz 1, 2. Fall BGB konnte auch der Übergang der Preisgefahr gem. § 446 Satz 3 BGB geprüft werden. In der Literatur ist streitig, welche der beiden Vorschriften die speziellere Regelung enthält. Die Prüfung verläuft parallel zu der hier vorgenommenen.

a) Nichtvertretenmüssen des W

Zunächst dürfte W die Unmöglichkeit der ihm obliegenden Leistung nicht zu vertreten haben. Ihn darf also kein Vertretenmüssen in Bezug auf den Unfall und damit auf die Zerstörung der Weinflaschen treffen.

aa) Fahrlässigkeit des W gem. § 276 Abs. 2 BGB

Indem W auf dem Heimweg geringfügig zu schnell gefahren ist, hat er die im Verkehr erforderliche Sorgfalt in geringem Maße außer Acht gelassen. Damit hat er die auf dem Unfall beruhende Zerstörung der Weinkisten fahrlässig i. S. des § 276 Abs. 2 BGB herbeigeführt.

bb) Haftungsmilderung durch Beschränkung auf Vorsatz und grobe Fahrlässigkeit gem. § 300 Abs. 1 BGB

Der Haftungsmaßstab des § 276 BGB könnte jedoch gem. § 300 Abs. 1 BGB dahingehend abgemildert sein, dass W nur Vorsatz und grobe Fahrlässigkeit zu vertreten hatte, nicht jedoch die gerade festgestellte einfache Fahrlässigkeit. Dann müsste sich A im Zeitpunkt der Lieferung des Weines im Annahmeverzug befunden haben. Es müssten die Voraussetzungen des Annahmeverzuges gem. §§ 293 ff. BGB vorliegen.

(1) Nichtannahme der Lieferung durch A gem. § 293 BGB

A war nicht zu Hause und hat die Kisten nicht angenommen.

(2) Angebot

W müsste ihm die Kisten i. S. des § 294 BGB angeboten haben. Ein solches Angebot liegt vor, indem W den Wein zur vereinbarten Zeit am vereinbarten Ort angeliefert und bei A geklingelt hat (siehe oben).

(3) Möglichkeit der Leistungsbewirkung

Die Erbringung der Leistung müsste gem. § 297 BGB zur vereinbarten Zeit möglich gewesen sein. Zur Zeit des Angebots am Haus des A waren die Weinkisten noch unversehrt. Die Leistungserbringung war somit möglich.

(4) Keine vorübergehende Annahmeverhinderung des A gem. § 299 BGB

Die Leistungszeit war bestimmt, und W lieferte zur vereinbarten Zeit, so dass die Voraussetzungen des § 299 BGB nicht vorliegen und der Annahmeverzug nicht durch eine nur vorübergehende Annahmeverhinderung des A ausgeschlossen wird.

(5) Zwischenergebnis

Folglich befand sich A im Annahmeverzug.

cc) Rechtsfolge

W hat daher gem. § 300 Abs. 1 BGB nur Vorsatz und grobe Fahrlässigkeit in Bezug auf den Unfall zu vertreten, der zur Zerstörung der Weinkisten führte. Den Unfall verursachte W jedoch nur leicht fahrlässig (siehe oben).

dd) Zwischenergebnis

W hat die Unmöglichkeit nicht zu vertreten.

b) Annahmeverzug des A im Zeitpunkt des Eintritts der Unmöglichkeit

§ 326 Abs. 2 Satz 1, 2. Fall BGB setzt weiter voraus, dass sich A im Annahmeverzug befand, als die Lieferung der Weinkisten gem. § 275 Abs. 1 BGB unmöglich wurde. A kam dadurch in Annahmeverzug, dass W die Weinkisten zum vereinbarten Zeitpunkt vergeblich bei ihm anbot (siehe oben). Der Unfall mit der Zerstörung der Weinkisten geschah auf der anschließenden Rückfahrt des W und damit während des Annahmeverzugs des A.

5. Zwischenergebnis

Wegen des Annahmeverzugs des A bei Eintritt der Unmöglichkeit ist der Anspruch des W auf Kaufpreiszahlung aus § 433 Abs. 2 BGB entgegen der Grundregel des § 326 Abs. 1 Satz 1 BGB gem. § 326 Abs. 2 Satz 1, 2. Fall BGB nicht erloschen.

III. Anspruch durchsetzbar

Der Anspruch ist fällig und mangels entgegenstehender Anhaltspunkte einredefrei. Der Anspruch ist damit auch durchsetzbar.

IV. Ergebnis

W hat gegen A einen Anspruch auf Zahlung des Kaufpreises für die angebotenen 15 Weinkisten aus § 433 Abs. 2 BGB.

Fall 14: Die Modellbahnanlage

Hat A gegen S einen Anspruch auf Lieferung oder Ersatz der Modellbahnanlage?

I. Anspruch des A gegen S auf Lieferung der Modellbahnanlage aus § 433 Abs. 1 Satz 1 BGB

A könnte gegen S einen Anspruch auf Lieferung der Modellbahnanlage aus § 433 Abs. 1 Satz 1 BGB haben.

1. Anspruch entstanden

A hat die Anlage von S für 250 € gekauft. Aufgrund dieses wirksamen Kaufvertrags ist der Anspruch des A gegen S aus § 433 Abs. 1 Satz 1 BGB entstanden.

2. Anspruch nicht erloschen

S könnte jedoch gem. § 275 Abs. 1 BGB von seiner Leistungspflicht frei geworden sein. Danach ist der Anspruch auf die Leistung ausgeschlossen, wenn diese für den Schuldner oder für jedermann unmöglich ist. Die von A gekaufte Modellbahnanlage ist durch das Schmutzwasser zerstört worden, so dass weder S noch sonst jemand sie liefern kann. Folglich liegt eine objektive Unmöglichkeit der Leistung i. S. des § 275 Abs. 1, 2. Fall BGB vor. S ist daher von der Leistung frei geworden.

3. Zwischenergebnis

Mithin hat A keinen Anspruch gegen S auf Lieferung der Modellbahnanlage aus § 433 Abs. 1 Satz 1 BGB.

II. Anspruch des A gegen S auf Schadensersatz aus § 280 Abs. 1, Abs. 3 i.V. mit § 283 BGB

A könnte jedoch gegen S einen Anspruch auf Schadensersatz für die zerstörte Modellbahnanlage aus § 280 Abs. 1, Abs. 3 i.V. mit § 283 BGB haben.

1. Schuldverhältnis zwischen A und S

Gem. § 280 Abs. 1 BGB setzt der Schadensersatzanspruch zunächst ein Schuldverhältnis zwischen A und S voraus. Das ist der wirksame Kaufvertrag über die Modellbahnanlage (siehe dazu oben).

2. Nachträgliche Unmöglichkeit der Leistung

Weitere Anspruchsvoraussetzung ist gem. § 280 Abs. 1, Abs. 3 i.V. mit § 283 BGB eine Pflichtverletzung des S, die darin besteht, dass er wegen einer nachträglich eingetretenen Unmöglichkeit i. S. des § 275 Abs. 1 BGB nicht mehr zu leisten braucht. Die Zerstörung der gekauften Modellbahnanlage durch das Schmutzwasser hat nach Vertragsschluss zu einer objektiven Unmöglichkeit der Leistung und damit zum Erlöschen der Leistungspflicht des S gem. § 275 Abs. 1, 2. Fall BGB geführt (siehe oben).

3. Vertretenmüssen

Dieses Leistungshindernis müsste S gem. §§ 280 Abs. 1 Satz 2, 276 Abs. 1 BGB auch zu vertreten haben. S hat den Wasserrohrbruch im Nachbarhaus, der zur Zerstörung der Modellbahnanlage geführt hat, jedoch nicht verursacht, und er war für ihn auch nicht vorhersehbar. Die Verschuldensvermutung des § 280 Abs. 1 Satz 2 BGB ist damit entkräftet. S hat das Leistungshindernis in der Form der nachträglichen objektiven Unmöglichkeit nicht zu vertreten.

4. Zwischenergebnis

Somit hat A gegen S keinen Anspruch auf Schadensersatz für die zerstörte Modellbahnanlage aus § 280 Abs. 1, Abs. 3 i.V. mit 283 BGB.

III. Ergebnis

A hat gegen S weder einen Anspruch auf Lieferung noch auf Ersatz der Modellbahnanlage.

FRAGE 2

Kann A die bereits gezahlten 250 € von S zurückverlangen?

A könnte gegen S einen Anspruch auf Rückzahlung der bereits gezahlten 250 € aus §§ 326 Abs. 4, 346 Abs. 1 BGB haben.

I.   Voraussetzungen des § 326 Abs. 4 BGB

Dazu müssten die Voraussetzungen des § 326 Abs. 4 BGB vorliegen. Die Zahlung der 250 € an S müsste also die Bewirkung einer Gegenleistung sein, die nach § 326 BGB nicht geschuldet war.

1.   Bewirken einer Gegenleistung

A hat an S 250 € als Kaufpreis für die Modellbahnanlage gezahlt. Damit hat er seine aus § 433 Abs. 2 BGB resultierende Gegenleistung bewirkt.

2.   Fehlender Anspruch auf die Leistung nach § 326 BGB

Diese Gegenleistung dürfte nach § 326 BGB nicht geschuldet gewesen sein. Der Anspruch des S gegen A auf die Zahlung des Kaufpreises aus § 433 Abs. 2 BGB könnte wegen der Zerstörung der Modellbahnanlage gem. § 326 Abs. 1 Satz 1 BGB erloschen sein.

a)   Gegenseitiger Vertrag

§ 326 Abs. 1 Satz 1 BGB setzt zunächst einen gegenseitigen Vertrag voraus. Der zwischen A und S geschlossene Kaufvertrag ist ein gegenseitiger Vertrag.

b)   Nachträgliche Unmöglichkeit der Leistung des S gem. § 275 Abs. 1 BGB

Des Weiteren müsste die im Gegenseitigkeitsverhältnis stehende Leistungspflicht des Schuldners nach § 275 Abs. 1 bis 3 BGB entfallen sein. Aufgrund der Zerstörung der Modellbahnanlage ist S gem. § 275 Abs. 1 BGB von seiner Lieferpflicht aus § 433 Abs. 1 Satz 1 BGB, die im Gegenseitigkeitsverhältnis zu seinem Zahlungsanspruch aus § 433 Abs. 2 BGB steht, frei geworden (siehe oben).

c)   Keine Verantwortlichkeit des A gem. § 326 Abs. 2 BGB

S könnte seinen Anspruch auf Kaufpreiszahlung entgegen der Grundregel des § 326 Abs. 1 Satz 1 BGB nur dann behalten haben, wenn A gem. § 326 Abs. 2 BGB für den Umstand, der den S von seiner Lieferverpflichtung befreite, verantwortlich wäre, oder wenn A sich im Annahmeverzug befunden hätte. Der Wasserrohrbruch im Nachbarhaus war ein unvorhersehbares, von A nicht zu vertretendes Ereignis. Die Abholung der Anlage war auch erst für den Folgetag vereinbart, so dass ein Annahmeverzug ebenfalls nicht in Betracht kommt. A ist daher nicht für den Umstand verantwortlich, der S von seiner Leistungspflicht befreite.

d)   Zwischenergebnis

Der Anspruch des S gegen A auf die Zahlung des Kaufpreises i. H. von 250 € aus § 433 Abs. 2 BGB war demnach gem. § 326 Abs. 1 Satz 1 BGB erloschen.

3.   Zwischenergebnis

Die Voraussetzungen des § 326 Abs. 4 BGB liegen daher vor. A hat dem S die 250 € als Kaufpreis gezahlt, ohne nach § 326 BGB dazu verpflichtet zu sein.

II. Rechtsfolge

Die Erfüllung der Voraussetzungen des § 326 Abs. 4 BGB hat zur Folge, dass das Geleistete nach den §§ 346 bis 348 BGB zurückgefordert werden kann. A kann also von S gem. § 346 Abs. 1 BGB die Rückgewähr der gezahlten 250 € verlangen.

III. Ergebnis

A hat gegen S einen Anspruch auf Rückzahlung der bereits gezahlten 250 € aus §§ 326 Abs. 4, 346 Abs. 1 BGB.

Fall 15: Das Meisterwerk

LÖSUNG

Zu prüfen ist ein Anspruch des K gegen V aus § 284 BGB. Nach dieser Vorschrift kann der Gläubiger vom Schuldner anstelle des Schadensersatzes statt der Leistung Ersatz der Aufwendungen verlangen, die er im Vertrauen auf den Erhalt der Leistung gemacht hat und billigerweise machen durfte. Der Anspruch aus § 284 BGB ist von folgenden Voraussetzungen abhängig:

I. Bestehen eines Schadensersatzanspruchs statt der Leistung des K gegen V

Da der Aufwendungsersatzanspruch aus § 284 BGB „anstelle" des Schadensersatzanspruches statt der Leistung gewährt wird, besteht er nur, wenn der Gläubiger statt Aufwendungsersatz auch Schadensersatz statt der Leistungen verlangen könnte. Der Anspruch aus § 284 BGB setzt daher voraus, dass alle Voraussetzungen eines Schadensersatzanspruchs statt der Leistung gegeben sind. Einen Schaden muss der Gläubiger aber nicht erlitten haben. § 284 BGB ist findet nämlich auch (und vor allem) in dem Fall Anwendung, dass der Gläubiger mangels Schadens keinen Anspruch auf Schadensersatz hat. In diesem Fall kann der Gläubiger gem. § 284 BGB wenigstens Ersatz der von ihm getätigten vergeblichen Aufwendungen verlangen. Hier könnte K gegen V einen Anspruch auf Schadensersatz statt der Leistung aus §§ 280 Abs. 1 und 3, 283 BGB haben. Zu prüfen ist, ob die Voraussetzungen dieser Vorschriften vorliegen:

1. Schuldverhältnis zwischen K und V

§ 280 Abs. 1 Satz 1 BGB verlangt, dass zwischen den Beteiligten ein wirksames Schuldverhältnis zu Stande gekommen ist. Insoweit wirft der hier zu beurteilende Sachverhalt keine Probleme auf. Aus ihm ergibt sich nämlich eindeutig, dass K von V das Gemälde zum Preis von 20 000 € gekauft hat, so dass zwischen den beiden ein wirksamer Kaufvertrag i. S. des § 433 BGB geschlossen wurde.

2. Pflichtverletzung

Der Schadensersatzanspruch statt der Leistung ist ferner von einer Pflichtverletzung des Schuldners abhängig, § 280 Abs. 1 Satz 1 BGB. Wird der Anspruch auf §§ 280 Abs. 1 und 3, 283 BGB gestützt, dann besteht die Pflichtverletzung des Schuldners darin, dass er seiner Leistungspflicht aus dem Schuldverhältnis nicht nachkommt, weil ihm die Leistung infolge eines nach Entstehung des Schuldverhältnisses eingetretenen Umstandes unmöglich geworden und er daher gem. § 275 BGB von seiner Leistungspflicht frei geworden ist. In § 275 Abs. 4 BGB ist i. Ü. auf die Vorschriften hingewiesen, nach denen sich die Rechte des Gläubigers in dem Fall bestimmen, dass dem Schuldner die Leistung unmöglich ist. Dass die §§ 280 Abs. 1 und 3, 283 BGB nur für die Fälle der nachträglichen Unmöglichkeit die richtige Anspruchsgrundlage für den Schadensersatzanspruch statt der Leistung sind, kann daraus abgeleitet werden, dass der Schadensersatzanspruch statt der Leistung bei anfänglicher Unmöglichkeit in § 311a Abs. 2 BGB ausdrücklich geregelt ist. Dann kann in § 283 BGB nur die nachträgliche Unmöglichkeit gemeint sein.

Im hier zu beurteilenden Fall ist dem V die Pflicht zur Übereignung des Bildes nach Vertragsschluss objektiv unmöglich geworden, da der geschuldete Gegenstand laut Sachverhalt zwei Tage nach Abschluss des Kaufvertrags irreparabel zerstört worden ist.

3. Vertretenmüssen

V hat die nachträgliche Unmöglichkeit auch zu vertreten, § 280 Abs. 1 Satz 2 BGB. Wer in seinen nicht aufgeräumten Räumen auf einer Bananenschale ausrutscht, dem kann fahrlässiges Verhalten i. S. des § 276 Abs. 2 BGB vorgeworfen werden. Dass der Schuldner (u. a.) Fahrlässigkeit zu vertreten hat, bestimmt § 276 Abs. 1 Satz 1 BGB.

Somit sind die Voraussetzungen eines Schadensersatzanspruchs aus §§ 280 Abs. 1 und 3, 283 BGB gegeben.

II. Voraussetzungen des § 284 BGB

1. Aufwendung

Bei den von K geltend gemachten 1 000 € handelt es sich um eine Aufwendung, d. h. um ein freiwilliges Vermögensopfer.

2. Vertrauen

K hat die 1 000 € auch im Vertrauen auf den Erhalt des Bildes aufgewendet. Er durfte diese Aufwendungen auch billigerweise machen; es ist nicht unverhältnismäßig, für ein Bild, das 20 000 € gekostet hat, einen Rahmen für 1 000 € machen zu lassen (anders wäre es beispielsweise, wenn das Bild nur 100 € gekostet hätte).

3. Kausalität

Ohne die Pflichtverletzung des V wäre der von K verfolgte Zweck, das Bild rahmen zu lassen, erreicht worden.

HINWEIS

Der letzte Halbsatz des § 284 meint z. B. den Fall, dass eine Veranstaltung ausgefallen ist, weil der Schuldner den gemieteten Raum nicht zur Verfügung gestellt hat; die Aufwendungen des Gläubigers, der z. B. für die besagte Veranstaltung eine Kapelle bestellt hat, wären aber auch so fehlgeschlagen, weil sich keine einzige Person zu der Veranstaltung angemeldet hat.

Es liegen also auch die in § 284 BGB unmittelbar geregelten Voraussetzungen vor.

III. Ergebnis

K kann von V gem. § 284 BGB Ersatz der von ihm gemachten Aufwendungen i. H. von 1 000 € verlangen.

Fall 16: Der Töpfermarkt

LÖSUNG

FRAGE 1

Kann V von K Bezahlung von 500 € und Abnahme der gekauften Töpferwaren verlangen?

Als Grundlage für einen Anspruch des V gegen K auf Abnahme und Bezahlung der Töpferware kommt § 433 Abs. 2 BGB in Betracht.

I. Anspruch entstanden

Daran, dass der Anspruch entstanden ist, besteht nach den im Sachverhalt enthaltenen Angaben kein Zweifel.

II. Untergang des Anspruchs durch Rücktritt von Seiten der K

Dass die primären Leistungspflichten erlöschen, wenn eine Vertragspartei vom Vertrag wirksam zurückgetreten ist, ist im BGB nicht ausdrücklich geregelt. § 346 Abs. 1 BGB bestimmt aber, dass sich die Parteien im Falle des Rücktritts die bereits gewährten Leistungen zurückzugewähren haben. Aus dieser Regelung kann der Schluss gezogen werden, dass von vornherein keine Leistungen mehr erbracht werden müssen, wenn der Rücktritt schon vor dem Austausch der Leistungen erfolgt. Diese Leistungen müssten sich die Parteien ja gem. § 346 Abs. 1 BGB wieder zurückgewähren.

1. Rücktrittserklärung

Eine wirksame Rücktrittserklärung (§ 349 BGB) liegt laut Sachverhalt vor.

2. Rücktrittsrecht, § 326 Abs. 5 BGB

a) Keine Pflicht zur Leistung gem. § 275 BGB

Voraussetzung für ein Rücktrittsrecht des Gläubigers gem. § 326 Abs. 5 BGB ist, dass der Schuldner gem. § 275 Abs. 1 bis 3 BGB nicht zu leisten braucht. Die Leistung muss dem V also unmöglich geworden sein. Hier ist eine nachträgliche objektive Unmöglichkeit der Leistung des V anzunehmen, sofern der zwischen K und V abgeschlossene Kaufvertrag als absolutes Fixgeschäft zu qualifizieren ist. Ein absolutes Fixgeschäft liegt dann vor, wenn die Einhaltung des Leistungszeitpunkts so wichtig ist, dass die Leistung mit Ablauf der Leistungszeit unmöglich geworden ist. Eine verspätete Leistung ist nach dem Zweck des Vertrags sinnlos und stellt daher keine Erfüllung mehr dar. Schulbeispiele sind der Brautstrauß zur Hochzeit oder die Balkonmiete am Tag des Krönungszugs. Hier kann von einem absoluten Fixgeschäft ausgegangen werden. K benötigte die Waren nur für den Töpfermarkt am Aasee, der am 30. 6. von 9.00 Uhr bis 14.00 Uhr stattgefunden hat. Die Lieferung der Waren am 30. 6. um 15.00 Uhr war für die K nicht mehr von Interesse. Dem V ist daher die Leistung unmöglich geworden.

HINWEIS

Vertretbar ist wohl auch die Annahme eines relativen Fixgeschäfts. Man könnte argumentieren, K könne die Waren bei einem späteren Töpfermarkt verkaufen. Auch wenn man ein nur relatives Fixgeschäft befürwortet, kann K zurücktreten. Das Rücktrittsrecht ergibt sich dann aber nicht aus § 326 Abs. 5 BGB, sondern aus § 323 Abs. 1 BGB. Eine Fristsetzung wäre gem. § 323 Abs. 2 Nr. 2 BGB entbehrlich.

b) Frist

Das Rücktrittsrecht aus § 326 Abs. 5 BGB setzt nicht voraus, dass der Gläubiger dem Schuldner eine Frist zur Nacherfüllung setzt.

c) Ausschluss des Rücktrittsrechts

Für einen Ausschluss des Rücktrittsrechts gem. § 326 Abs. 6 BGB liegen keine Anhaltspunkte vor.

d) Vertretenmüssen

Das Rücktrittsrecht ist nicht davon abhängig, dass der Schuldner den Rücktrittsgrund zu vertreten hat.

III. Ergebnis

V kann von K nicht Abnahme und Bezahlung der Töpferwaren aus § 433 Abs. 2 BGB verlangen.

FRAGE 2

Kann K von V Schadensersatz i. H. von 1 000 € verlangen? Bei der Beantwortung der Frage ist davon auszugehen, dass K einen Gewinn i. H. von 1 000 € gemacht hätte, wenn V die Ware pünktlich abgeliefert hätte.

K möchte finanziell so gestellt werden, wie wenn V die Waren ordnungsgemäß und rechtzeitig geliefert hätte. Sie verlangt also Schadensersatz statt der Leistung. Als Anspruchsgrundlage kommen §§ 280 Abs. 1 und 2, 283 BGB in Betracht.

HINWEIS

Wer bei der Beantwortung von Frage 1 davon ausgegangen ist, dass V und K nur ein relatives Fixgeschäft abgeschlossen haben, wird §§ 280 Abs. 1 und 2, 281 BGB als Anspruchsgrundlage wählen (mit Entbehrlichkeit der Fristsetzung gem. § 281 Abs. 2 BGB).

I. Schadensersatz neben dem Rücktritt

Dass der Gläubiger vom Vertrag zurücktreten und zugleich Schadensersatz statt der Leistung verlangen kann, ist in § 325 BGB klargestellt. Dort ist bestimmt, dass das Recht, Schadensersatz zu verlangen, durch den Rücktritt nicht ausgeschlossen wird.

II. Pflichtverletzung von Seiten des V

Der Anspruch aus §§ 280 Abs. 1 und 2, 283 BGB setzt voraus, dass die Pflichtverletzung des Schuldners darin besteht, dass er wegen nachträglicher Unmöglichkeit seine Leistung nicht zu erbringen braucht. Diese Voraussetzung liegt vor (siehe oben Frage 1).

III. Vertretenmüssen der Pflichtverletzung, § 280 Abs. 1 Satz 2 BGB

Fraglich ist, ob V die Pflichtverletzung i. S. des § 276 Abs. 1 Satz 1 BGB zu vertreten hat. Nach den im Sachverhalt enthaltenen Angaben spricht alles dafür, dass dem V nicht einmal leichte Fahrlässigkeit im Hinblick auf das Unmöglichwerden der Leistung zur Last gelegt werden kann. Fahrlässig handelt, wer die im Verkehr erforderliche Sorgfalt außer Acht lässt (§ 276 Abs. 2 BGB). Hier hat V alles getan, was er tun konnte: Sein Lieferwagen war kurz vor der Fahrt nach Münster bei der Inspektion, er hat sofort den ADAC per Handy benachrichtigt. Dass der ADAC erst nach zwei Stunden angekommen ist und weitere vier Stunden für die Reparatur benötigt hat, kann dem V nicht angelastet werden. Im Ergebnis hat V daher nicht fahrlässig gehandelt.

IV. Ergebnis

V schuldet der K nicht aus §§ 280 Abs. 1 und 2, 283 BGB Schadensersatz statt der Leistung i. H. von 1 000 €.

Fall 17: Kauf eines Sofas

M könnte gegen A einen Anspruch auf die Abnahme und Bezahlung des Sofas aus § 433 Abs. 2 BGB haben. Dann müsste zwischen M und A ein wirksamer Kaufvertrag über dieses Sofa bestehen.

I. Anspruch entstanden

Ein wirksamer Kaufvertrag könnte dadurch zustande gekommen sein, dass sich A und V als Vertreter des M am 5. 7. über den Kauf eines Sofas „Grado" geeinigt haben. Gegenstand dieser Einigung i. S. der §§ 145, 147 BGB waren ein Sofa „Grado", also eine nach Gattungsmerkmalen bestimmbare Kaufsache, und der Kaufpreis i. H. von 2 500 €. V handelte ersichtlich nicht für sich selbst, sondern für M, bei dem er als Verkäufer angestellt war, so dass die Voraussetzungen einer wirksamen Stellvertretung, nämlich die Offenkundigkeit und die Vertretungsmacht, gem. §§ 164 Abs. 1, 3 und 167 BGB vorlagen. Damit ist am 5. 7. ein wirksamer Kaufvertrag zwischen A und M, vertreten durch V, zustande gekommen.

II. Anspruch nicht durch Rücktritt des A erloschen

Der Anspruch könnte aber durch einen Rücktritt des A gem. §§ 346, 323 Abs. 1 BGB erloschen sein.

1. Rücktrittserklärung

Das setzt gem. § 349 BGB zunächst voraus, dass A gegenüber M den Rücktritt erklärt hat. Das an M gerichtete Schreiben des A vom 5. 9. enthält die Erklärung des A, er erkläre den Rücktritt vom Vertrag, wenn das Sofa nicht bis zum 21. 9. geliefert werde. Danach steht die Rücktrittserklärung unter der aufschiebenden Bedingung des fruchtlosen Ablaufs der Nachlieferungsfrist am 21. 9., § 158 Abs. 1 BGB. Diese Bedingung könnte zur Unwirksamkeit der Rücktrittserklärung führen.

Die Erklärung eines Rücktritts ist, ebenso wie die Erklärung einer Anfechtung oder einer Kündigung, die Ausübung eines einseitigen Gestaltungsrechts. Im Interesse der Erkennbarkeit der Rechtslage ist die Ausübung eines Gestaltungsrechts grundsätzlich bedingungsfeindlich. Etwas anderes gilt ausnahmsweise jedoch dann, wenn für den Erklärungsgegner gar keine unzumutbare Ungewissheit über die Rechtslage entsteht. Deshalb sind sog. Potestativbedingungen zulässig, d. h. solche Bedingungen, deren Eintritt allein vom Willen des Erklärungsgegners, hier also des M, abhängt. Ob er dem A das Sofa bis zum 21. 9. lieferte, hing allein vom Willen des M ab. Es handelt sich also um eine zulässige Potestativbedingung, welche die Rücktrittserklärung des A nicht unwirksam macht. Mit der Nichtlieferung des Sofas bis zum 21. 9., also dem frucht-losen Ablauf der Nachlieferungsfrist, ist die aufschiebende Bedingung eingetreten, und die Rücktrittserklärung ist wirksam geworden.

A hat daher wirksam gegenüber M den Rücktritt erklärt.

2. Rücktrittsrecht, § 323 Abs. 1 BGB

Ein wirksamer Rücktritt des A setzt ferner ein Rücktrittsrecht voraus. Dieses Recht könnte sich gem. § 323 Abs. 1 BGB daraus ergeben, dass M das Sofa nicht rechtzeitig geliefert hat.

a) Gegenseitiger Vertrag

§ 323 Abs. 1 BGB setzt als erstes einen gegenseitigen Vertrag voraus. Der zwischen A und dem durch V vertretenen M am 5. 7. geschlossene Kaufvertrag ist ein gegenseitiger Vertrag.

b) Fälliger und durchsetzbarer Anspruch aus dem Vertrag

Des Weiteren müsste dem A aus dem Vertrag ein fälliger und durchsetzbarer Anspruch gegen M zustehen. Aus dem Kaufvertrag war M verpflichtet, dem A gem. §§ 433 Abs. 1 Satz 1, 243 Abs. 1 BGB ein Sofa „Grado" mittlerer Art und Güte zu liefern.

Dieser Lieferanspruch müsste gem. § 271 Abs. 1 BGB fällig gewesen sein. Nach der Vereinbarung zwischen A und M sollte die Lieferung bis Ende Juli erfolgen. Gemäß § 271 Abs. 2 BGB konnte A die Lieferung daher nicht vor Ablauf des Juli verlangen; mit dem 31. 7. wurde die Lieferung je-doch spätestens fällig. Einreden des M sind nicht ersichtlich.

Mit Ablauf des 31. 7. bestand also ein fälliger und durchsetzbarer Lieferanspruch des A gegen M gem. § 433 Abs. 1 Satz 1 BGB aus dem Kaufvertrag.

c) Angemessene Nachfrist

Außerdem müsste A dem M gem. § 323 Abs. 1 BGB eine angemessene Nachfrist zur Lieferung des Sofas gesetzt haben. Mit Schreiben vom 5. 9. und damit nach dem Eintritt der Fälligkeit setz-te A dem M eine Lieferfrist bis zum 21. 9. Eine solche Nachlieferungsfrist von etwa 14 Tagen ist als angemessen anzusehen, zumal M zu diesem Zeitpunkt schon mehr als einen Monat nach Ablauf der vereinbarten Lieferfrist hatte verstreichen lassen.

d) Fruchtloser Fristablauf

Die gesetzte Nachfrist müsste fruchtlos verstrichen sein. M hat erst am 28. 9. und damit eine Woche später geliefert. Die Nachfrist ist daher mit Ablauf des 21. 9. fruchtlos abgelaufen.

e) Eigene Vertragstreue des A

A hätte auch bereit sein müssen, seinerseits den Vertrag ordnungsgemäß durchzuführen und den Kaufpreis zu bezahlen. An dieser eigenen Vertragstreue des A bestehen keine Zweifel.

f) Zwischenergebnis

Demnach liegt ein Rücktrittsrecht i. S. des § 323 Abs. 1 BGB vor.

3. Kein Ausschluss des Rücktrittsrechts durch die AGB des M

Der Rücktritt des A dürfte nicht durch die Allgemeinen Geschäftsbedingungen des M ausgeschlossen sein. Demnach sollte ein Rücktritt erst dann möglich sein, wenn die Lieferzeit um mehr als zehn Wochen überschritten wurde; bei einer Überschreitung um bis zu zehn Wochen schied ein Rücktrittsrecht aus. Der Möbelwagen des M mit dem Sofa fuhr am 28.9. und damit nach etwas mehr als neun Wochen nach dem Ende der vereinbarten Lieferzeit am 31.7. vor. Wäre die Klausel des M wirksam, schlösse sie also den Rücktritt des A aus.

a) Unwirksamkeit der Klausel gem. § 475 Abs. 1 BGB

Ein wirksamer Ausschluss des Rücktrittsrechts könnte unabhängig davon, ob die AGB-Klausel den Anforderungen der §§ 305 ff. BGB genügt, bereits an § 475 Abs. 1 BGB scheitern. Dann müsste es sich bei dem Kaufvertrag zwischen A und M zunächst um einen Verbrauchsgüterkauf i.S. des § 474 Abs. 1 BGB handeln. A kaufte das Sofa zu rein privaten Zwecken und damit als Verbraucher i.S. des § 13 BGB, während M in Ausübung seiner gewerblichen Tätigkeit und damit gem. § 14 Abs. 1 BGB als Unternehmer handelte.

§ 475 Abs. 1 BGB müsste es dem Unternehmer ferner untersagen, zum Nachteil des Verbrauchers A von seinem Rücktrittsrecht abzuweichen. Die Vorschrift bezieht sich zwar über § 437 Nr. 2 BGB auch auf das dort geregelte Rücktrittsrecht des Käufers. Allerdings ergibt sich sowohl aus § 437 BGB, der sich nur auf das Rücktrittsrecht wegen eines Mangels der Kaufsache i.S. der §§ 434, 435 BGB bezieht, als auch aus dem Wortlaut des § 475 Abs. 1 BGB „vor Mitteilung eines Mangels", dass die Norm bloß solche Vereinbarungen verbietet, die zu Lasten des Käufers von den Rechtsbehelfen wegen der Mangelhaftigkeit der Kaufsache abweichen; das allgemeine Leistungsstörungsrecht bleibt dagegen unberührt. Das Verbot des § 475 Abs. 1 BGB bezieht sich daher nicht auf den vorliegenden Fall eines Rücktritts wegen Verspätung der Lieferung gem. § 323 Abs. 1 BGB, wenn der Verkäufer keine mangelhafte Sache, sondern überhaupt nicht liefert.

Die AGB-Klausel des M verstößt also nicht gegen § 475 Abs. 1 BGB und ist daher nicht aus diesem Grunde unwirksam.

b) Unwirksamkeit der Klausel gem. § 308 Nr. 2 BGB

Nach dem Sachverhalt war die Klausel Bestandteil der AGB, auf denen der Kaufvertrag beruhte. Daher stehen sowohl die Qualifizierung als AGB i.S. des § 305 Abs. 1 Satz 1 BGB als auch ihre wirksame Einbeziehung gem. § 305 Abs. 2 BGB fest. Inhaltlich könnte die Klausel gegen § 308 Nr. 2 BGB verstoßen mit der Folge, dass gem. § 306 Abs. 2 BGB die gesetzliche Regelung an ihre Stelle träte.

Das setzt voraus, dass M sich als Verwender durch diese Klausel für die von ihm zu bewirkende Leistung, die Lieferung des Sofas gem. § 433 Abs. 1 Satz 1 BGB, abweichend von Rechtsvorschriften eine unangemessen lange Nachfrist vorbehält. Nach der allgemeinen Rechtsvorschrift des § 323 Abs. 1 BGB war die Nachfrist von ca. 14 Tagen, die A dem M gesetzt hatte, angemessen (siehe oben). Im Verhältnis dazu ist eine zehnwöchige und damit fast fünfmal so lange Nachlieferungsfrist unangemessen lang. Im Möbelhandel hält die Rechtsprechung generell sogar schon Nachfristen von sechs Wochen für zu lang.

Der Verstoß gegen § 308 Nr. 2 BGB führt dazu, dass an die Stelle der in der Klausel vorgesehenen Frist die Regelung des § 323 Abs. 1 BGB tritt, der zufolge (nur) eine angemessene Nachfrist gesetzt werden muss. Das hat A getan (siehe oben).

c) Zwischenergebnis zu 3.

Die AGB-Klausel des M schließt das Rücktrittsrecht des A nicht aus.

4. Zwischenergebnis zu II.

Der Anspruch des M gegen A auf Abnahme und Bezahlung des Sofas ist am 21. 9. wegen des Rücktritts des A erloschen.

III. Ergebnis

M hat gegen A keinen Anspruch auf die Abnahme und Bezahlung des Sofas aus § 433 Abs. 2 BGB.

Fall 18: Emsländer Edelkorn

Kann K von V die Lieferung von 30 Flaschen „Emsländer Edelkorn 2005" verlangen?

K könnte gegen V einen Anspruch auf Lieferung von 30 Flaschen Edelkorn aus § 433 Abs. 1 BGB haben.

I. Anspruch entstanden

Daran, dass der Anspruch entstanden ist, besteht kein Zweifel. Laut Sachverhalt haben sich die Parteien am 2. 7. 2011 über den Kauf von 30 Flaschen Edelkorn zu einem Preis i. H. von 300 € geeinigt.

II. Anspruch erloschen

Der Anspruch auf die Leistung könnte gem. § 275 Abs. 1 BGB ausgeschlossen sein. In Betracht kommt hier ein Untergang des Anspruchs wegen nachträglicher objektiver Unmöglichkeit.

1. Unmöglichkeit der Gattungsschuld

Die Annahme einer Unmöglichkeit könnte daran scheitern, dass der Gegenstand der Leistung der V nur der Gattung nach bestimmt gewesen ist, so dass Unmöglichkeit erst dann angenommen werden kann, wenn die gesamte Gattung untergegangen ist. Bei der Gattung, aus der geliefert werden soll, handelt es sich um „Emsländer Edelkorn 2005". Auszugehen ist von einer beschränkten Gattungsschuld, da K den Schnaps unmittelbar vom Hersteller gekauft hat. Es ist mithin anzunehmen, dass eine – auf den Vorrat der V bezogene – beschränkte Gattungsschuld vorliegt. Davon, dass der gesamte Vorrat untergegangen ist, kann aber nicht ausgegangen werden (dies wäre etwa dann der Fall, wenn V die „letzten" 30 Flaschen der verkauften Sorte aus dem Keller geholt hätte).

2. Unmöglichkeit nach Konkretisierung

Eine Unmöglichkeit kommt aber in Betracht, wenn sich die Gattungsschuld auf die von V ausgewählten und zu K gebrachten 30 Flaschen konkretisiert hat. Dies setzt voraus, dass die V das zur Leistung ihrerseits Erforderliche getan hat (§ 243 Abs. 2 BGB). Was das „seinerseits Erforderliche" i. S. des § 243 Abs. 2 BGB ist, hängt vom Leistungsort ab. Hier haben V und K eine Bringschuld vereinbart; Leistungs- und Erfolgsort lagen beim Gläubiger. V musste daher Gattungsware mittlerer Art und Güte aussondern, zu K an dessen Wohnsitz bringen und ihm dort anbieten, um den Vorteil der Konkretisierung zu erreichen. Dies alles ist geschehen. Die Schuld hat sich daher auf die von V für K vorgesehenen 30 Flaschen beschränkt. Der V ist die Leistung durch die Zerstörung dieser 30 Flaschen daher unmöglich geworden.

HINWEIS

Dass V nicht mehr leisten muss, kann auch mit § 300 Abs. 2 BGB begründet werden, demzufolge die (Leistungs-) Gefahr auf den Gläubiger übergeht, sobald dieser in Annahmeverzug gerät. Hier ist die – einfachere – Lösung über § 275 Abs. 1 BGB gewählt worden, bei der es nicht darauf ankommt, dass K in Annahmeverzug geraten ist. Die Lösung über § 300 Abs. 2 BGB ist aber natürlich nicht falsch.

III. Ergebnis

K kann von V nicht die Lieferung von 30 Flaschen „Emsländer Edelkorn 2005" aus § 433 Abs. 1 BGB verlangen.

FRAGE 2

Kann V von K die Bezahlung von 300 € verlangen?

V könnte gegen K einen Anspruch auf Zahlung von 300 € aus § 433 Abs. 2 BGB haben.

I. Anspruch entstanden

Der Anspruch ist entstanden. Zwischen V und K wurde ein wirksamer Kaufvertrag geschlossen (siehe oben Frage 1).

II. Anspruch untergegangen

Der Anspruch könnte gem. § 326 Abs. 1 Satz 1 1. Halbsatz BGB untergegangen sein.

1. Gegenseitiger Vertrag

Bei dem zwischen K und V geschlossenen Kaufvertrag handelt es sich um einen gegenseitigen Vertrag, so dass die §§ 320 ff. BGB anwendbar sind.

2. Schuldner muss wegen Unmöglichkeit nicht leisten

V braucht wegen § 275 Abs. 1 BGB nicht zu leisten (siehe oben Frage 1).

III. Bestehenbleiben der Gegenleistungspflicht

Der Anspruch der V auf die Gegenleistung könnte – trotz Vorliegens der Voraussetzungen des § 326 Abs. 1 Satz 1 BGB – erhalten geblieben sein, weil zum Zeitpunkt der Zerstörung der Schnapsflaschen die Gegenleistungsgefahr bereits auf K übergegangen war. Ab dem Zeitpunkt des Gefahrübergangs bleibt der Käufer nämlich auch dann zur Zahlung des vollen Kaufpreises verpflichtet, wenn die Kaufsache infolge eines Zufalls – also eines Umstandes, den weder er noch der Verkäufer zu vertreten hat – untergeht oder beschädigt wird.

Grundsätzlich geht beim Kaufvertrag die Gefahr des zufälligen Untergangs und der zufälligen Verschlechterung zwar nach § 446 Satz 1 BGB erst mit der Übergabe auf den Käufer über. Der Übergabe steht es aber nach § 446 Satz 3 BGB gleich, wenn sich der Käufer im Verzug der Annahme befindet.

1. Annahmeverzug des Käufers K

§ 446 Satz 3 BGB setzt voraus, dass sich der Käufer im Verzug der Annahme befindet. Es müssen also die in § 293 ff. BGB geregelten Voraussetzungen des Gläubigerverzugs vorliegen. Die V hat dem K – wie vereinbart – am 1. 8. die Leistung tatsächlich angeboten (vgl. § 294 BGB). Zu diesem Zeitpunkt durfte sie schon leisten und war auch zur Leistung fähig. Leistungsberechtigung und Leistungsvermögen der V waren also gegeben. K war zwar bereit, die ihm angebotene Leistung anzunehmen; er war aber nicht bereit, die von ihm seinerseits geschuldete Gegenleistung zu erbringen. Er ist daher gem. § 298 BGB in Annahmeverzug geraten. Als die 30 Flaschen zu Bruch gingen, befand sich K noch im Annahmeverzug.

2. Vertretenmüssen des Vertreters bezüglich der Unmöglichkeit

Nur die Gefahr des zufälligen Untergangs und der zufälligen Zerstörung geht nach § 446 BGB auf den Käufer über. Der V würde der Übergang der Gegenleistungsgefahr auf K daher nichts nützen, wenn sie die Unmöglichkeit der Leistung zu vertreten hätte, wenn die 30 Flaschen Emsländer Edelkorn also nicht durch Zufall zu Bruch gegangen wären. Der V ist laut Sachverhalt ein kleines Versehen unterlaufen; dieses Versehen ist lediglich als leichte Fahrlässigkeit zu werten. Nach § 276 Abs. 1 Satz 1 BGB hat der Schuldner Vorsatz und jede Fahrlässigkeit zu vertreten – es sei denn, es ist eine mildere oder strengere Haftung bestimmt. Hier kommt die Bestimmung einer milderen Haftung in § 300 Abs. 1 BGB zum Tragen. K ist – wie oben gezeigt – in Annahmeverzug geraten, so dass die V gem. § 300 Abs. 1 BGB nur Vorsatz und grobe Fahrlässigkeit zu vertreten hat. V hat die von ihr nur leicht fahrlässig herbeigeführte Unmöglichkeit daher nicht zu vertreten. Vielmehr hat sich die – von K zu tragende – Gefahr des zufälligen Untergangs realisiert. Der Anspruch der V gegen K auf Zahlung des Kaufpreises ist daher nicht untergegangen.

HINWEIS

In der Falllösung wurde § 446 Satz 3 BGB angewendet. Stattdessen hätte man ebenso gut auf § 326 Abs. 2 Satz 1 zweite Alternative BGB abstellen können. Am Ergebnis hätte dies nichts geändert. Wie die Lösung unter Heranziehung des § 326 Abs. 2 Satz 1 zweite Alternative BGB hätte aussehen müssen, kann im Übrigen aus der Antwort auf Frage 2 des Falles 13 entnommen werden.

IV. Ergebnis

V kann von K die Zahlung des Kaufpreises i. H. von 300 € verlangen.

FRAGE 3

Muss K ab dem 2. 8. an V Zinsen aus dem Kaufpreis – und wenn ja: in welcher Höhe – bezahlen?

In Betracht kommt ein Anspruch der V gegen K auf Zahlung von Verzugszinsen i. H. von 5,37 % aus § 288 Abs. 1 BGB. Voraussetzung ist, dass K mit seiner Pflicht zur Kaufpreiszahlung in Verzug geraten ist. Die Voraussetzungen des Verzugs sind in § 286 Abs. 1 BGB geregelt.

I. Fällige Leistungspflicht des K

Es besteht eine fällige Leistungspflicht des K gegenüber der V auf Zahlung von 300 € aus § 433 Abs. 2 BGB (siehe oben Frage 2).

II. Einrede des § 320

K muss zwar nur Zug um Zug gegen Lieferung der Flaschen leisten, so dass man auf den Gedanken kommen könnte, der Anspruch gegen K sei wegen § 320 BGB nicht durchsetzbar. Allerdings hat die V dem K die ihr obliegende Gegenleistung ordnungsgemäß angeboten und dem K dadurch die Einrede des § 320 BGB aus der Hand geschlagen.

III. Nichtleistung trotz Fälligkeit

K hat zum vertraglich festgelegten Fälligkeitszeitpunkt die von ihm geschuldete Leistung nicht erbracht.

IV. Mahnung

Eine Mahnung ist gem. § 286 Abs. 1 Nr. 1 BGB entbehrlich, da für den Zeitpunkt der Leistung eine Zeit nach dem Kalender bestimmt war. Mit Ablauf der nach dem Kalender bestimmten Zeit ist K daher ohne Mahnung in Verzug geraten. Der Verzug ist am 2. 8. eingetreten.

V. Rechtsfolge

Folge ist die Verpflichtung des K zur Zahlung von Verzugszinsen, § 288 Abs. 1 Satz 1 BGB. Die Höhe des Verzugszinssatzes richtet sich nach § 288 Abs. 1 Satz 2 BGB und beträgt fünf Prozentpunkte über dem Basiszinssatz (§ 247 BGB).

HINWEIS

Der Sachverhalt legt die Annahme nahe, dass K die Flaschen zu privaten Zwecken gekauft hat, also als Verbraucher (vgl. § 13 BGB). In der Falllösung ist für die Berechnung des Verzugszinses auf § 288 Abs. 1 BGB und nicht auf § 288 Abs. 2 BGB abgestellt.

VI. Ergebnis

K muss den Kaufpreis i. H. von 300 € gem. § 288 Abs. 1 BGB seit dem 2. 8. mit einem Zinssatz i. H. von 5,37 % verzinsen.

Fall 19: Der Gebrauchtwagenkauf

LÖSUNG

In Betracht kommt ein Anspruch des K gegen V aus §§ 280 Abs. 1 und 3, 283 Satz 1 BGB auf Zahlung von 500 € als Schadensersatz statt der Leistung.

I. Schadensersatz statt der Leistung als Inhalt des von K geäußerten Begehrens

Aus §§ 280 Abs. 1 und 3 BGB, 283 BGB kann der Gläubiger Schadensersatz statt der Leistung verlangen. Diese Bestimmungen kommen daher nur dann als zutreffende Anspruchsgrundlage in Betracht, wenn das Begehren des K, der von V 500 € fordert, auf die Zahlung von Schadensersatz statt der Leistung gerichtet ist. Schadensersatz statt der Leistung verlangt der Gläubiger dann, wenn er nicht mehr die Leistung in natura verlangt, sondern finanziell so gestellt werden möchte, wie er stünde, wenn der Schuldner ordnungsgemäß erfüllt hätte. Im hier zu beurteilenden Fall hätte K im Falle einer ordnungsgemäßen Erfüllung durch V ein Auto im Wert von 2 500 € erhalten und hierfür nur 2 000 € bezahlen müssen. Sein Vermögen wäre nach Durchführung des Vertrags um 500 € vermehrt gewesen. Indem K von V 500 € fordert, verlangt er, dass er in wirtschaftlicher Hinsicht so gestellt wird, wie er stünde, wenn V ordnungsgemäß erfüllt hätte. K begehrt somit von V Schadensersatz statt der Leistung.

II. Schuldverhältnis zwischen V und K

Der Anspruch setzt ein Schuldverhältnis zwischen den Parteien voraus. V und K haben einen Kaufvertrag (§ 433 BGB) über einen gebrauchten Opel Astra geschlossen. Damit liegt ein Schuldverhältnis zwischen V und K vor.

III. Pflichtverletzung

§ 280 Abs. 1 BGB setzt voraus, dass der Schuldner eine Pflicht aus dem Schuldverhältnis verletzt hat. Diese Pflichtverletzung besteht im Fall der §§ 280 Abs. 1 und 3, 283 BGB darin, dass der Schuldner nicht leistet, weil er nach § 275 Abs. 1 bis 3 BGB nicht zu leisten braucht.

Hier könnte dem V die Erbringung seiner Leistung objektiv unmöglich geworden sein. Der Gegenstand der Leistung, der acht Jahre alte Opel Astra, ist durch konkrete Merkmale individuell bestimmt gewesen. Die Schuld des V ist also eine Stückschuld gewesen. Durch die Zerstörung des Leistungsgegenstandes ist die Leistung somit für jeden – also objektiv – unmöglich geworden.

Die §§ 280 Abs. 1 und 3, 283 BGB setzen weiter voraus, dass der Schuldner erst nach Abschluss des Vertrags von seiner Leistungspflicht frei geworden ist. Der Anspruch auf Schadensersatz statt der Leistung im Falle der anfänglichen Unmöglichkeit ist in § 311a Abs. 2 BGB geregelt; für §§ 280 Abs. 1 und 3, 283 BGB bleiben daher nur die Fälle der nachträglichen Unmöglichkeit. Eine solche ist in dem hier zu beurteilenden Fall gegeben. Der Vertrag wurde am 4. 7. geschlossen, das Auto wurde zwei Tage später zerstört.

IV. Vertretenmüssen

Die Ersatzpflicht des V ist gem. § 280 Abs. 1 Satz 2 BGB ausgeschlossen, wenn er die Pflichtverletzung nicht zu vertreten hat. Grundsätzlich hat der Schuldner gem. § 276 Abs. 1 Satz 1 BGB Vorsatz und Fahrlässigkeit zu vertreten. Im Hinblick auf den Blitzschlag, der die Unmöglichkeit der Leistung herbeigeführt hat, kann dem V aber nicht einmal Fahrlässigkeit zur Last gelegt werden. Hier könnte aber ein Fall vorliegen, in dem i. S. des § 276 Abs. 1 Satz 1 eine strengere Haftung bestimmt ist. In Betracht kommt die in § 287 Satz 2 BGB geregelte Haftungsverschärfung. Hierzu müssen die folgenden Voraussetzungen vorliegen:

1. Schuldnerverzug

V müsste sich im Schuldnerverzug befunden haben; die diesbezüglichen Voraussetzungen sind in § 286 BGB geregelt.

a) Fälliger und durchsetzbarer Anspruch

K hatte gegen V einen fälligen (und durchsetzbaren) Anspruch aus § 433 Abs. 1 BGB auf Übereignung und Übergabe des verkauften Wagens. Als Fälligkeitstermin haben die Parteien Mittwoch, den 6. 7., vereinbart (vgl. § 271 Abs. 1 BGB).

b) Nichtleistung trotz Fälligkeit

V hat seine Leistung zum Fälligkeitszeitpunkt nicht erbracht. Als K – wie vereinbart – den Wagen am 6. 7. abholen wollte, war keine Person anwesend, bei der er den Pkw hätte in Empfang nehmen können. Das Auto wurde zum Fälligkeitszeitpunkt nicht zur Abholung bereitgehalten.

c) Mahnung

K hat den V zwar nicht gemahnt. Eine Mahnung war aber in dem vorliegenden Fall gem. § 286 Abs. 2 Nr. 1 BGB entbehrlich, da für die Leistung eine Zeit nach dem Kalender (6. 7. um 9.00 Uhr) bestimmt war und V zu diesem Zeitpunkt das Auto nicht für K bereitgehalten hat.

d) Verschulden

V wäre nicht in Verzug geraten, wenn ihn an der Verzögerung kein Verschulden träfe (§ 286 Abs. 4 BGB). Hier hat V laut Sachverhalt aus Vergesslichkeit nicht dafür gesorgt, dass jemand da ist, um dem K den Wagen auszuhändigen. Dies kann als Missachtung der im Verkehr erforderlichen Sorgfalt und somit als Fahrlässigkeit i. S. des § 276 Abs. 2 BGB angesehen werden.

V ist somit in Verzug geraten.

2. Eintritt der Unmöglichkeit während des Verzugs

Die Unmöglichkeit muss während des Verzugs eingetreten sein. Laut Sachverhalt ist das Auto in der Nacht vom 6. auf den 7. 7. vom Blitz getroffen worden und in Brand geraten. V befand sich zu dieser Zeit in Verzug.

3. Kausalität

Bei rechtzeitiger Leistung wäre der Schaden nicht eingetreten. Das Auto hätte sich dann nämlich nicht mehr auf dem Parkplatz des V befunden, auf dem der Blitz eingeschlagen hat.

V. Rechtsfolge

K hat gegen V somit einen Anspruch auf Schadensersatz statt der Leistung. Er ist so zu stellen, wie er stehen würde, wenn V ordnungsgemäß erfüllt hätte (vgl. § 249 Abs. 1 BGB). In diesem Fall hätte K für ein Auto im Wert von 2 500 € nur 2 000 € bezahlt, so dass sein Vermögen um 500 € gemehrt gewesen wäre. Diesen Betrag kann K von V verlangen.

VI. Ergebnis

Dem K steht der von ihm geforderte Schadensersatz statt der Leistung i. H. von 500 € aus §§ 280 Abs. 1 und 3, 283 BGB zu.

Fall 20: Fahrradurlaub in Südfrankreich

LÖSUNG

Zu prüfen sind ein Anspruch der K gegen V auf Erstattung der Anwaltskosten i. H. von 200 €
sowie ein Anspruch auf Zahlung von 500 €, die K zusätzlich hat aufwenden müssen, weil sie
nicht mit dem eigenen Pkw, sondern einem Mietwagen in den Urlaub gefahren ist. Als Anspruchsgrundlage kommen die §§ 280 Abs. 1 und 2, 286 BGB in Betracht.

I. Anspruchsgrundlage

Die genannten Vorschriften können nur dann die richtige Anspruchsgrundlage sein, wenn es
sich bei den von K geltend gemachten Schäden um Verzögerungsschäden handelt. Sowohl die
Anwaltskosten als auch die 500 € Mehraufwendungen sind der K deswegen entstanden, weil V
nicht – wie vereinbart – der K das Auto „demnächst" vor die Tür gestellt hat. Die Schäden sind
ersatzfähig, wenn neben einer von V zu vertretenden Pflichtverletzung (vgl. § 280 Abs. 1 BGB)
die Voraussetzungen des § 286 BGB vorliegen (§ 286 Abs. 2 BGB).

II. Voraussetzungen des § 280 Abs. 1 BGB

1. Schuldverhältnis zwischen V und K

Ein Schuldverhältnis zwischen V und K ist gegeben, es liegt nämlich ein Kaufvertrag, vor.

2. Pflichtverletzung

V müsste eine bestehende Pflicht aus diesem Schuldverhältnis verletzt haben (§ 280 Abs. 1
Satz 1 BGB). Im Falle der Geltendmachung eines Verzögerungsschadens besteht die Pflichtverletzung des Schuldners darin, dass er einer fälligen, durchsetzbaren Leistungspflicht nicht nachkommt. In dem hier zu beurteilenden Sachverhalt handelt es sich bei der Pflicht, der V bisher
nicht nachgekommen ist, um ihre Verpflichtung aus § 433 Abs. 1 BGB, der K den verkauften Gegenstand zu übergeben und zu übereignen. Da K und V keinen besonderen Fälligkeitszeitpunkt
vereinbart haben (der Begriff „demnächst" ist zu dehnbar, um als Vereinbarung eines Fällig-
keitszeitpunkts in Frage zu kommen), ist gem. § 271 Abs. 1 BGB davon auszugehen, dass die Verpflichtung der V sofort fällig gewesen ist. Im Hinblick auf die Durchsetzbarkeit des Anspruchs
sind keine Bedenken aus § 320 BGB begründet, weil K den Kaufpreis ja bereits bezahlt hat. Somit
steht fest, dass V zum Fälligkeitszeitpunkt nicht geleistet hat.

3. Vertretenmüssen

Weiter muss V die Pflichtverletzung auch zu vertreten haben. Insoweit enthält der Sachverhalt
keine näheren Angaben. Da das Vertretenmüssen in § 280 Abs. 1 Satz 2 BGB nicht als Anspruchsvoraussetzung ausgestaltet ist, sondern im Gegenteil das fehlende Vertretenmüssen als
Grund für den ausnahmsweisen Ausschluss des Anspruchs, muss der Gläubiger nicht beweisen,
dass der Schuldner die Pflichtverletzung zu vertreten hat. Vielmehr muss der Schuldner nach-

weisen, dass er die Pflichtverletzung nicht zu vertreten hat. Wenn – wie hier – keine näheren Angaben zum Vertretenmüssen enthalten sind, kann davon ausgegangen werden, dass der Schuldner die Pflichtverletzung zu vertreten hat.

III. Voraussetzungen des § 286 BGB

1. Nichtleistung trotz Fälligkeit

Dass die Schuldnerin einer fälligen Leistungspflicht nicht nachgekommen ist, wurde bereits oben II. 2. angesprochen. An dieser Stelle kann ergänzt werden, dass die Nichtleistung trotz Fälligkeit nicht auf – den Verzug ausschließender – Unmöglichkeit beruht.

2. Mahnung

Der Schuldner gerät – sofern nicht die Voraussetzungen des § 286 Abs. 2 oder 3 BGB vorliegen – erst durch eine ihm nach dem Fälligkeitszeitpunkt zugegangene Mahnung in Verzug. Hier ist eine Mahnung insbesondere nicht gem. § 286 Abs. 2 Nr. 1 BGB entbehrlich, da in der Vereinbarung „demnächst" keine kalendermäßige Bestimmung der Fälligkeit gesehen werden kann. Die V ist aber durch den Brief des – von K beauftragten – R in Verzug geraten. In dem Brief, der der V laut Sachverhalt am 8. 7. zugegangen ist, wird die V eindeutig und bestimmt zur Leistung aufgefordert. Der Brief enthält daher eine Mahnung.

3. Vertretenmüssen

Der Verzug tritt nicht ein, solange die Leistung infolge eines Umstandes unterbleibt, den der Schuldner nicht zu vertreten hat (§ 286 Abs. 4 BGB). Auch insofern kann nach oben verwiesen werden. Das Erfordernis des Vertretenmüssens wurde bereits im Rahmen des § 280 Abs. 1 Satz 2 BGB angesprochen.

HINWEIS

Der Fall zeigt, dass § 286 Abs. 4 BGB ohne Bedeutung ist, sofern es um die Geltendmachung des Verzögerungsschadens geht. Allerdings ist § 286 Abs. 4 BGB nicht insgesamt überflüssig. Die Pflicht zum Ersatz des Verzögerungsschadens ist nämlich nicht die einzige Rechtsfolge des Verzugs (vgl. z. B. §§ 287, 288 BGB).

IV. Umfang des Ersatzes

1. Rechtsanwaltskosten

Bei den Rechtsanwaltskosten handelt es sich nicht um einen ersatzfähigen Verzögerungsschaden, da diese Kosten nicht durch den Verzug verursacht worden sein können. Zu dem Zeitpunkt, zu dem der Anspruch des R gegen die K entstanden ist, befand sich die V noch gar nicht im Verzug. Die Kosten für die Mahnung, durch die der Schuldner erst in Verzug gesetzt wird, kann der Gläubiger nicht erstattet verlangen.

2. Mietwagen

Als K den Wagen anmietete (15. 7.), befand sich die V dagegen schon im Verzug (seit dem 8. 7.). Die Mehrkosten i. H. von 500 € sind daher als Verzögerungsschaden ersatzfähig.

V. Ergebnis

K kann von V aus §§ 280 Abs. 1 und 2, 286 BGB die Mehrkosten i. H. von 500 € als Verzögerungsschaden ersetzt verlangen. Ein Anspruch auf Ersatz der Rechtsanwaltskosten i. H. von 200 € besteht nicht.

Fall 21: Der Musikliebhaber

LÖSUNG

Lösung des Ausgangsfalls:

Zu prüfen ist, ob K gegen V einen Anspruch auf Nachbesserung aus §§ 437 Nr. 1, 439 Abs. 1 erste Alternative BGB hat.

I. Anspruch entstanden

1. Kaufvertrag

Von einem wirksamen Kaufvertrag zwischen V und K (§ 433 BGB) ist auszugehen.

2. Sachmangel

Weiterhin müsste der Plattenspieler einen Sachmangel aufweisen, § 434 BGB.

V und K haben keine Vereinbarung hinsichtlich einer bestimmten Beschaffenheit gem. § 434 Abs. 1 Satz 1 getroffen. Ferner haben V und K auch keine bestimmte Verwendung der Kaufsache vorausgesetzt, § 434 Abs. 2 Nr. 1 BGB. Jedoch könnte ein Mangel i. S. des § 434 Abs. 2 Nr. 2 BGB vorliegen, weil sich die Sache nicht für die gewöhnliche Verwendung eignet und eine übliche Beschaffenheit aufweist, die der Käufer erwarten kann. Der Drehteller des Plattenspielers ist defekt und er spielt daher die Musik nicht richtig ab. Ein fehlerfreies Abspielen der Schallplatten ist aber das, was man bei der üblichen Beschaffenheit und für die gewöhnliche Verwendung erwarten kann, so dass die Plattenspieler einen Mangel i. S. des § 434 Abs. 2 Nr. 2 BGB aufweist.

3. Bei Gefahrübergang

Dieser Sachmangel muss bereits bei Gefahrübergang vorgelegen haben, § 434 Abs. 1 Satz 1 BGB. Der Gefahrübergang findet gem. § 446 Satz 1 BGB mit Übergabe der verkauften Sache statt. Davon, dass der Plattenspieler schon bei der Übergabe nicht funktioniert hat, ist vom Sachverhalt her auszugehen.

II. Anspruch untergegangen

Der Anspruch auf die Leistung könnte ausgeschlossen sein, wenn diese unmöglich ist. Es finden sich keine Anhaltspunkte dafür, dass die Reparatur für jedermann oder für den Schuldner (§ 275 Abs. 1 BGB) unmöglich ist.

III. Anspruch durchsetzbar

Möglicherweise kann V aber die Nachbesserung verweigern. Nach § 439 Abs. 3 Satz 1 BGB kann nämlich der Verkäufer die vom Käufer gewählte Art der Nacherfüllung verweigern, wenn sie nur unter unverhältnismäßigen Kosten möglich ist.

1. Unverhältnismäßigkeit der Nacherfüllung

Bei der Beurteilung der Frage nach der Unverhältnismäßigkeit sind nach dem Wortlaut des Gesetzes insbesondere die in § 439 Abs. 2 Satz 2 BGB genannten Kriterien zu berücksichtigen. An erster Stelle nennt § 439 Abs. 2 Satz 2 BGB den Wert der Sache in mangelfreiem Zustand (also nicht den Kaufpreis). In dem hier zu beurteilenden Fall ist daher der für die Reparatur erforderliche Aufwand (hier: 100 €) mit dem durch die Reparatur erzielbaren Ertrag (d. h. mit der durch die Reparatur bewirkten Erhöhung des Wertes des Plattenspielers) zu vergleichen. Angesichts dessen, dass der Plattenspieler im jetzigen Zustand praktisch wertlos ist, und unter Berücksichtigung des Umstandes, dass die Reparaturkosten gerade einmal 25 % des Wertes des Plattenspielers ausmachen, ist davon auszugehen, dass die von K geforderte Nachbesserung keineswegs mit einem unverhältnismäßigen Aufwand verbunden ist.

HINWEIS

Feste prozentuale Grenzen, bei deren Erreichen die Unverhältnismäßigkeit der Kosten anzunehmen ist, gibt es nicht (vgl. MünchKommBGB/H. P. Westermannm, § 439 Rn. 24).

Gegen eine Unverhältnismäßigkeit der Reparaturkosten spricht ferner die „Bedeutung des Mangels". Mit dem nicht reparierten Plattenspieler kann ja K überhaupt nichts anfangen. Schließlich ist es auch nicht möglich, ohne erhebliche Nachteile für K auf die andere Art der Nacherfüllung zurückzugreifen. Nach dem Sachverhalt des Ausgangsfalls ist die Lieferung eines mangelfreien Ersatzgeräts nicht möglich. Die Voraussetzungen des § 439 Abs. 3 BGB liegen also nicht vor.

2. Verbrauchsgüterkauf

Darüber hinaus ist zu berücksichtigen, dass hier offenbar ein Verbrauchsgüterkauf vorliegt. Bei nahe liegendem Verständnis des Sachverhaltes ist nämlich davon auszugehen, dass V Unternehmer i. S. des § 14 Abs. 1 BGB und K Verbraucher i. S. des § 13 BGB ist. Es müssen daher die Vorgaben der Verbrauchsgüterkaufrichtlinie beachtet werden. Insoweit ist es nach Ansicht des EuGH (NJW 2011, 2269, 2273 f.) aufgrund der Richtlinie geboten, die Unverhältnismäßigkeit der vom Käufer gewählten Art der Nacherfüllung durchweg anhand eines Vergleichs mit der anderen Art der Nacherfüllung zu ermitteln. Wenn – wie hier – von vornherein nur eine der beiden

Arten der Nacherfüllung möglich ist, dann kann diese daher keinesfalls verweigert werden. V könnte daher die Nachbesserung nicht einmal dann verweigern, wenn sie wirtschaftlich unverhältnismäßig wäre.

IV. Ergebnis

K hat gegen V einen Anspruch auf Nachbesserung aus §§ 437 Nr. 1, 439 Nr. 1 erste Alternative BGB.

Lösung der Abwandlung:

Zu prüfen ist, ob K von dem mit V geschlossenen Kaufvertrag wirksam zurückgetreten ist.

I. Kaufvertrag

Ein wirksamer Kaufvertrag zwischen V und K liegt vor.

II. Rücktrittserklärung

In dem Zurückfordern des Kaufpreises und der Ablehnung eines komplett neuen Geräts liegt eine konkludente Rücktrittserklärung gem. § 349 BGB.

III. Rücktrittsgrund

K müsste zum Rücktritt berechtigt gewesen sein. Ein Rücktrittsrecht könnte sich aus den §§ 437 Nr. 2, 323, 440 BGB ergeben.

1. Nicht vertragsgemäße Leistung

V hat dem K einen mangelhaften Plattenspieler geliefert und somit nicht vertragsgemäß i. S. des § 323 Abs. 1 BGB geleistet.

2. Fortbestehende Möglichkeit der Nacherfüllung

Aus dem Sachverhalt ergibt sich, dass in der Fallvariante eine Nacherfüllung in Form der Lieferung einer mangelfreien Ersatzsache möglich ist

HINWEIS

Die fortbestehende Möglichkeit der Leistung bzw. der Nacherfüllung ist ungeschriebenes Tatbestandsmerkmal des § 323 Abs. 1 BGB; das dort geregelte Erfordernis der Fristsetzung würde sonst keinen Sinn machen.

3. Frist

Weitere Voraussetzung für das Bestehen eines Rücktrittsrechts gem. § 323 Abs. 1 BGB ist grundsätzlich, dass der Gläubiger dem Schuldner eine angemessene Frist zur Leistung bzw. zur Nacherfüllung gesetzt hat und dass diese Frist fruchtlos verstrichen ist. Hier stellt sich die Frage, ob K dem V eine angemessene Frist zur Nacherfüllung setzen musste, nachdem dieser bei dem Plattenspieler bereits zwei erfolglose Reparaturversuche unternommen hatte.

4. Entbehrlichkeit der Fristsetzung

Die Fristsetzung könnte hier gem. § 440 Satz 1 BGB entbehrlich gewesen sein. Entbehrlich ist die Fristsetzung nach § 440 Satz 1 BGB u. a. in dem Fall, dass die dem Käufer zustehende Art der Nacherfüllung fehlgeschlagen ist (§ 440 Satz 1 Fall 2). Die „dem Käufer zustehende Art der Nacherfüllung" ist die von ihm gewählte – es sei denn, diese Art ist gar nicht oder unter unverhältnismäßig hohen Kosten (§ 439 Abs. 3 BGB) möglich. In dem hier zu beurteilenden Fall hat K sich für die Reparatur, also für Nacherfüllung in Form der Nachbesserung, entschieden. Eine Nachbesserung gilt gem. § 440 Satz 2 BGB nach dem erfolglosen zweiten Versuch als fehlgeschlagen, wenn sich nicht insbesondere aus der Art der Sache, des Mangels oder aus den sonstigen Umständen etwas anderes ergibt. Hier hat V zweimal erfolglos versucht, den Plattenspieler zu reparieren. Umstände, die die in § 440 Satz 2 BGB niedergelegte Vermutung des Fehlschlagens entkräften könnten, sind nicht ersichtlich. V bietet dem K zwar die Lieferung eines neuen, mangelfreien Geräts an. Dies ändert aber nichts daran, dass die dem K zustehende Art der Nacherfüllung gescheitert ist. Die Voraussetzungen des § 440 Satz 1 BGB liegen also vor. Daher konnte K nach § 323 BGB vom Vertrag zurücktreten, ohne dem V eine Frist zur Nacherfüllung zu setzen.

IV. Ergebnis

K ist wirksam vom Kaufvertrag zurückgetreten.

Fall 22: Die umweltschonende Spülmaschine

LÖSUNG

In Betracht kommt ein Anspruch des H gegen V aus §§ 437 Nr. 3, 440, 280 Abs. 1 und 3, 281 BGB auf Zahlung von 500 €.

I. Anspruchsgrundlage

Die oben genannten Vorschriften kommen nur dann als Anspruchsgrundlage in Frage, wenn das Begehren des H auf Zahlung der 500 € als Geltendmachung eines Schadensersatzanspruchs statt der Leistung einzuordnen ist. Hier begehrt H von V die Zahlung des mangelbedingten Minderwerts der Spülmaschine, also den Ersatz des Mangelschadens. Dieser ist als Schadensersatz statt der Leistung zu qualifizieren.

II. Kaufvertrag

Davon, dass zwischen V und H ein Kaufvertrag i. S. des § 433 BGB geschlossen worden ist, kann aufgrund des zu beurteilenden Sachverhalts ohne Weiteres ausgegangen werden.

III. Pflichtverletzung durch V i. S. des § 280 Abs. 1 Satz 1 BGB

1. Lieferung einer mangelhaften Sache

In § 437 BGB ist davon die Rede, dass die Sache mangelhaft ist. Kommt § 280 BGB aufgrund der Verweisung in § 437 Nr. 3 BGB zur Anwendung, dann besteht die gem. § 280 Abs. 1 erforderliche Pflichtverletzung darin, dass der Verkäufer dem Käufer entgegen seiner Verpflichtung aus § 433 Abs. 1 Satz 2 BGB eine mangelhafte Sache verschafft hat. Zu prüfen ist daher, ob die dem H gelieferte Maschine mangelhaft ist.

2. Sachmangel

In Betracht kommt ein Mangel der Sache gem. § 434 Abs. 1 Satz 2 Nr. 2 BGB. V und H haben laut Sachverhalt über die Beschaffenheit der Spülmaschine überhaupt nicht gesprochen, so dass nicht von einer Beschaffenheitsvereinbarung i. S. des § 434 Abs. 1 Satz 1 BGB ausgegangen werden kann. Auch dafür, dass die Parteien eine bestimmte Verwendung i. S. des § 434 Abs. 1 Satz 2 Nr. 2 BGB im Vertrag vorausgesetzt haben, enthält der Sachverhalt keine Anhaltspunkte. Ein Mangel der Maschine liegt aber gem. § 434 Abs. 1 Satz 2 Nr. 2 BGB deshalb vor, weil die Sache nicht die Beschaffenheit aufgewiesen hat, die H erwarten konnte. Zu dieser Beschaffenheit gehören gem. § 434 Abs. 1 Satz 3 nämlich auch die Eigenschaften, die der Käufer nach den öffentlichen Äußerungen des Herstellers erwarten kann. Die Aussagen des Herstellers über den Wasserverbrauch, der nur bei einem Drittel des üblichen Gebrauchs liegen soll, sind konkret genug, um eine derartige Erwartung zu wecken. Die Spülmaschine wies die in dem Werbeprospekt angegebene Eigenschaft des besonders niedrigen Wasserverbrauchs nicht auf.

3. Bei Gefahrübergang

Davon, dass der Mangel zum Zeitpunkt des Gefahrübergangs vorgelegen hat, kann nach dem Sachverhalt ausgegangen werden. Hier ist die Gefahr gem. § 446 Satz 1 BGB mit der Übergabe an H übergegangen.

IV. Voraussetzungen des § 281 BGB

1. Möglichkeit der ordnungsgemäßen Leistung

§ 281 BGB setzt voraus, dass die Möglichkeit einer ordnungsgemäßen Leistung noch besteht. Wäre der Mangel nicht behebbar, dann läge ein Fall der qualitativen Unmöglichkeit vor. Diese fällt nicht in den Anwendungsbereich des § 281 BGB, der ja grundsätzlich voraussetzt, dass dem Schuldner eine Frist zur Leistung oder Nacherfüllung gesetzt wird. In den Fällen der Unmöglichkeit wäre eine derartige Fristsetzung sinnlos. Eine Anwendung des § 281 BGB kommt in dem hier zu beurteilenden Fall daher nur dann in Betracht, wenn der Mangel der Spülmaschine behebbar gewesen ist. Davon kann nach den Aussagen des V, dass das Problem bekannt sei und ohne weiteres behoben werden könne, ausgegangen werden.

Bei einem nicht behebbaren Mangel kämen als Grundlage für den Anspruch auf Schadensersatz statt der Leistung die §§ 437 Nr. 3, 311a Abs. 2 bzw. – im Falle des nach Vertragsschluss aufgetretenen Mangels – die §§ 437 Nr. 3, 280 Abs. 1 und 3, 281 sowie 283 BGB in Betracht.

2. Fristsetzung bzw. Entbehrlichkeit

Probleme bereitet die Frage, ob H hier ohne das Setzen einer Frist zur Nacherfüllung gem. § 281 Abs. 1 Satz 1 BGB Schadensersatz verlangen konnte. Hier kommt eine Entbehrlichkeit der Fristsetzung deswegen in Betracht, weil die dem Käufer zustehende Art der Nacherfüllung fehlgeschlagen ist, § 440 Satz 1 BGB. Die dem Käufer zustehende Art der Nacherfüllung ist die, die er sich entsprechend seinem in § 439 Abs. 1 BGB geregelten Wahlrecht ausgesucht hat. Hier „besteht" H auf Behebung des Problems, also auf Nachbesserung, die mithin die dem H zustehende Art der Nacherfüllung ist. Zur Beantwortung der Frage, ob die Nacherfüllung fehlgeschlagen ist, kann die in § 440 Satz 2 getroffene Regelung herangezogen werden, der zufolge die Nachbesserung nach dem erfolglosen zweiten Versuch als fehlgeschlagen gilt. Auch aus den „sonstigen Umständen" des Falls (vgl. § 440 Satz 2 a. E. BGB) ergibt sich nichts Anderes. Im Gegenteil: Die beiden Nacherfüllungsversuche sind für H mit erheblichen Unannehmlichkeiten verbunden gewesen, weil das Wasser für Stunden abgestellt werden musste und die Küche beide Male verschmutzt wurde. Die von H gewählte Mangelbeseitigung ist also fehlgeschlagen.

V. Vertretenmüssen

Die Frage nach dem Vertretenmüssen i. S. des § 280 Abs. 1 Satz 2 BGB ist nicht gerade leicht zu beantworten. Es fragt sich nämlich, worauf das Vertretenmüssen bezogen sein muss. In Betracht kommen zwei Bezugspunkte: die ursprüngliche Lieferung der mangelhaften Sache sowie das Scheitern der Nacherfüllung. Nach wohl herrschender Auffassung muss sich das Vertretenmüssen darauf beziehen, dass der Verkäufer den behebbaren Mangel nicht rechtzeitig beseitigt. Davon ist hier auszugehen. Das Verschulden seiner Arbeiter, denen wohl Fahrlässigkeit i. S. des § 276 Abs. 2 BGB zur Last gelegt werden kann, muss sich V gem. § 278 BGB zurechnen lassen. V hat sich ihrer nämlich zur Erfüllung seiner Verbindlichkeit, den Mangel zu beseitigen, bedient, so dass diese Arbeiter als Erfüllungsgehilfen zu qualifizieren sind.

VI. Rechtsfolge

Der Schadensersatz statt der Leistung umfasst im Falle der Lieferung einer mangelhaften Sache u. a. den mangelbedingten Minderwert. Das ist der Betrag, um den die Sache infolge des Mangels im Wert gemindert ist. Im Sachverhalt ist angegeben, dass die Spülmaschine infolge des erhöhten Wasserverbrauchs um 500 € weniger wert ist.

VII. Ergebnis

H kann von V aus §§ 437 Nr. 1, 280 Abs. 1 und 3, 281 BGB Schadensersatz i. H. von 500 € verlangen.

Fall 23: Der blaue Anzug

LÖSUNG

Lösung des Ausgangsfalls:

K kann von L gem. § 346 Abs. 1 BGB die Rückerstattung des Kaufpreises gegen Rückgabe des Anzugs verlangen, wenn er wirksam vom Vertrag zurückgetreten ist.

I. Rücktrittserklärung, § 349 BGB

K hat am 7. 6. gegenüber V den Rücktritt erklärt, indem er von diesem Rückzahlung des Kaufpreises gegen Rückgabe des Anzugs verlangt hat.

II. Rücktrittsrecht des K, §§ 437 Nr. 2, 326 Abs. 5 BGB

Der von K erklärte Rücktritt ist nur dann wirksam, wenn K auch zum Rücktritt berechtigt gewesen ist. Ein Rücktrittsrecht ist dann gegeben, wenn der von L dem K verkaufte Anzug bei der Übergabe mangelhaft gewesen ist (vgl. § 437 Nr. 2 BGB) und wenn zusätzlich die Voraussetzungen der §§ 323, 440 BGB oder des § 326 Abs. 5 BGB vorliegen.

1. Vorliegen der Voraussetzungen des § 437 BGB

a) Wirksamer Kaufvertrag zwischen K und L i. S. des § 433 BGB

K hat am 1. 4. bei L einen blauen Anzug zu einem Preis i. H. von 2 500 € gekauft.

b) Mangel der verkauften Sache i. S. des § 434 Abs. 1 Satz 2 Nr. 2 BGB

Der Anzug muss mangelhaft gewesen sein. Unter Mangel versteht man die Abweichung der Istbeschaffenheit der Sache von der Sollbeschaffenheit in einer für den Käufer nachteiligen Weise. Sofern keine Beschaffenheit vereinbart worden ist und die Parteien im Vertrag auch keine bestimmte Verwendung vorausgesetzt haben, findet § 434 Abs. 1 Satz 2 Nr. 2 BGB Anwendung. Demnach ist die Sache frei von Mängeln, wenn sie sich für die gewöhnliche Verwendung eignet und eine Beschaffenheit aufweist, die bei Sachen der gleichen Art üblich ist und die der Käufer nach der Art der Sache erwarten kann. Von einem Anzug kann man erwarten, dass man ihn auch bei leichtem Regen tragen kann. Ein Anzug, der sich schon bei leichtem Regen verfärbt, eignet sich nicht für die gewöhnliche Verwendung. Der von K gekaufte Anzug ist daher gem. § 434 Abs. 1 Satz 2 Nr. 2 BGB mangelhaft.

c) Fehler zum Zeitpunkt des Gefahrübergangs

Der Fehler war bereits zum Zeitpunkt der Übergabe – also bei Gefahrübergang (vgl. § 446 Satz 1 BGB) – vorhanden (§ 434 Abs. 1 Satz 1 BGB).

2. Rücktrittsrecht aus § 326 Abs. 5 BGB

Als einschlägige Vorschrift, aus der sich ein Rücktrittsrecht des K ergeben könnte, kommt § 326 Abs. 5 BGB in Betracht. Voraussetzung ist, dass der Schuldner nach § 275 Abs. 1 bis 3 BGB nicht zu leisten braucht. In dem hier zu beurteilenden Fall hat L an K einen mangelhaften Anzug geliefert. In derartigen Fällen ist der Schuldner seiner Pflicht zur Lieferung einer mangelfreien Sache aus § 433 Abs. 1 Satz 2 BGB nicht nachgekommen. Grundsätzlich bleibt der Schuldner in solchen Fällen zur Nacherfüllung verpflichtet: Er hat noch nicht ordnungsgemäß erfüllt und ist daher gehalten, den noch ausstehenden „Erfüllungsrest" zu leisten. Nur wenn die Nacherfüllung unmöglich ist, dann ist der Schuldner vollständig von seiner Leistungspflicht befreit. Man spricht dann von qualitativer Unmöglichkeit.

HINWEIS

Die qualitative Unmöglichkeit ist auch in § 326 Abs. 1 Satz 2 angesprochen, wenn dort davon die Rede ist, dass „der Schuldner im Falle der nicht vertragsgemäßen Leistung die Nacherfüllung nach § 275 Abs. 1 bis 3 BGB nicht zu erbringen braucht." § 326 Abs. 1 Satz 2 BGB stellt klar, dass die Gegenleistung des Gläubigers im Falle der qualitativen Unmöglichkeit der Leistung nicht schon kraft Gesetzes teilweise entfällt. Der Gläubiger kann aber nach § 325 Abs. 5 BGB zurücktreten.

a) Nicht vertragsgemäße Leistung

L ist seiner Pflicht aus § 433 Abs. 1 Satz 2 BGB zur Lieferung eines mangelfreien Anzugs nicht nachgekommen (siehe oben). Die von L erbrachte Leistung ist daher nicht vertragsgemäß.

b) Unmöglichkeit einer Nacherfüllung i. S. des § 439 BGB

Ferner setzt das in § 326 Abs. 5 BGB geregelte Rücktrittsrecht – soweit dort der Fall der Lieferung eines mangelhaften Kaufgegenstandes angesprochen ist – voraus, dass dem Verkäufer die in § 439 BGB geregelte Nacherfüllung unmöglich ist. Dass in dem hier zu beurteilenden Fall eine Nacherfüllung in Form der Nachbesserung ausgeschlossen ist, ist offensichtlich. Aber auch die Lieferung einer mangelfreien Ersatzsache ist unmöglich. Ein Anzug aus dem – ohnehin nicht mehr erhältlichen – Stoff wird sich immer bei leichtem Regen verfärben und daher mangelhaft sein. Die für ein Rücktrittsrecht aus § 326 Abs. 5 BGB erforderliche Unmöglichkeit ist also gegeben, und zwar in Gestalt einer anfänglichen qualitativen Unmöglichkeit.

c) Vertretenmüssen ist keine Voraussetzung des Rücktrittsrechts

Dass den Verkäufer L kein Verschulden für den Fehler zur Last gelegt werden kann, spielt keine Rolle. Das in den §§ 323 f. und 326 BGB dem Gläubiger eingeräumte Rücktrittsrecht setzt nicht voraus, dass der Schuldner die Pflichtverletzung zu vertreten hat. Es spielt daher keine Rolle, dass L die fehlende Wasserfestigkeit des Stoffs gar nicht erkennen konnte.

III. Ergebnis

K kann von L gem. § 346 Abs. 1 BGB die Rückerstattung des Kaufpreises i. H. von 2 500 € gegen Rückgabe des Anzugs verlangen.

Lösung der Abwandlung:

Grundlage für das Minderungsbegehren: §§ 437 Nr. 2, 441 BGB

Voraussetzung für das Minderungsbegehren des K ist, dass K von dem Kaufvertrag zurücktreten könnte. Gemäß § 437 Nr. 2 kann der Käufer einer mangelhaften Sache nämlich entweder zurücktreten oder mindern. Rücktritts- und Minderungsrecht stehen also im Verhältnis der Exklusivität zueinander. Dass K hier von dem Kaufvertrag zurücktreten könnte, wurde oben dargelegt. Die Minderung erfolgt gem. § 441 Abs. 1 Satz 1 BGB durch Erklärung gegenüber dem Verkäufer.

Die Berechnung der Minderung richtet sich nach § 441 Abs. 3 BGB:

Wert der Sache mit Mangel:	750 €
Wert der Sache ohne Mangel:	1 500 €
Kaufpreis:	2 500 €

Der Kaufpreis ist im Verhältnis 750/1 500 = $^1/_2$ herabzusetzen. Der geminderte Kaufpreis beträgt daher 1 250 €.

Ergebnis

K kann den Kaufpreis durch Erklärung gegenüber L mindern. Der geminderte Kaufpreis beträgt 1 250 €.

Fall 24: Der Downhill-Fahrer

LÖSUNG

Lösung des Ausgangsfalls:

FRAGE 1

Kann V von D den Ersatz seiner Heilbehandlungskosten i. H. von 4 000 € verlangen?

I. Anspruch des V gegen D auf Ersatz seiner Heilbehandlungskosten i. H. von 4 000 € aus § 823 Abs. 1 BGB

V könnte wegen des Unfalls mit dem Downhill-Fahrrad gegen D einen Anspruch auf Ersatz seiner Heilbehandlungskosten i. H. von 4 000, € aus § 823 Abs. 1 BGB haben.

1. Voraussetzungen des § 823 Abs. 1 BGB

Dafür müssten die Voraussetzungen des § 823 Abs. 1 BGB vorliegen.

a) Rechtsgutsverletzung

D müsste zunächst ein Rechtsgut des V gem. § 823 Abs. 1 BGB verletzt haben. Durch die Beinbrüche ist V sowohl in seiner körperlichen Integrität als auch behandlungsbedürftig in seiner physischen Befindlichkeit verletzt, so dass eine Körper- und Gesundheitsverletzung vorliegt.

b) Verletzungshandlung und haftungsbegründende Kausalität

Diese Verletzung des Körpers und der Gesundheit des V hat D dadurch verursacht, dass er dem V mit seinem Downhill-Fahrrad von hinten mit hohem Tempo in die Beine gefahren ist.

c) Rechtswidrigkeit

Mangels Rechtfertigungsgründen war die Körper- und Gesundheitsverletzung durch D rechtswidrig.

d) Verschulden

D müsste V schuldhaft verletzt haben. Er hatte die Kontrolle über sein Fahrrad verloren, so dass nur fahrlässiges Handeln in Betracht kommt. D ließ die im Verkehr erforderliche Sorgfalt dadurch außer Acht, dass er ohne hinreichende Fitness und Übung losfuhr und auf dem steilen und mit Steinen übersäten Wanderweg viel zu schnell unterwegs war. Damit hat er gem. § 276 Abs. 2 BGB fahrlässig gehandelt. Der Verzicht auf die Wiedereingewöhnung nach der Winterpause und das viel zu schnelle Fahren auf einem gekennzeichneten öffentlichen Wanderweg, auf dem jederzeit mit Wanderern zu rechnen war, verletzte die erforderliche Sorgfalt sogar in besonders schwerem Maße. Indem D das nicht beachtete, was jedem hätte einleuchten müssen, hat er grob fahrlässig gehandelt. Dass er noch versuchte, V durch einen Schrei zu warnen, ändert mangels eines entsprechenden Erfolges daran nichts. V konnte auf den Warnschrei nicht mehr reagieren, so dass ein Mitverschulden i. S. des § 254 Abs. 1 BGB ausscheidet.

e) Schaden

Der Schaden des V besteht gem. § 249 Abs. 2 Satz 1 BGB in den Heilbehandlungskosten i. H. von 4 000 €.

f) Haftungsausfüllende Kausalität

Die Behandlungskosten sind infolge der Körper- und Gesundheitsverletzung des V entstanden, so dass auch die haftungsausfüllende Kausalität zwischen Rechtsgutsverletzung und Schaden vorliegt.

2. Zwischenergebnis

V hat somit gegen D einen Anspruch auf Ersatz seiner Heilbehandlungskosten i. H. von 4 000 €
aus § 823 Abs. 1 BGB.

II. Anspruch des V gegen D auf Ersatz seiner Heilbehandlungskosten i. H. von 4 000 € aus § 823 Abs. 2 BGB i.V. mit § 229 StGB

HINWEIS

Da Studierende der Wirtschaftswissenschaften regelmäßig keine Ausbildung im Strafrecht erhalten, ist es positiv zu werten, wenn sie diesen Anspruch sehen und korrekt prüfen.

V könnte wegen des Unfalls mit dem Downhill-Fahrrad gegen D einen Anspruch auf Ersatz seiner Heilbehandlungskosten i. H. von 4 000 € aus § 823 Abs. 2 BGB i.V. mit § 229 StGB haben.

1. Voraussetzungen des § 823 Abs. 2 BGB i.V. mit § 229 StGB

Dafür müssten die Voraussetzungen des § 823 Abs. 2 BGB i.V. mit § 229 StGB vorliegen.

a) § 229 StGB als Schutzgesetz

Zunächst müsste es sich bei § 229 StGB um ein Schutzgesetz i. S. des § 823 Abs. 2 BGB handeln. Als Rechtsnorm ist § 229 StGB ein Gesetz i. S. des Art. 2 EGBGB, und die darin geregelte Strafbarkeit der fahrlässigen Körperverletzung dient auch dem Individualschutz der Betroffenen. § 229 StGB ist daher ein Schutzgesetz.

b) Verstoß des D gegen § 229 StGB

Indem D dem V mit hohem Tempo von hinten in die Beine fuhr, könnte er eine fahrlässige Körperverletzung gem. § 229 StGB begangen haben.

aa) Erfüllung des objektiven Tatbestands

Der objektive Tatbestand des § 229 StGB setzt voraus, dass der Täter die Körperverletzung einer anderen Person verursacht hat. Durch das Anfahren des V mit hohem Tempo hat D bei V eine Körper- und Gesundheitsverletzung in der Form komplizierter Beinbrüche verursacht (siehe oben).

bb) Rechtswidrigkeit

Mangels Rechtfertigungsgründen war die Körperverletzung durch D rechtswidrig.

cc) Verschulden

§ 229 StGB setzt voraus, dass der Täter fahrlässig gehandelt hat. D hat V grob fahrlässig verletzt (siehe oben).

c) Schaden

Der Schaden des V besteht gem. § 249 Abs. 2 Satz 1 BGB in den Heilbehandlungskosten i. H. von 4 000 €.

2. Zwischenergebnis

V hat somit gegen D einen Anspruch auf Ersatz seiner Heilbehandlungskosten i. H. von 4 000 € aus § 823 Abs. 2 BGB i. V. mit § 229 StGB.

III. Ergebnis

V hat gegen D einen Anspruch auf Ersatz seiner Heilbehandlungskosten i. H. von 4 000 € aus § 823 Abs. 1 BGB und aus § 823 Abs. 2 BGB i. V. mit § 229 StGB.

FRAGE 2

Kann S von D den Ersatz seiner Heilbehandlungskosten i. H. von 2 000 € verlangen?

I. Anspruch des S gegen D auf Ersatz seiner Heilbehandlungskosten i. H. von 2 000 € aus § 823 Abs. 1 BGB

S könnte wegen des Unfalls mit dem Downhill-Fahrrad, bei dem sein Vater schwer verletzt wurde, gegen D einen Anspruch auf Ersatz seiner Heilbehandlungskosten i. H. von 2 000 € aus § 823 Abs. 1 BGB haben.

1. Voraussetzungen des § 823 Abs. 1 BGB

Dafür müssten die Voraussetzungen des § 823 Abs. 1 BGB vorliegen.

a) Rechtsgutsverletzung

D müsste zunächst ein Rechtsgut des S gem. § 823 Abs. 1 BGB verletzt haben. D hat nicht die körperliche Integrität des S verletzt, sondern bei S einen Schock dadurch verursacht, dass S den schweren Unfall seines Vaters ansehen musste. Daher könnte der Unfall bei S eine Störung der inneren, seelischen Lebensvorgänge ausgelöst haben, die als Gesundheitsbeschädigung zu bewerten wäre. Dafür spricht, dass S aufgrund des schweren Schocks mehrere Monate lang unter Schlafstörungen und Angstträumen litt, die eine Heilbehandlung erforderlich machten. S ist also in seiner Gesundheit verletzt worden.

HINWEIS

Die deutsche Rechtsprechung verfolgt in Bezug auf die Anerkennung von Schockschäden als ersatzpflichtige Gesundheitsschäden eine sehr restriktive Linie. Danach muss es sich erstens um eine schwere Gesundheitsbeeinträchtigung handeln, die deutlich über die Beeinträchtigungen hinausgeht, welche Nahestehende als mittelbar Betroffene in vergleichbaren Fällen regelmäßig erleiden. Das sind hier die über mehrere Monate andauernden Schlafstörungen und Angstträume. Zweitens steht der Anspruch nur nahen Angehörigen wie hier dem Sohn S zu. Und drittens muss der Anlass ausreichend sein; das ist etwa der Fall, wenn ein naher Angehöriger wie der Sohn S einen schweren Unfall unmittelbar ansehen muss. Eine derartige Differenzierung kann indessen nur von Jura-Studierenden oder nach ausdrücklicher Behandlung der Problematik in der Vorlesung erwartet werden.

b) Verletzungshandlung und haftungsbegründende Kausalität

Diese Gesundheitsverletzung des S hat D verursacht, indem er V bei seinem Unfall mit dem Downhill-Fahrrad so schwer verletzte, dass S durch das Ansehen des Unfalls einen Schock erlitt.

c) Rechtswidrigkeit

Mangels Rechtfertigungsgründen war die Gesundheitsverletzung des S durch D rechtswidrig.

d) Verschulden

D müsste S schuldhaft verletzt haben. Den Unfall mit V hat er grob fahrlässig verursacht (siehe oben). Er hätte ferner damit rechnen können, dass er nicht nur Wanderer oder andere Personen durch einen Zusammenstoß physisch schwer verletzte, sondern dadurch auch psychisch vermittelte Schockschäden bei nahen Angehörigen auslöste.

e) Schaden

Der Schaden des S besteht gem. § 249 Abs. 2 Satz 1 BGB in den Heilbehandlungskosten i. H. von 2 000 €.

f) Haftungsausfüllende Kausalität

Die Behandlungskosten sind infolge der Gesundheitsverletzung des S entstanden, so dass auch die haftungsausfüllende Kausalität zwischen Rechtsgutsverletzung und Schaden vorliegt.

2. Zwischenergebnis

S hat folglich gegen D einen Anspruch auf Ersatz seiner Heilbehandlungskosten i. H. von 2 000 € aus § 823 Abs. 1 BGB.

II. Anspruch des S gegen D auf Ersatz seiner Heilbehandlungskosten i. H. von 2 000 € aus § 823 Abs. 2 BGB i. V. mit § 229 StGB

S könnte wegen des Unfalls mit dem Downhill-Fahrrad, bei dem sein Vater schwer verletzt wurde, gegen D einen Anspruch auf Ersatz seiner Heilbehandlungskosten i. H. von 2 000 € aus § 823 Abs. 2 BGB i. V. mit § 229 StGB haben.

1. Voraussetzungen des § 823 Abs. 2 BGB i.V. mit § 229 StGB

Indem D durch den schweren Unfall mit V grob fahrlässig eine Gesundheitsverletzung des S in der Form eines behandlungsbedürftigen schweren Schockschadens verursachte (siehe oben), hat er eine fahrlässige Körperverletzung gem. § 229 StGB auch zu Lasten des S begangen. Dadurch hat er bei S einen Schaden verursacht, der gem. § 249 Abs. 2 Satz 1 BGB in den Heilbehandlungskosten i. H. von 2 000 € besteht.

2. Zwischenergebnis

S hat folglich gegen D einen Anspruch auf Ersatz seiner Heilbehandlungskosten i. H. von 2 000 € aus § 823 Abs. 2 BGB i.V. mit § 229 StGB.

III. Ergebnis

S hat gegen D einen Anspruch auf Ersatz seiner Heilbehandlungskosten i. H. von 2 000 € aus § 823 Abs. 1 BGB und aus § 823 Abs. 2 BGB i.V. mit § 229 StGB.

Lösung der Abwandlung:

FRAGE 1

Kann V von der Herstellerin des Fahrrads, der „Runde Räder-GmbH" (R), den Ersatz seiner Heilbehandlungskosten i. H. von 4 000 € verlangen?

V könnte wegen des Unfalls mit dem Downhill-Fahrrad, der durch das Versagen der Dämpfungstechnologie der Vorderradgabel verursacht worden war, gegen R als Herstellerin des fehlerhaften Fahrrads einen Anspruch auf Ersatz seiner Heilbehandlungskosten i. H. von 4 000 € aus § 823 Abs. 1 BGB haben. Er macht hier einen Anspruch aus der sog. Produzentenhaftung geltend.

I. Voraussetzungen des § 823 Abs. 1 BGB

Dafür müssten die Voraussetzungen des § 823 Abs. 1 BGB in der Form der Produzentenhaftung vorliegen.

1. Rechtsgutsverletzung

Zunächst müsste ein Rechtsgut des V gem. § 823 Abs. 1 BGB verletzt worden sein. Durch die Beinbrüche ist V sowohl in seiner körperlichen Integrität als auch behandlungsbedürftig in seiner physischen Befindlichkeit verletzt, so dass eine Körper- und Gesundheitsverletzung vorliegt (siehe oben).

2. Verletzungshandlung und haftungsbegründende Kausalität

Diese Verletzung des Körpers und der Gesundheit des V müsste R verursacht haben. Unmittelbar wurde die Verletzung nicht von R, sondern von D verursacht. Die Unfallursache war allerdings kein Fahrfehler des D, sondern sie bestand darin, dass die neu entwickelte Dämpfertechnologie der Vorderradgabel bei extremen Belastungen versagt und D deshalb die Kontrolle über die Lenkung verloren hatte. Die Verletzung des V wurde also mittelbar dadurch verursacht, dass R als Herstellerin das mit der unfallursächlichen fehlerhaften Gabel versehene Fahrrad in den Verkehr gebracht hatte.

In einem solchen Fall ist dem Hersteller eines Produkts der Verletzungserfolg nur dann zuzurechnen, wenn er eine Verkehrspflicht verletzt und dadurch die Rechtsgutsverletzung adäquat verursacht hat. Als Verletzungen der dem Produkthersteller obliegenden Verkehrspflichten kommen Konstruktionsfehler, Fabrikationsfehler, Instruktionsfehler und die Missachtung der aus der Produktbeobachtungspflicht folgenden Warnpflicht in Betracht.

Hier versagte die neu entwickelte Dämpfertechnologie der Vorderradgabel bei extremen Belastungen mit der Folge, dass der Fahrer die Kontrolle über die Lenkung verlor. Indem die neue Dämpfertechnologie nicht so konstruiert worden war, dass sie auch extremen Belastungen standhielt, die gerade bei schnellen Downhill-Fahrten in schwerem Gelände und auf steilen Passagen typischerweise auftreten, liegt ein klassischer Konstruktionsfehler vor. Eine adäquate, vorhersehbare Folge des dadurch bewirkten Kontrollverlustes ist es, dass der Fahrer Unfälle mit Personenschäden verursacht.

Die Körper- und Gesundheitsverletzung des V ist daher der R aufgrund des Konstruktionsfehlers an der Vorderradgabel zuzurechnen.

3. Rechtswidrigkeit

Mangels Rechtfertigungsgründen war die Körper- und Gesundheitsverletzung durch R auch rechtswidrig.

4. Verschulden

R müsste V ferner schuldhaft verletzt haben. Nach der Rechtsprechung wird das Verschulden des Herstellers wegen der Beweisschwierigkeiten der Opfer vermutet, so dass sich der Hersteller entlasten muss. Bei einem Konstruktionsfehler kann er sich dann vom Verschuldensvorwurf entlasten, wenn ein sog. Entwicklungsfehler vorliegt. Das ist ein Fehler, der zum Zeitpunkt des Inverkehrbringens des fehlerhaften Produkts nicht vorhersehbar war. Hier ist die fehlerhafte Dämpfungstechnologie der Vorderradgabel zwar neu entwickelt worden. Dass der Fehler aber für R nicht vorhersehbar war, ergibt sich aus dem Sachverhalt nicht konkret. Deshalb kann R sich bezüglich des Verschuldens nicht entlasten.

HINWEIS

Die Gegenauffassung ist mit entsprechender Begründung ebenfalls vertretbar. Dann endet die Anspruchsprüfung mangels Verschuldens an dieser Stelle.

5. Schaden

Der Schaden des V besteht gem. § 249 Abs. 2 Satz 1 BGB in den Heilbehandlungskosten i. H. von 4 000 €.

6. Haftungsausfüllende Kausalität

Die Behandlungskosten sind infolge der Körper- und Gesundheitsverletzung entstanden, so dass auch die haftungsausfüllende Kausalität zwischen Rechtsgutsverletzung und Schaden vorliegt.

II. Zwischenergebnis

V hat somit gegen R einen Anspruch auf Ersatz seiner Heilbehandlungskosten i. H. von 4 000 € aus § 823 Abs. 1 BGB.

HINWEIS

Ein Anspruch des V gegen R auf Ersatz seiner Heilbehandlungskosten i. H. von 4 000 € aus § 1 Abs. 1 Satz 1 ProdHaftG war nach dem ausdrücklichen Bearbeiterhinweis nicht zu prüfen. Die Prüfung dieses Anspruchs wäre daher falsch.

III. Ergebnis

V hat gegen R einen Anspruch auf Ersatz seiner Heilbehandlungskosten i. H. von 4 000 € aus § 823 Abs. 1 BGB in der Form der Produzentenhaftung.

FRAGE 2

Kann S von R den Ersatz seiner Heilbehandlungskosten i. H. von 2 000 € verlangen?

Auch S könnte wegen des Unfalls mit dem Downhill-Fahrrad, der durch das Versagen der Dämpfungstechnologie der Vorderradgabel verursacht worden war, gegen R als Herstellerin des fehlerhaften Fahrrads einen Anspruch auf Ersatz der Heilbehandlungskosten für seinen Schockschaden i. H. von 2 000 € aus § 823 Abs. 1 BGB haben. Er macht ebenfalls einen Anspruch aus der sog. Produzentenhaftung geltend.

I. Voraussetzungen des § 823 Abs. 1 BGB

Dafür müssten die Voraussetzungen des § 823 Abs. 1 BGB in der Form der Produzentenhaftung vorliegen.

1. Rechtsgutsverletzung

Aufgrund des schweren Unfalls des V, den S ansehen musste, hat er eine Gesundheitsverletzung in der Form eines behandlungsbedürftigen schweren Schockschadens erlitten (siehe oben).

2. Verletzungshandlung und haftungsbegründende Kausalität

Diese Gesundheitsverletzung des S hat die Herstellerin R zwar nur mittelbar, aber in zurechenbarer Weise durch einen Konstruktionsfehler in Bezug auf die neue Dämpfertechnologie der Vorderradgabel verursacht (siehe oben).

3. Rechtswidrigkeit

Mangels Rechtfertigungsgründen ist die Gesundheitsverletzung des S durch R rechtswidrig.

4. Verschulden

Das Verschulden der R hinsichtlich des Konstruktionsfehlers wird vermutet. Wegen fehlender konkreter Angaben im Sachverhalt kann R sich nicht damit entlasten, es handele sich um einen so genannten Entwicklungsfehler (siehe oben).

HINWEIS

Andere Auffassung vertretbar.

5. Schaden

Der Schaden des S besteht gem. § 249 Abs. 2 Satz 1 BGB in den Heilbehandlungskosten i. H. von 2 000 €.

6. Haftungsausfüllende Kausalität

Die Behandlungskosten sind infolge der Gesundheitsverletzung entstanden, so dass auch die haftungsausfüllende Kausalität zwischen Rechtsgutsverletzung und Schaden vorliegt.

II. Zwischenergebnis

S hat somit gegen R einen Anspruch auf Ersatz seiner Heilbehandlungskosten i. H. von 2 000 € aus § 823 Abs. 1 BGB.

III. Ergebnis

S hat gegen R einen Anspruch auf Ersatz seiner Heilbehandlungskosten i. H. von 2 000 € aus § 823 Abs. 1 BGB in der Form der Produzentenhaftung.

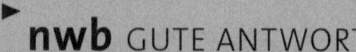